Veronika Smoor

Problemzone Frau

Über die Autorin

Veronika Smoor, Jahrgang 74, ist Autorin, Referentin und Bloggerin. Sie lebt mit ihrem Mann und zwei Töchtern auf dem Land in der Nähe von Heilbronn. Von Selbstoptimierung und Glaubensenge hält sie nichts und findet Gott in den Ecken und Winkeln ihres Alltags.

VERONIKA SMOOR

PROBLEMZONE FRAU

Von einer, die
freiwillig zunahm,
ihren Glauben befreite
und Frieden mit sich
selbst schloss

GerthMedien

STIMMEN ZUM BUCH

„Entwaffnend ehrlich", seufze ich nach dem Lesen. Veronika Smoor erzählt von Herzen. Wie sie sich Zwänge, Drohen, Selbstsabotage abgewöhnte. Sie lädt ein, radikal abzurüsten. Uns zu umarmen. Unser Leben zu lieben. Unserem Körper keine Gewalt mehr anzutun. Zorn als Energie zu nutzen für notwendige Veränderungen. So findet, so stiftet sie Frieden. Ihr Buch liest sich wie der Brief einer Freundin. Wie eine sehr persönliche Einladung, unser vielschichtiges Selbst glückselig zu bejahen.

Christina Brudereck – Theologin, Autorin, Poetin und ein Flügel des Duos „2Flügel"

BÄM! Veronika Smoor schafft es, ein Buch zu schreiben, das endlich Antworten auf die große Sehnsucht nach Selbstliebe bereithält. Mir laufen Tränen der Freude und Erleichterung über mein Gesicht, während ich die Geschichte von Veronika und ihre ermutigende Wahrheit lese. Noch nie war Selbstliebe so sehr zum Greifen nah.

Priska Lachmann – Theologin, Autorin und Bloggerin

An Veronika Smoors Buch reizte mich der Titel sofort. Freundlich, reflektiert und emanzipiert nimmt Veronika mich in ihrem Buch mit auf eine Reise durch ihre Problemzonen in die Freiheit. Eine Freiheit, die leider für mich – und viele Frauen heute – noch keine Selbstverständlichkeit ist. Aber die Freiheit ist zum Greifen nah und dieses Buch lässt sie mich sehen! Deshalb ist es so wichtig, dass es dieses Buch gibt, dass es gelesen und gelebt wird. Eine absolute Empfehlung. Ein Must-Read heutiger Tage!

Sarah Kesthkaran – Theologin, Autorin und Bloggerin

INHALT

Ich bin sommersprossiger und schöner denn je.
Wenn das so weitergeht, werde ich direkt unwiderstehlich.
Pippi Langstrumpf

Ich wünsche für die Frauen keine Macht über Männer,
aber die Macht über sich selbst.
Mary Wollstonecraft

VORWORT

von Veronika Schmidt

Tief in uns Frauen sitzt es: Das Gefühl, nicht „richtig" zu sein. Vererbt von Generation zu Generation. Womöglich schon seit dem Missverständnis um Eva, sie habe die Menschheit ins Verderben gestürzt, sie sei an allem schuld.

In jeder Lebensphase kann uns dieses Gefühl, nicht zu genügen, aufs Neue überfallen. Auch ich selbst bin nicht davor gefeit. Doch je älter ich werde, je mehr Lebenserfahrung mir zur Verfügung steht, desto mehr packt mich auch die Empörung über dieses verdrehte Frauenbild, dem ich mich nicht mehr länger fügen möchte. Die typisch weibliche Vorstellung, nicht zu genügen, ist nicht die wahre Botschaft der Bibel. Und die Unterordnung von uns Frauen ist weder unsere göttliche Wesensbestimmung noch unser biologisches Schicksal, sondern ein historisches Produkt der Beschämung der Frau. Dass Frauen sich selbst abwerten oder sich von anderen degradieren lassen, ist Ausdruck davon.

Es sollte uns also nicht verwundern, dass wir keinen Körper lieben können und auch nicht die Person, die in diesem Körper steckt, wenn wir uns Tag für Tag selbst mit subtiler Selbstverachtung strafen. Diese Haltung beeinflusst uns allerdings nicht nur persönlich. Stark sein – auch für andere relevante gesellschaftliche Themen – kann man nämlich erst, wenn man es aufgegeben hat, gegen sich selbst anzukämpfen. Ich wage sogar zu behaupten: Selbst wirkliche Freiheit, Gleichwertigkeit und Gleichberechtigung werden wir Frauen nicht erlangen, solange wir uns über das Äußere beurteilen lassen und es sogar ständig selbst tun. Stellen wir uns doch einmal einige entscheidende Fragen: Wer hat etwas davon, wenn wir die Zahl auf der Waage als Messinstrument für unseren Selbstwert benutzen? Was bedeutet das für die Gesellschaft, wenn sich Millionen Frauen nicht hübsch und fähig genug fühlen, die Welt aufzumischen? Was macht das mit unserem eigenen Leben, wenn wir uns selbst Knüppel zwischen die Beine werfen?

Wie verzagt und gebunden uns das Frauenbild macht, das uns gegen eigene Erwartungshaltungen und solche von außen ankämpfen lässt, und wie unschön sich das anfühlt, das fasst Veronika Smoor in lustvolle und leichtfüßige Worte. Voller Erzählfreude und mit mutiger Ehrlichkeit, mit Geschichten und Metaphern nimmt sie sich der großen Bögen eines Frauenlebens an und packt ihr eigenes Erleben hinein. Beim Lesen entdeckt man nicht nur Veronikas Herzschlag, sondern von den ersten Seiten an auch den eigenen. Das hier ist nicht nur Veronika Smoors Geschichte, sondern zu einem großen Teil auch die eigene – obwohl die jeweiligen Lebenswege natürlich ganz individuell sind. Nahbar und ergreifend schreibt sie an gegen die Scham vieler Frauen und gegen den Wahn, es immer allen „recht" machen zu müssen, dem wir uns oft unbewusst beugen. Sie nimmt uns nicht nur mit auf ihre eigene lange Reise zu einem selbstbewussteren Körpergefühl, sondern vor allem auf ihren inspirierenden Weg als Frau zu sich selbst. Dabei schreibt sie unumwunden direkt, schont sich nicht und spart auch Peinliches nicht aus. Charmant fordert sie auf zum Ausstieg aus der Problemzone Frau, raus aus der Opferrolle – frei nach dem Motto: „Spiegel, Waage, Konventionen, ihr könnt mich mal!"

Gott steh uns bei, wir Frauen haben die Veränderung unseres Selbstbilds tatsächlich auch selbst in der Hand! Wir sollten also schleunigst aufhören, uns ständig selbst zu dissen – unter anderem, weil uns die Welt braucht. Denn diese steckt in großen Schwierigkeiten. Und große Schwierigkeiten bewältigen, das kann Frau! Das hat sie in den Krisen und Kriegen der Vergangenheit immer wieder bewiesen. Wenn es uns braucht, blühen wir Frauen auf und sind fähig, unglaubliche Ressourcen freizusetzen. Aber dazu müssen wir über unsere vermeintlichen Problemzonen großzügig hinwegschreiten!

Das sollten wir wirklich tun, und dazu macht dieses Buch Mut. Denn wir können mehr als Optimierungswahn. Streifen wir die auf uns gelegte, kulturell erlernte Scham ab. Gott hat uns Frauen nie diskreditiert. Die weibliche Beschämung ist eine Erfindung der Menschen, und unter den Folgen leiden die meisten Männer übrigens mit. Gehen wir den ersten Schritt in Richtung Versöhnung mit uns selbst! Danach muten wir uns und unsere Kompetenz der Welt zu. Und haben Spaß daran. Viel mehr Spaß. Ein buntes, fröhliches, ansteckendes Leben! Seien wir individuelle, originelle, unangepasste, unbequeme und herausfordernde Frauen nach Gottes Herzen. Oder – in Anlehnung an Astrid Lindgren –: Seien wir doch endlich so „frech, wild und wunderbar", wie unser Schöpfer uns gemeint hat.

Veronika Schmidt – Systemtherapeutin, Sexologin und Autorin des Buches „Endlich gleich!"

PROBLEMZONEN

**Bin ich irgendwann zu Ende optimiert oder
möchte ich den Wahnsinn endlich beenden?**

Es ist wieder einer dieser typischen Dienstage. Dienstage sind anstrengend: Der Wecker klingelt gefühlt drei Stunden zu früh. Ich
werde unsanft aus einem weichen Traum gerissen und wäre noch
gerne verweilt. Draußen ist es oktoberdunkel; ich habe das Fenster
die ganze Nacht geöffnet, denn ich bin bekennende bei „Offenem-
Fenster-Schläferin". Mein Mann ist bis zur Nasenspitze in seinem
dicken Federbett eingemauert.

Ich bin noch gar nicht richtig bei mir, aber Füße und Hände finden automatisch ihren Weg. Anziehen. Feuer machen. Müsli auf
den Tisch stellen, Schüsseln und Löffel dazu. Tee kochen. Pausen-
brote richten. Mädchen wecken. Katze füttern. Endlich halte ich
eine Tasse heißen Kaffees in der Hand. Neuronen im Hirn und
Muskeln im Körper laufen warm. Das ist auch gut so, denn aus-
gefeilte Erziehungstechniken sind vonnöten. Wir müssen ein Be-
kleidungsproblem lösen, gefolgt von einem trotzigen Tränenmeer.
„Machst du mir bitte noch eine Thermoskanne Tee für die Schule?",

so die Frage eine Minute, nachdem die Kinder eigentlich aus dem Haus hätten sein müssen. Ja, mache ich.

Aufatmen. Betten abziehen. Frühstücks-Chaos beseitigen. Dann kurz unter die Dusche. Zum Föhnen ist keine Zeit, aber für fünf Minuten Stille auf meinem Lieblingssessel mit Lieblingsworten meines Lieblingsautors (momentan Henri Nouwen).

Dann springe ich ins Auto; ich bin der Abholdienst für einen Schauspieler, der heute an unserer Grundschule das *Magische Baumhaus* lebendig werden lassen soll. Warum ich den Abholdienst mache? Weil mich die Rektorin gefragt hat. Denn als freischaffende Künstlerin ist man ja jederzeit verfügbar.

Daheim warten die Handwerker. Sie wollen unsere Fassade verputzen und haben tausend Fragen, die ich alle kompetent beantworte. „Das Kabel da? Ist aus den 50er Jahren. Ja, da könnte Strom drauf sein. Oder auch nicht. Schneiden Sie es ruhig ab." An den Laptop. Meine Schreibarbeit wartet. Wie immer kommt sie kläglich zu kurz. Kaum habe ich mir fünf Sätze aus meinen Gehirnwindungen geleiert, steht das Kochprogramm an. Ich muss als nachhaltige, ökologische Hippiemutter ein ausgewogenes Bio-Essen auf den Tisch bringen. Hirseauflauf. Meine Töchter sind neuerdings Vegetarier.

Nächster Fahrdienst. Kind Nr. 1 vom Schwimmunterricht abholen. Mittagessen. Hausaufgaben. Klavierüben. Ein bisschen bei Tee und Strickzeug durchatmen. Dann wieder ins Auto. Reitunterricht. Kind Nr. 2 von der Schule abholen. Auf dem Rückweg zur Bank. Und zur Post. Dann wieder Kind Nr. 1 vom Reiten abholen. Beim Absatteln helfen und mir vom Pferd meinen einzigen noch sauberen Pulli vollsabbern lassen. Abendbrot auf den Tisch werfen. Mein Mann kommt nach Hause und wird von den Kindern empfangen wie der Messias persönlich. Ich freue mich auch, aber weniger

Fangirl-mäßig. Einen Kuss bekommt er natürlich von mir. Schnell einen Happen essen. Blick in den Spiegel. Augenbrauen nachziehen. Zweimal mit der Bürste durchs Haar. Ich will mich von meiner Familie verabschieden, denn der Elternabend steht an. „Mama, willst du dir nicht noch ein anderes Oberteil anziehen? Da klebt Pferdesabber auf deiner Brust."

Und dann der Elternabend. Höhepunkt der Woche. Ich kenne hier noch fast niemanden. Die Lehrer wirken alle so kompetent, dass ich es fast nicht wage, die Hand zu heben, um ein paar Anfragen loszuwerden. Ich leide immer noch unter einem weiblichen Minderwertigkeitskomplex, vor allem in Gegenwart sehr intelligenter Männer. Dann traue ich mir nicht zu, dass meine Beobachtungen und Eindrücke wichtig und richtig sein könnten. Und: Ich will ja nicht gleich am ersten Elternabend als „schwierige Helikopter-Mutter" abgestempelt werden.

Ich bekomme Antworten, die mir mehr Klarheit verschaffen. Und schüttele innerlich meine Ängste ab. Wieder und wieder. Ich brauche eine Haut wie ein Regenschirm, an der das Wasser abperlt. Vielleicht werde ich sie nie in vollem Umfang haben. Aber manchmal, ja, da zeigt sie sich.

Später dann noch eine Stunde mit meinem Liebsten auf der Couch. Ich erzähle. Er hört zu. Wir beschließen den Abend mit ein paar YouTube-Videos. Leichte Unterhaltung nach einem pickepackevollen Tag.

Ja, so sind meine typischen Dienstage. (Nicht, dass immer Elternabend wäre – der Herr sei gelobt!)

Jetzt bin ich abgeschweift. Eigentlich wollte ich von einem anderen Dienstag erzählen. Einem, der ein paar Monate zurückliegt. An jenem Morgen quälte mich eine Frage. Eine, die immer nach einem abgeschlossenen Buchprojekt im Raum steht: *Worüber möchte ich als Nächstes schreiben? Was bewegt mich?*

Das Problem an diesen typischen Dienstagen ist nämlich folgendes: Ich verliere den Kontakt zu mir selbst, spüre mich selbst nicht mehr. Und das ist nicht nur an Dienstagen der Fall. Er ist nämlich lediglich eine Blaupause für meine Montage und Mittwoche, Donnerstage und Freitage.

Die Fragestellung bezüglich meiner nächsten Buchidee heftete sich an die Ränder meines Herzens und Denkens. *Was ist dein Thema?* Sie folgte mir in den Keller zum Katzefüttern und in die Küche zum Gemüseschnippeln. Sie marschierte mit mir ins Badezimmer, obwohl ich flink hineinhuschte und hinter mir sofort die Tür verriegelte. Hartnäckig war sie und sah mir dabei zu, wie ich mich auszog und unter die Dusche begab. Die Frage scheute weder Nässe noch Nacktheit. Mein Blick wanderte nach unten. Dort, wo eigentlich meine Zehen sein sollten, wo aber stattdessen mein Bauchansatz in mein Blickfeld rückte. Er machte mich müde und traurig. So ein richtig rundes Bäuchlein. Auf meine letzte Schwangerschaft vor neun Jahren kann ich ihn leider nicht mehr schieben. Ob das auch meine Mitmenschen langsam ahnen? Ich könnte nun die einsetzenden Wechseljahre dafür verantwortlich machen. Der Blick wanderte weiter und blieb an meinen Beinen haften. Ich bin mit besonders starkem Haarwuchs gesegnet. Ein Vermächtnis meiner Vorfahren an mich. Und jetzt, Anfang Herbst, lasse ich der haarigen Verwahrlosung freien Lauf. Warmes Wasser mit Schaumkrönchen umspülte meine Füße. Abblätternder Nagellack und rissige Hornhaut waren die letzten Überbleibsel des Sommers.

„Ich bin eine wandelnde Problemzone", schoss es mir durch den Kopf. Sicherlich nicht zum ersten Mal. Das Wasser rauschte ungerührt weiter über meinen Körper, suchte sich seinen Weg durch ergrauende Haare, stoppelkurze Wimpern und unrasierte Achselhöhlen. „Problemzone Frau?!" johlte die Frage. Und in diesem Moment fielen alle Teilchen an ihren Platz. „Problemzone Frau!" Das ist es, was mich bewegt, seit ich 13 bin. Das ist es, was viele andere Frauen bewegt. Es sind ja nicht nur die schwarzen Haare auf den Zehen und der Bauchansatz. Oder die molligen Schenkel mit ihren Cellulite-Dellen. Es sind nicht nur die in die Jahre gekommenen Brüste und ergrauenden Haare. Unsere Problemzone reicht ja bis in die tiefsten Tiefen. Sie macht noch nicht mal Halt vor vermeintlich perfekten Frauen, die eben auch am Dienstagmorgen unter ihrer Dusche stehen und Dinge an sich entdecken, die sie zu hassen gelehrt wurden.

Wir Frauen stecken in einem System aus Erwartungen und Wahnsinn, das bereits in unserer Kindheit begann. Unsere Selbstwahrnehmung basiert häufig auf Lügen, die uns wieder und wieder eingetrichtert werden. Manchmal sehr subtil, ganz häufig sehr offensichtlich. Und dann übertreffen wir uns darin, uns selbst schlechtzumachen, kleinzuhalten und jeder Diät hinterherzurennen. Als Frau scheinen wir eine einzige Problemzone zu sein. Angefangen bei unseren Oberschenkeln über die *Gender Pay Gap* bis hin zu strukturellem Sexismus in christlichen Gemeinden. Wir wollen einen guten Lebensentwurf für uns selbst und unsere Familien leben und doch werden wir oft innerlich zerrissen, weil wir aus Unsicherheit den „breiten Weg" gehen. Den, den viele andere Frauen auch wählen (und der für manche von uns passt, aber für andere eben nicht). Selbstbestimmte Entscheidungen in Freiheit, die es uns ermöglichen, unseren eigenen Weg durch die Wildnis des Lebens zu schlagen – und dabei auf die gesellschaftliche Meinung zu pfeifen –, das fällt vielen von uns schwer. Wir wollen weniger sein, hungern uns schlank, machen uns dünn. Denn Frauen, die ihren Raum mit Lachen und Selbstverständlichkeit einnehmen, sind ein Anstoß. Egal ob es die Frau mit 20 Kilo Übergewicht und knallbuntem Bikini im Schwimmbad ist, oder die Frau, die ihre Wahrheit laut in die Welt trägt. Sind wir jedoch leise und zurückhaltend, dann wirft man uns mangelndes Durchsetzungsvermögen vor. Tun wir aber genau das – uns durchsetzen und Gehör verschaffen, wenn wir aus der weiblichen Opferrolle treten – dann trifft uns der Vorwurf, „schwierig" zu sein. Eine Bitch. Oder gar Feministin! Und das ärgert mich, denn kaum ein anderes Wort triggert konservative Christen so sehr wie das F-Wort. Dabei ist doch der Kern des Feminismus (der so viele verschiedene Gesichter trägt wie die christliche Tradition) *die Auffassung, dass Frauen auch Menschen sind*, wie es Sarah Bessey so schön kurz und knapp in ihrem Buch *Jesus Feminist* auf den Punkt bringt. (Übrigens würde ich ohne die Errungenschaften des Feminismus sicherlich nicht hier sitzen und schreiben können. Ein Salut an unsere tapferen Vorfahrinnen an dieser Stelle!)

Manche meiner Freundinnen sind Mitte 30 und Single. „Du strahlst wahrscheinlich zu viel Selbstbewusstsein aus", so erklären manche deren Singlestatus. Trostworte können manchmal Faustschläge sein. Trägt meine Nichte selbstbewusst ein kurzes Kleid für einen Mädelsabend in der Stadt, mache ich mir Sorgen, ob Männer übergriffig werden könnten. Und dann schäme ich mich für diesen Gedanken. Er zeigt, wie sehr die Täter-Opfer-Umkehr in unseren Köpfen verankert ist. Selbst in meinem scheinbar so aufgeklärten Kopf! Das kurze Kleid ist nicht das Problem, sondern der Täter, der die Kontrolle über sein Denken und Handeln aufgibt. Würde meine

Nichte in langer, körperverhüllender Kleidung das Haus verlassen, so hätte ich Sorge, dass sie sich einem körperfeindlichen Kult angeschlossen hätte.

Ginge ich als Mutter einer Erwerbsarbeit nach, dann würde man mir in manchen Kreisen vorwerfen, eine Rabenmutter zu sein. Entscheide ich mich für ein traditionelles Familienleben, dann werde ich auch dafür kritisiert und belächelt. Als Frau wählen wir gerne den möglichst breiten Weg, um möglichst wenig Kritik abzubekommen. Aber die Geschosse treffen uns trotzdem, egal welche Route wir einschlagen.

Die Schönheits- und Modeindustrie, die Müttermafia, unausgesprochene Rollenzuweisungen, joviale Altherrenmentalität, verstaubte Gemeindestrukturen, *Victim Blaming* und unsere eigenen Erwartungen an uns selbst legen uns ein Würgehalsband an, das wir nicht so gerne spüren wollen. Und wir wundern uns, warum wir so schlecht Luft bekommen und doch das Gefühl an uns nagt, dass wir noch immer nicht genug geben. Wir fragen uns verzweifelt – während wir tausend Bälle in der Luft halten – warum wir eine wandelnde Problemzone sind, obwohl wir doch bereits *Weight Watchers* oder vergleichbaren Abnahmeprogrammen genug Geld in den Rachen gestopft haben, drei Mal die Woche aufs Laufband gehen, uns jedes überflüssige Kohlenhydrat verwehren, erst vorgestern beim Frisör waren, den Kindergottesdienst machen, Kuchen für den Basar backen und alles, wirklich *alles* tun, was man von uns erwartet.

Es ist an der Zeit, dass wir uns freischwimmen. Es ist an der Zeit, dass wir uns das Würgehalsband abnehmen, die Waage in die Mülltonne kloppen, unsere gottgewollte, wilde Weiblichkeit entdecken, uns mit ihr versöhnen und uns bei der nächsten Dusche wohlwollend betrachten. Es ist an der Zeit, nicht nur selbst die Muskeln spielen zu lassen, sondern genau hinzusehen und zu entdecken, dass Jesus mit Frauen absolut inklusiv umging. Er scheuchte sie nicht weg. Er ekelte sich nicht vor ihren Krankheiten. Er redete mit ihnen auf Augenhöhe, führte theologische Gespräche ohne genervte Herablassung und Dominanzgehabe. Jesus zeigte sich nach seiner Auferstehung zuerst den Frauen und sie waren seine ersten Evangelistinnen. Und das alles zu einer Zeit, in der Frauen nicht zählten. **Für Gott sind wir keine Randfiguren, keine Problemzonen, an denen rumgeschraubt werden muss, bis wir klein und hübsch und fügsam sind, sondern seine freien, wilden Geschöpfe, geformt nach seinem Ebenbild.**

Ich bin sicher, dass auch du in so manchen Punkten eine Gefangene bist. Ich kenne nur eine oder vielleicht zwei Frauen, die ganz mit sich versöhnt sind. Und selbst sie müssen sich diese Versöhnung immer wieder neu erkämpfen. Oft genug stehen Frauen an meinem Büchertisch und lassen mich kurz in ihr Leben blicken. Sie erzählen von Selbstzweifeln, obwohl sie unter ihrem Arm bereits einen Stapel der neuesten christlichen Frauen-Ermutigungsliteratur tragen und ihr Bücherregal daheim ganz gewiss ähnliche Titel beherbergt. Wir lesen und lesen Buch um Buch und doch tönt am Ende die Waage im Bad, die Geringschätzung in unserer Gemeinde oder der Mangel an Gesehenwerden lauter als der Inhalt der Ermutigungsliteratur.

Ich schreibe hier also weder einen Ratgeber noch ein blumenberanktes Ermutigungsbuch. Keine zehn Schritte hin zur befreiten Weiblichkeit mit Erfolgsgarantie. Alles, was ich möchte, ist, dich mit hineinzunehmen in meine eigene Geschichte, mit dir zu weinen und zu lachen, zu beten und zu toben. (Ok, ich gebe es zu: Ein paar Ratschläge konnte ich mir dann doch nicht verkneifen.) Und dich mit Freiheit zu segnen. Dieses Buch enthält keine magische Zauberformel, die dein Selbstbewusstsein stärkt, aber es ist hoffentlich ein Brückenpfeiler hin zur Versöhnung mit dir selbst. Echte Heilung vom Druck der Diätkultur, von frauenfeindlichen Botschaften und Selbstoptimierungsappellen braucht ihre Zeit, aber ich hoffe, dass ich mit meinen Worten und meiner Geschichte ein kleines bisschen zu dieser Heilung beitragen oder zumindest den Samen dafür legen kann.

Lass uns der Sehnsucht nachjagen, ganz versöhnt mit uns selbst und unserem Schöpfer zu werden. Lass uns unsere eigenen Klage- und Jubelpsalmen schreiben. Der erste Schritt ist, unserer Scham den Schleier wegzureißen. Und dazu gehört gnadenlose Ehrlichkeit. Wir befreien andere, es uns nachzumachen, wenn wir den ersten Schritt gehen. Also tue ich meinen ersten Schritt und werde über meine Problemzonen schreiben. Glaube mir, das fällt mir nicht leicht, und ich hoffe, dass bestimmte Menschen dieses Buch nie lesen werden, wie z. B. meine Eltern (Hi!) oder ehemalige Klassenkameraden oder Chefs. Aber hier bin ich. Mit allem, was ich bin und nicht bin.

Wollen wir uns heilen lassen und hinaustreten aus unseren vermeintlichen Problemzonen, die doch meist nur Systeme sind – geschaffen, um uns Frauen unserer Freiheit und unserer Relevanz zu berauben?

Lass mich dazu eine Geschichte erzählen:

Vor ein paar Jahren war ich bei *The Voice of Germany*. Oh nein, nicht als Teilnehmerin – das hätte die Einschaltquoten vermutlich in den Keller sacken lassen –, sondern als Begleiterin meiner Freundin Sally, von Beruf professionelle Rockröhre und Künstlerin. Da saß ich also mit hundert anderen Teilnehmerinnen und

Teilnehmern und deren Begleitern in einer kalten nüchternen Halle mitten in Berlin. Im Raum summten Adrenalin, Stimmübungen und Kaffeegeruch. Es war halb sieben am Morgen. Das würde sicher noch eine Weile dauern, vermutete ich, und zog mein Nagellackfläschchen aus meiner Handtasche. Noch nie in meinem Leben war eine Fernsehkamera auf mich gerichtet und ich wollte nicht unlackiert vor die Nation treten. Ihr kennt die übliche Nagellackierproblematik: Die linke Hand ist ein Kinderspiel, die rechte wird zum Massaker. Just in dem Moment, in dem sich meine zitternde Linke dem rechten Daumennagel näherte, betrat ein Hipster mit Klemmbrett und Headset den Raum und bellte: „Sally Grayson und Begleitung bitte zur Aufnahme!" Meine Reaktion: „Aber ich muss noch meine Nägel zu Ende lackieren!" *„Selbstverständlich! Die Fantastischen Vier und Andreas Bourani warten sehr gerne darauf, bis du dein Schönheitsprogramm beendet hast!"* Gut, das antwortete der Klemmbrett-Hipster natürlich nicht, sondern winkte stattdessen genervt. Mit halblackierten feuchten Nägeln, einer aufgeregten Sally und den anderen Begleitern machten wir uns auf den Weg zu den Aufnahmen. Ein surreales Erlebnis für uns alle. Ich war darauf konzentriert, meine Hände vor den Kameras zu verstecken.

Dann wurden wir hinter die Bühne geführt. Sally war als erste an diesem Morgen an der Reihe, den Coaches ihr Können unter Beweis zu stellen. Die Menge feierte trotz früher Stunde auf der Tribüne. Ich erhaschte einen kurzen Blick auf die Drehsessel und die Moderatoren, die gerade die Menge einheizten. Vorne die große Bühne und die Band. Alles war in goldenes und blaues Licht getaucht. So, wie es mir es aus dem Fernsehen vertraut war. Was ich nicht kannte, war die Unterseite, sozusagen das „Eingeweide" der Tribüne: nüchternes Stahlgestänge, Kabelgewirr am Boden, hektische Klemmbrett-Hipster. Keine strahlenden Promis, sondern eine Yvonne Catterfeld im Eiltempo, hinter ihr her die Visagistin mit dem Puderpinsel. Bildschirme, Dunkelheit, der Geruch von zu viel billigem Deo. Zwar wusste ich, dass alles nur Show war, trotzdem war ich überrascht von der *Gewöhnlichkeit* hinter den Kulissen.

Es gibt das Leben auf der Bühne und das Leben hinter den Kulissen. Beides ist so weit voneinander entfernt wie der Mars von der Erde. Hinter den Kulissen sind wir ungeschminkt, hektisch und nicht ordentlich ausgeleuchtet. Hier regieren Chaos und halblackierte Nägel. Hinter der Kulisse stolpern wir über Kabel und Boxen, machen nervöse Stimmübungen und wischen unsere nass geschwitzten Hände am Hosenboden ab. Und auf der Bühne dann der große Auftritt, das zur Perfektion eingeübte Stück, die tobende Menge, die gutgelaunten Moderatoren, die gestylten, smoothen Coaches.

Die Bühne ist ein Konstrukt, und die Aufrechterhaltung des Scheins benötigt unendlich viel Arbeitseinsatz. Aber das wahre, echte, verschwitzte, ungeschminkte Leben findet hinter den Kulissen statt.

Man brauchte nur ein paar wenige Meter zu gehen, um die Welten zu wechseln. Auf der Bühne strahlten Promis und erfolgreiche Sänger, hinter der Bühne gingen sie aufs Klo, waren genervt, klebten sich schlecht haftende Wimpern wieder an, zitterten, futterten Kohlehydrate und tranken mehr Kaffee als ihnen guttat.

Das Leben auf der Bühne ist es, was uns angepriesen und als echt verkauft wird. Ein Leben im künstlich geschaffenen Konstrukt. Das Scheinwerferlicht strahlt uns an: Schaut her! Aber es zeigt auch gnadenlos hart, wenn etwas nicht stimmt. Wenn wir uns nicht genug Mühe geben. Wenn wir uns selbst vernachlässigen und nach der Geburt unserer Kinder nicht mehr in unseren alten Körper zurückfinden. Wenn wir zu laut oder zu leise sind. Wenn wir die Töne nicht treffen. Es zeigt unsere Eigenarten und schlecht lackierten Nägel. Unsere peinliche Unbeholfenheit, unsere großen Nasen und kleinen Busen, unsere knubbeligen Knie und unsere leider wieder mal völlig falsche Fashionwahl.

Genau die Punkte, die bei uns am meisten schambehaftet sind, werden hier voll ausgeleuchtet. Auf der Bühne werden wir nie lernen, mit uns selbst versöhnt zu leben, sondern erst dahinter.

Unsere Problemzonen sind nur so lange Problemzonen, bis wir den Zirkus auf der Bühne verlassen und erkennen, dass die Scheinwerfer nur seelenlose, tote Maschinen sind und dass die Bühne nur ein künstliches Konstrukt ist.

Auf der Bühne singen wir die Lieder, die man uns vorgibt (glaube ja nicht, dass die Teilnehmer bei *The Voice of Germany* freie Songauswahl haben!). Aber wenn wir hinausgehen ins Freie, in die Freiheit, dann können wir unsere ganz eigene Musik machen, losgelöst von einengenden Bühnenvorschriften.

Und dann, wenn wir von der Bühne treten, nehmen wir unsere Schwestern mit an die Hand und ermutigen sie, dasselbe zu tun. Gehen wir hinaus ans Tageslicht, singen wir unsere eigenen, neuen Lieder! Werfen wir die Diäten, Selbstoptimierungsversuche, fromme Genderklischees und unseren Perfektionismus in die Tonne! Schreien wir „*MeToo*", essen wir, was uns schmeckt (ja, auch Kohlenhydrate!), leben wir unser Leben, ziehen uns bunte Klamotten an, ringen falsche Schuldgefühle nieder und glauben von ganzem Herzen und ganzem Verstand, dass die liebevollen Augen unseres Schöpfers auf uns ruhen. Wenn wir dann zurückblicken, werden wir darüber lachen, dass wir uns jahrelang von einem Konstrukt haben steuern und quälen lassen.

Ich möchte dich an die Hand nehmen, meine liebe Schwester. Darf ich mit dir durch die Jahre meines Lebens gehen und dir zeigen: „Ich auch!"? Lass uns hinter die Bühne gehen, uns ein stilles Eckchen unter dem Stangengewirr der Tribüne des Lebens suchen und uns gegenseitig erzählen, miteinander lachen und weinen. Und dann gehen wir raus ins Freie. In die Freiheit. Und blicken nicht mehr zurück. Sondern gehen hinein in ein Leben, das keine Problemzone ist, sondern unsere Geschichte, die Gott mit uns schreibt.

DER ANFANG

Kinderland, du Zauberland,
Haus und Hof und Hecken.
Hinter blauer Wälderwand
spielt die Welt Verstecken.
(Detlev von Liliencron)

Ich war ein Wunschkind. Das fünfte meiner Eltern. Ich wurde in eine laute, quirlige und traditionelle Familie hineingeboren. Meine große Schwester ist 12 Jahre älter. Als ich kam, war sie an der Schwelle zur Pubertät und hatte damit ganz andere Lebensthemen. An vielen Tagen war sie gezwungen, mich spazieren zu schieben, damit meine Mutter den restlichen Zirkus bändigen konnte, der sich nie wirklich zähmen ließ. Meine Schwester war wenig erfreut über ihre neue Aufgabe. Ihre Wut ließ sie beim Laufen aus. Hätte es damals bereits Jogger gegeben – sie wäre einen Marathon mit mir und dem Wagen gelaufen. Aber so rollte sie den schaukeligen 70er-Jahre-Kinderwagen zornig und in hohem Tempo über Felder und durch Wälder. Ich selbst fand es grandios und krähte ihr fröhlich ins bockige Teeniegesicht.

Anders hingegen mein großer Bruder. Er wich in den ersten

Wochen und Monaten nicht von meiner Seite. Wenn ich gewickelt, gefüttert und bespielt werden musste, war er da. Meine Mama war eine pragmatische Mutter ohne Schnickschnack. Das hochgepriesene Milchpulver der 60er und 70er Jahre ließ sie mit strafender Nichtbeachtung links liegen und tat zu einer Zeit, in der Müttern ihre jahrtausendealte Intuition aberzogen wurde, das, was all ihre Vorfahrinnen auch getan hatten: Sie stillte. Ohne sich dafür zu entschuldigen, wählte sie den schmalen Weg. Obwohl man zuweilen hinter vorgehaltener Hand munkelte, sie wolle ihr Kind „umbringen", stellte sie den Kinderwagen samt Baby ungerührt fürs Schläfchen in die dezemberliche Eiseskälte. Gut eingepackt natürlich. Ich hatte selten Schnupfen als Kind. Und dann der nächste Skandal (zumindest nach heutigem Standard): Damit ich auch endlich mal länger als zwei Stunden am Stück schlief, gab sie mir bereits mit acht Wochen Beikost in Form von zerdrückten Bananen. Den Job übernahm mein großer Bruder liebend gerne, während ich begeistert versuchte, ihm den bananenverklebten Löffel zu entreißen und in mein Auge zu stechen. So jedenfalls wurde mir berichtet.

So wuchs ich in unserem Zirkus auf. Zu ihm gehörten auch Katzen, immer haufenweise Katzen, die in schrecklicher Regelmäßigkeit überfahren wurden. Und Hühner, Traktoren, ein ganzer Maschinenpark, ein großer Gemüsegarten, Obstbäume und der Holzschuppen, in dem ich mich gerne mit einer Cornflakes-Packung versteckte und diese leerknusperte. Süßigkeiten waren Mangelware.

Viele Gäste gingen auf unserem Gutshof ein und aus. Und ich hängte mich an jeden, um Geschichten zu hören. Geschichten waren meine Lebensader. Ich saß still bei der Kaffeetafel und ließ mich von Gesprächen berieseln. Auf dem grünroten Sessel mit seinen wuchtigen Holzarmlehnen im Wohnzimmer trank die alte Oma Junk aus zarten Porzellantassen Tee. Sie schaute mit mir Bücher an und erzählte mir davon, dass sie als kleines Kind bei einer Parade dem letzten deutschen Kaiser zugewunken hatte. Aufrechtstehende und gehende Baroninnen, Pfarrersfrauen und Bäuerinnen hinterließen den Duft von 4711, Kompetenz und Witz in unserem Haus. Zwei Frauen aus Tansania wohnten ein paar Wochen bei uns. Sie waren Landwirtschaftsschülerinnen, die in unserem Betrieb lernen sollten. (Wie sich das Gelernte dann auf die so ganz anderen Agrarbedingungen in Tansania übertragen lassen sollte, ist mir bis heute ein Rätsel geblieben.) Die stille Tula war hochgewachsen und dünn. Joyna war genau das Gegenteil. Klein und rund und fröhlich laut. Ich war fasziniert von der Welt, die zu uns nach Hause kam, und die so ganz anders war als das, was ich kannte. Vor meinem inneren Auge erhoben sich steile grüne Hänge, üppig bewachsen mit Tee, und die Weite der Savanne mit Zebraherden. Tula und Joyna trugen ihre Khangas, traditionelle farbenfrohe Tücher, die sie als Kopftuch oder Wickelrock verwendeten und neben denen die deutsche Kittelschürze wie ein hässliches Entlein wirkte. Aufrecht trugen sie ihre Tracht, ihre *Cornrows*, ihre Geschichte, während sie Hühner fütterten und Eier für den Verkauf wogen. Ich sollte erst sehr viele Jahre später lernen, dass Frauen in vielen Kulturen, in denen sie geringgeschätzt, massiv ausgebremst, diskriminiert oder sogar ermordet werden, tatsächlich die Lösung für eine ganze Reihe gesellschaftlicher Probleme sind. Kofi Annan, Generalsekretär der Vereinten Nationen von 1997 bis 2006, sagte, dass Frauen die Lösung für globale Armut wären. *Die* Lösung!

Zu meinen weiblichen Bezugspersonen gesellten sich Heldinnen aus Büchern und Fernsehserien: Pippi Langstrumpf, Ronja

31

Räubertochter, Nesthäkchen, Anne auf Green Gables, Hanni und Nanni, Luzie, Heidi, die Rote Zora. Was alle meine realen Vorbilder und die Heldinnen der Geschichten gemeinsam hatten: Sie drehten sich nicht um ihr Aussehen, und sie missachteten Regeln, wie man sich als Mädchen und Frau zu verhalten hätte. Falls sie überhaupt jemals von Selbstzweifeln geplagt waren, überwanden sie diese, stemmten Pferde in die Höhe und verprügelten freche Jungs mit Kreidetafeln.

Nicht ein einziges Mal hörte ich als Kind eine Frau über ihr Gewicht klagen. Nicht einmal wurde mir vermittelt, dass es als Mädchen wichtig sei, immer hübsch auszusehen. Heute zucke ich jedes Mal zusammen, wenn ich im Schreibwarenladen an Topmodel-Malblöcken vorbeigehe und dem ganzen anderen hypersexualisierten und gegenderten Müll. Leider verpassen zu viele Mädchen, die durch dieses Frauenbild geprägt wurden, die Ausfahrt Richtung schöpferische Weiterentwicklung.

Idealisiere ich meine Erinnerungen und Prägungen? Bin ich in einer Power-Landfrauen-Blase groß geworden? Oder haben wir tatsächlich einen großen Rückschritt gemacht und Mädchen werden deutlich stärker als zu meiner Kindheitszeit auf ihre Äußerlichkeiten reduziert?

Nicht zum Sexysein, sondern zum Bravsein wurden wir Mädchen damals angehalten. „Willst du nicht ein braves Mädchen sein?", war eine der Standardfragen von Erwachsenen. Bravsein bedeutete, niemandem zur Last zu fallen und niemandem Kummer zu machen (denn Kummer hatten die Erwachsenen genug mit den Altlasten aus dem Krieg). In den Köpfen und Lebensspuren der Menschen war der unbedingte Gehorsam den Eltern, den Lehrern und überhaupt allen Erwachsenen gegenüber noch tief verankert.

Der Gehorsam auch gegen den eigenen inneren Instinkt. Wenn andere dich ärgern, dann halte still. Sei für andere kein Anstoß, kein Ärgernis, keine Peinlichkeit. Bravsein bedeutete, die eigenen Grenzen einzustampfen, und anderen zu erlauben, über dein eigenes Gelände zu trampeln und dort Schaden anzurichten. Bravsein bedeutete, dem eigenen Instinkt zu misstrauen. Im Patriarchat sind die Tugenden Bescheidenheit und Bravsein für Mädchen reserviert. Aber ich spürte die herannahende Bruchlinie zwischen der traditionellen Welt meiner Eltern und der Moderne sehr deutlich, was so manches Mal zur Zerreißprobe wurde.

Meine Eltern waren und sind tiefgläubige, praktizierende Christen. Eine eigenwillige Mischung aus nüchterner, intellektueller, evangelischer Landeskirche mit einer dreifachen Prise charismatischer Freikirchlichkeit mit all ihren typischen Begleiterscheinungen: Freies Beten, Handauflegen, Segnen, Lobpreis, der Einsatz der Geistesgaben, missionarischer Lebensstil.

Erst sehr viel später würde ich schockiert feststellen, dass in vielen christlichen Traditionen und Kulturen den Frauen untersagt ist zu lehren, zu prophezeien, zu leiten, das Wort zu erheben und – in ganz krassen Fällen – Hosen zu tragen. Ich hörte, dass Frauen das Einfallstor für die Sünde sind und dem Manne untertan sein müssen. Doch hatte ich das große Glück, fern solcher Gesetzlichkeiten und Glaubenstraditionen in einer Gemeinschaft von Christen aufzuwachsen, in der Frauen Leitungsämter und die Gabe der Prophetie und der Lehre ausübten. In unserer kleinen evangelikalen Nische wurden die kritischen Bibelstellen als historisch-kulturelle Besonderheiten durchgewunken. Sie waren unbedeutend. Sonst wären viele Ämter unbesetzt geblieben. Dafür waren andere Lehren von entscheidender Wichtigkeit: Niemals Sex vor der Ehe. Keine

Scheidung und Wiederheirat. Und das große Modethema der 80er: Die Angst vor der Verseuchung durch New-Age.

Ich wuchs auf in Freiheit und Enge zugleich. Aber niemals, wirklich niemals redete jemand Weiblichkeit klein oder reduzierte die Frauen um mich herum auf gehorsame und stille Anhängsel.

Ich war ein unbekümmertes Mädchen, das lieber speckige Jeans als Rüschen trug, die Nachbarsjungen vermöbelte, mit seiner Mutter Marmelade einkochte und die Natur liebte. An unserem Hof führte ein Gehweg vorbei, auf dem sich Käfer und Kinder tummelten. Einmal zertrat ein Dorfjunge mit Genuss einen großen Käfer und ich war Augenzeugin. Empört baute ich mich vor ihm auf und verpasste ihm die Gardinenpredigt seines Lebens. Als Trumpfkarte spielte ich Gott als den großen Richter aus, der ihm für seine Untat die Hölle heißmachen würde. An mir ist eine großartige Theologin verloren gegangen. Um Worte war ich nicht verlegen. Und Mut war mir in die Wiege gelegt. Niemand in meiner Familie dachte daran, ihn mir wegzunehmen und kleinzureden. (Nur hätte ich vielleicht an meiner Wortwahl feilen können!)

Ich war umgeben von Frauen, die ihre Weiblichkeit lebten, aber nicht überbetonten, die tüchtig arbeiteten, sich wenig aus schicken Klamotten, Make-up und Frisuren machten, nachmittags mit herzhaftem Appetit Kuchen aßen und abends vor dem Fernseher, in dem gerade die Tagesschau lief, mit ihren Stricknadeln klapperten. Diese Frauen hatten ihren eigenen Schmerz in die hinterste Ecke ihres Bewusstseins gepackt, wo sie hofften, dass er nicht im Wege sei. Wirklich körperfreundlich waren sie nicht, aber ihnen war auch jeder Kult um die perfekte Figur fremd. Sie krempelten täglich die Ärmel hoch, um die Arbeit zu tun, die getan werden musste. Keinen einzigen Gedanken verschwendeten sie an so etwas wie Haare unter den Achseln (die waren halt einfach da). Sie waren gepflegt, aber das Einzige, was du in ihren Badezimmern gefunden hast, waren Nivea-Creme und Odol-Mundwasser und gelegentlich vielleicht noch ein Lippenstift von Avon. Diese Frauen erinnern mich an *Grandmam* aus Wendell Berrys großartigem Buch *Hannah Coulter*: *„Und jetzt, nach all den Jahren, nach Schwangerschaften und Muttersein und harter Arbeit war sie langsam und üppig geworden und sie erinnerte sich an ihre verloren gegangene Geschmeidigkeit und Schönheit mit Rührung, aber ohne Trauer. Sie betrauerte sich selbst nicht.".*[1]

Wenn man als kleines Mädchen von Frauen, die ihr Älterwerden und ihre verschwundene Taille nicht betrauern, umgeben ist, macht man sich selbst auch keine Gedanken um sein eigenes Äußeres. Ich dachte kein einziges Mal über meine Beine nach, über meinen Bauch, meine Haare oder meine Kleidung. Meine Beine trugen mich, mein Bauch freute sich über Milchreis mit Zimt, meine Haare hingen mir in zwei langen Zöpfen über den Rücken und ich trug das, was gerade im Schrank war. Heute weiß ich, welche Macht wir Frauen haben, weil wir die nach uns kommende Generation genauso prägen, wie uns einst unsere pragmatischen Mütter, Großmütter, Tanten und Nachbarinnen beeinflussten.

Was geben wir der nächsten Generation mit? Unsere Selbstzweifel? Unseren atemlosen Perfektionismus? Den Hass auf unseren Körper und unser Älterwerden? Eine verdrehte und reduzierte Version von Weiblichkeit?

Wenn wir lernen – befreit in Körper, Geist und Seele – ganz wir selbst zu sein, dann befreien wir damit auch die nachrückende Mädchengeneration. Also, auf Ladies, krempeln wir die Ärmel hoch und machen uns an die Arbeit.

KÖRPER

Und ich sprach sanft zu meinem Körper: Ich möchte
dein Freund sein. Und er atmete tief aus und antwortete:
Darauf habe ich mein ganzes Leben lang gewartet.
(Nayyirah Waheed)

Pubertätswahnsinn und Sex

Alle paar Wochen klingelte ein Wesen von einem anderen Stern an
unserer Haustür. Wir nannten sie: die „Schönheitskönigin". Mit
fremdartigem Glanz, toupiertem, schwarz gefärbtem Haarturm,
Plateaupumps, exotisch-buntem Make-up und schwerem Duft, der
sich in die Nasenwände fraß, schwebte die Avon-Beraterin in unser
Esszimmer. Meine Mutter legte seufzend den Kochlöffel zur Seite,
strich sich durch ihr braunes Haar, legte die Schürze ab und ließ
sich mit gespieltem Interesse all die Wässerchen, Cremes und Pu-
derdosen vorführen, als seien sie die Lösung aller weiblichen Probleme und des Kalten Krieges. Die „Schönheitskönigin" war gut,
sie war wirklich gut. Meine Mutter kaufte meistens wahllos irgendwas, um schnell wieder zurück an ihre Töpfe und den Brotteig zu

kommen. Und so war die Marketingstrategie der Firma Avon mal wieder aufgegangen. Meine Mutter hatte keine Zeit für Schnickschnack. Die neuen Beauty-Produkte setzten Staub an. Sie lagen im Bad bis weit über das Verfallsdatum. Ich hatte großen Spaß, mir mit dem Mascara meine kräftigen Augenbrauen noch üppiger zu gestalten und verwandelte mich wahlweise in den Räuber Hotzenplotz oder eine weibliche Version von Theo Waigel.

Die „Schönheitskönigin" und ihre Produkte waren in meiner Kindheit eine der wenigen Berührungspunkte mit der hyperfeminisierten Welt der Schönheit. Mich konnte der Lippenstift meiner Mutter nur kurz gefangen nehmen, denn auf mich warteten Bücher, die gelesen werden wollten, der Wald mit seinen Steinpilzen und Baumhöhlen, meine neuen Rollschuhe, mit denen ich über die Dorfstraße fegen wollte, die Katzenbabys, die beschmust werden wollten.

Ein paar meiner Freundinnen hatten diese Schminkpuppen, wie sie in den 80er Jahren en vogue waren. Puppenköpfe, auf einem Plastiksockel montiert, mit Schmink- und Frisierutensilien. Sie hatten immer, ohne Ausnahme, blonde Haare. Wenn eine Freundin diesen Schminkkopf stolz hervorholte, den sie Weihnachten 1982 bekommen hatte, und mich einlud mitzuspielen, konnte ich nicht viel beitragen. Außer mit dem Mascara die zartblonden Augenbrauen kräftig nachzufahren. Mich interessierten diese Köpfe tatsächlich noch weniger als Monchichis und Glücksbärchis. Ja, ich besaß auch eine Barbiepuppe, ärgerte mich allerdings immer über ihre unnatürliche Fußhaltung. Die Haare schnitt ich ihr ab in der Hoffnung, sie würden nachwachsen. Taten sie aber nicht und ich klebte ihr Wollfäden auf den Kopf. Die wollige Rastafari-Barbie war die Heldin in meiner Puppenwelt. Richtig glücklich war ich erst, wenn ich mit meiner Freundin Autoquartett spielte, ihren Milka-Vorrat aufessen durfte und wir gemeinsam auf Kaulquappen-Jagd gingen.

Wir Dorfmädchen waren in der Mehrheit einfach dreckige, glückliche Kinder, die vor Freiheit strahlten und von dieser Freiheit auch ordentlich Gebrauch machten. Ein paar wenige legten Wert auf Sauberkeit, rosa Kleider und hübsche Frisuren. Wir Mädchen konnten damals ganz gut in diesen beiden Welten leben, denn bei uns auf dem Lande hatte das Hyperfeminine und die Sexualisierung des Weiblichen noch nicht die Lebenslust beschnitten. Stallgeruch triumphierte über Schminkköpfe.

Wie ein alles erschütterndes Erdbeben läutete die Pubertät meine Epoche „Problemzone Frau" ein. Kein Stein blieb auf dem anderen. Die Hormone hatten beschlossen, meinen Körper und Gemütszustand zur Kriegszone zu erklären.

In einem Anfall von 80er-Jahre-Wahn opferte ich meine hüftlangen Haare für einen „kessen Kurzhaarschnitt", wie man das damals euphemistisch nannte. In diesem Jahrzehnt schienen sich Frauen und Männer unablässig die Frage zu stellen: Wie können wir den hässlichsten Look der Menschheit kreieren? Damit aber nicht genug. Wir verloren uns in Weltschmerz, hörten *Modern Talking*, trugen Neonstulpen und tranken Cherry Cola. (Zu meiner Ehrenrettung: Ich hörte nicht *Modern Talking*, sondern *U2*.)

Ich verlor meine kindliche Figur, die Hüften rundeten sich just in einem Jahrzehnt, in dem Hüften nicht angesagt waren. Die Karottenjeans im Jahre 1986 waren dabei keine große Hilfe. Angewidert betrachtete ich dieses seltsame Wesen im Spiegel. Ich war mir selbst so fremd geworden, als hätte man mich über Nacht in einen anderen Körper gesteckt und mir gesagt: „So, das ist nun die Hülle, in der du den Rest deines Lebens verbringen wirst!" Ich wollte das bis vor wenigen Jahren nicht glauben und habe versucht, genau diesen Körper abzuschütteln, um eines Tages wie Phönix aus der Asche zu steigen.

Dieser so andere Körper tat Sachen und fühlte Gefühle, die sehr befremdlich waren. Wie machen das Eltern seit Generationen mit der Aufklärung? Richtig: Sie legen dir ein *Buch* auf den Nachttisch. Mein Exemplar eines christlichen Aufklärungsbuches war durchaus gut gemeint, aber heute würde ich das gute Stück mit spitzen Fingern dem Altpapier zuführen. Der männliche Autor ermahnte Mädchen, sich züchtig zu kleiden, um das „wandernde Auge des Mannes" nicht zu reizen. (Gut, die Karottenjeans waren sicher ähnlich effektiv wie eine Burka. Ich musste mir diesbezüglich also keine Sorgen machen.) Außerdem wurde der Ratgeber-Schreiber nicht müde, uns eindringlich vor den Gefahren sexueller Gedanken, vor Unreinheit und vor dem Anhören von Rockmusik zu warnen.

Mit 13 ist man verdammt einsam. Damals hatte ich kein Smartphone, in das ich diskret eintippen konnte: „Gibt es Damenbinden mit Flügeln?" Ach Quatsch, ich wusste ja noch nicht mal, dass es Binden mit Flügeln gab. Alles, was ich hatte, waren diese dicken Camelia-Binden, die sich anfühlten wie Windeln für inkontinente Senioren.

Alle brennenden Fragen trug man auf den Pausenhof, flüsterte sie einer Freundin ins Ohr, die sie dann fünf Minuten später im Klassenzimmer herausposaunte.

An einem Junitag – ich saß träumend im Klassenzimmer – landete ein kleiner Zettel auf meinem Pult. Der männliche Absender in der hintersten Reihe reckte erwartungsvoll seinen Hals. Ich schaute ihn fragend an und er lächelte nur. Ich war entflammt und zwar nicht für den Satz des Pythagoras. Heimlich entfaltete ich den Brief und stand vor einem Rätsel. „Willst du mit mir gehen?" *Wohin will er mit mir gehen und vor allem warum?*

Auch hier wäre ein Smartphone von Nutzen gewesen, aber der Gipfel der Technik in unserem Klassenzimmer war nur der Overheadprojektor und der konnte mir meine Frage auch nicht beantworten. Also zeigte ich in der großen Pause meiner Freundin den Zettel und fragte sie: „Wohin will er denn bloß mit mir gehen?"

Anstatt mir den Code zu entschlüsseln, lachte sie wiehernd. Die Scham schlug mir wie ein heißer Waschlappen ins Gesicht und ich war immer noch so ahnungslos wie vorher. „Hahaha, sie fragt, wohin er mit ihr gehen möchte!", schrie sie den anderen Mädchen auf dem Pausenhof zu. Noch mehr wieherndes, verhöhnendes Gelächter. (Gebt es zu! Viele von euch haben nur aus Gruppendrang gelacht. Ihr hattet doch selbst keine Ahnung!) Nachdem meine Freundin sich ausgiebig an meiner Rückständigkeit geweidet hatte, setzte sie mich ins Bild. Lautstark natürlich, damit alle hören konnten, wie weit sie mir voraus war. Und was für ein ahnungsloses Landei ich war.

Und dann fing das mit den Brüsten an. Meine Mutter ging mit mir meinen ersten BH einkaufen, ein rosa-weiß gestreiftes Bustier. Ich fühlte mich wie bei einem besonderen Ritual. Geborgen. Und behutsam von Mutter und Verkäuferin in eine neue Welt eingeführt. Sie lugten durch den Spalt der Umkleidekabine und waren entzückt. Hier war kein Platz für Scham, sondern für stillen Stolz. In der Schule war das eine andere Sache. Jungs schauten mir nicht mehr in die Augen. Sie tuschelten und lachten. Schrien mir Obszönitäten nach. Saßen beim Sport auf der Tribüne, um uns Mädchen beim 100-Meter-Lauf auf unsere wippenden Brüste glotzen zu können. Ich klammerte mich an das Wohlwollen meiner Mutter und der BH-Verkäuferin, aber es verschwamm und verwandelte sich in eine hässliche Fratze, die mich auslachte, mit dem Finger auf mich zeigte, meine Weiblichkeit verhöhnte und verletzte.

Mein Körper veränderte sich weiterhin unaufhaltsam. Ich wuchs schnell in die Höhe und auch in die Breite. Auf Gruppenfotos aus dieser Zeit steche ich heraus und das in einem Alter, in dem man ungern aus der Masse ragt.

Im Winter fuhr meine gesamte Klasse zum Skikurs in die Alpen. Auf der rustikalen Berghütte teilte ich mir mit vier Freundinnen ein Zimmer. Am ersten Tag stellte ich mich selbstbewusst auf die geliehenen Skier. Natürlich konnte ich Skifahren! Bin ich doch als Kind auf Rutschbrettern unsere abschüssigen Felder hinuntergeschossen. Aber auf den steilen Alpenhängen war eine Schussfahrt – denn etwas anderes konnte ich nicht – recht verhängnisvoll und nach einer verheerenden, demütigenden Kostprobe meiner Skifahrkünste wurde ich in die Anfängergruppe gesteckt, wo ich maulend den Schneepflug übte. Abends lag ich mit meinen Klassenkameradinnen auf dem Matratzenlager und blätterte durch Zeitschriften. Gierig griff ich nach *Bravo* und *Mädchen*. So etwas gab es bei mir zu Hause nicht. Lange vertiefte ich mich in einen Artikel, der von einem Mädchen berichtete, das 50 Kilo abgenommen hatte. Dazu die üblichen Vorher-Nachher-Bilder. Das Vorherbild zeigte ein unvorteilhaft gekleidetes Mädchen mit hängenden Schultern und Mundwinkeln vor einem Berg Schokolade und Burgern. Das Nachher-Bild ein dünnes Strahlemädchen im Leotard, das mit Möhren und Sellerie flirtete. **Mit ihrer plumpen aber effektiven Bildsprache zementierte die Zeitschrift das vorherrschende Narrativ von schlechten und guten Körpern. Die Botschaft kam an: Dick zu sein ist widerwärtig und eigenverschuldet. Dünn zu sein ist**

die einzig würdige Form für Mädchen und Frauen. Und Dank Gemüsesticks und Jane Fonda (für die jüngeren Leser: *die* Aerobic-Ikone der 80er!) für jede(n) machbar.

Dann blätterte ich weiter zu den Schmink- und Flirttipps und zu einem Interview mit „süßen Boys". Wie muss das perfekte Girl sein? „Dünn. Und auf jeden Fall sehr gepflegt, ohne Haare unter den Achseln und ohne Pickel im Gesicht. Schöne glatte lange Haare. Und unbedingt süß und nett." Ich war nichts davon.

Ich saugte dieses Heft mit seinen toxischen Botschaften auf. Jeden Artikel las ich in den nächsten Tagen wie eine heilige Liturgie, die ich so lange wiederholte, bis ich ihren Inhalt verinnerlicht hatte: Wenn ich mich nur genug anstrenge, dann werde ich eines Tages dünn und hübsch und nett und süß sein. Dann endlich hätte ich den Schlüssel für Beliebtheit in der Hand. Es lag an mir. Und ich würde es schaffen, eines Tages die Frau zu sein, die ich gerne sein wollte! Strahlend. Mit 15 war ich hoffnungslos überfordert, die widersprüchlichen Botschaften zu sortieren. Ich wusste nicht, was die Wahrheit über mich war, und im Zweifelsfall hatten meine Klassenkameraden und die Zeitschriften wohl recht: Ich war fett und hässlich.

Auf der anderen Seite war mein christlicher Jugendkreis. Dort lernte ich in diesem Alter etwas Revolutionäres, das meine Seele weitete: Ich darf mich annehmen, wie ich bin, weil Gott mich liebt, wie ich bin. Ich radelte an einem Sommerabend beschwingt vom Jugendkreis nach Hause. Meine starken Oberschenkel, die ich sonst verfluchte, pumpten kräftig auf und ab, brachten mich nach Hause. An diesem Abend musste ich kein Essen zwanghaft in mich hineinstopfen, weil ich mich endlich frei fühlte. Keine Diätgedanken quälten mich, denn da war ja mein Gott, der mich gut fand.

Aber Bilder von gertenschlanken, langbeinigen Models aus Katalogen übermalten diese Überzeugung allzu schnell. Mädchenfeindliche Botschaften begossen die zarte Pflanze der Selbstliebe mit ihrem giftigen Wasser aus Oberflächlichkeiten.

Ich versuchte währenddessen, in zwei Kulturen zu gedeihen: der christlichen Subkultur und der allgemeinen Kultur. Für ein Teenagermädchen ist das ein kompliziertes inneres Tauziehen, das sie nie gewinnen kann. In beiden Kulturen bekommst du ungefragt ein Rollenheft in die Hand gedrückt mit dem Narrativ, was „feminin" bedeutet. Das variiert ein bisschen, je nach Herkunftsfamilie, Religion und Umgebung. Aber je weiter Mädchen in jugendliches Territorium vorstoßen, desto stärker wird dieses Narrativ von sozialen Medien und Gruppendruck befeuert.

Mein Rollenheft war dünn. Das „weltliche" Narrativ schrieb vor: Sei nett. Süß. Hübsch. Schlank. Fleißig. Selbstbewusst. Aber sei nicht zu aggressiv, dominant, grüblerisch oder gar seltsam. Sei weiblich, aber nicht zu weiblich. Sei intelligent, aber nicht zu intelligent.

Das fromme Narrativ forderte: Sei fröhlich. Harmlos. Kontrolliert. Brav. Niemals wütend. Zurückhaltend. Gottesfürchtig. Sei du selbst, aber nicht zu sehr. Halte dich an die Regeln. (Keinen Sex vor der Ehe, hörst du? KEINEN SEX VOR DER EHE. DU MUSST REIN BLEIBEN!!! Du bist sonst wie ein angebissener Apfel, den keiner mehr möchte.)

Zu jener Zeit gab es heißen Streit um die Frage, ob sich Mädchen schminken dürfen. Die frommen Vorbildmädchen waren ungeschminkt, ja sie brauchten kein Make-up, weil ihr heiteres und unkompliziertes Wesen heller strahlte als jedes Lipgloss. Sie waren nicht laut und launisch und vor allem nicht sündig.

Ich übte vor meinem Spiegel den „heiligen" Gesichtsausdruck: die Mimik der frommen, immer gut gelaunten Strahlemädchen. Dieses liebe Lächeln, das christliche Jungs anzog wie der Honig die Bienen. Ich fand, ich sollte Strahlemädchen-Passbilder haben, zog meinen fleischfarbenen Benetton-Pullover an, ging ins Fotostudio und strahlte mit den Scheinwerfern um die Wette. Sagen wir es mal so: Es hagelte hinterher keine Komplimente für dieses Passfoto. Ich haderte mit Gott und seiner willkürlichen Verteilung von Genen.

Identitätsfindung in jungen Jahren ist wahrhaftig kein Spaziergang über eine Blümchenwiese, sondern eine harte Schlacht, die am Ende oft gleichgeschaltete, überangepasste junge Frauen hinterlässt.

Die fromme Szene pflanzte uns Mädchen unter eine stickige Glashaube, unter der alles Sexuelle, Körperliche und Dominierende ausgeschlossen wurde. Auch Mädchenkörper haben Bedürfnisse und das machte Angst. Es brauchte also ein Kontrollorgan und dieses lautete Schuld. Ich muss zur Ehrenrettung meiner damaligen Jugendkreis- und Freizeitleiter*innen sagen, dass sie es wirklich richtig machen wollten und gut meinten und wahrscheinlich selbst das System, in dem sie steckten, nicht durchschauten.

Mit dem Schuldbegriff wurde in meinen Teenagerjahren im Jugendkreis und auf christlichen Freizeiten häufig gearbeitet. Kaum ein Abend verging, an dem nicht die Themen „Selbstbefriedigung" und „Sex vor der Ehe" auf dem Programm standen. Die Botschaft war klar: Wenn wir über den Rand malten, würden wir Schaden nehmen. Man konnte es uns gar nicht oft genug eintrichtern! Wir mussten ja nur mit unseren Bedürfnissen zu Gott kommen und er würde sie schon stillen. Ich folgte brav und fühlte mich sehr, sehr neurotisch und mit meinen vielen Fragen und Bedürfnissen alleingelassen.

Was eine gesunde Entwicklung der eigenen Sexualität fördert, lernten wir im Jugendkreis jedenfalls nicht. Ich wuchs in einer gesetzlichen, körperfeindlichen Verbotskultur auf und wunderte mich, warum ich mich ständig meines Körpers schämte und ihn als unnormal betrachtete. Hätten uns die Jugendleiterinnen und -leiter damals vermittelt, dass die eigene Geschlechtlichkeit – unabhängig von Ehe – gut und gottgewollt ist, und hätten sie uns Wege hin zu einer gesunden Sexualität innerhalb eines guten Wertesystems gezeigt, dann hätte das vermutlich viel Schaden verhindert. Es hätte einen gewaltigen Unterschied gemacht, wenn man uns gelehrt hätte, dass unsere Körper und unsere Geschlechtlichkeit gut sind und wir uns daran freuen dürfen.

Was ist also der Auftrag an unsere Kirchen und Gemeinden hinsichtlich Sexualität? Was bleibt, wenn man junge Christen nicht mit Schuld manipulieren und ruhigstellen will?

Die Gemeinde ist das Abbild Gottes auf Erden. Sicher, ein sehr unperfektes. Aber sie besitzt die Macht, Heilung und Licht hinauszutragen zu den Menschen, die zerbrochen am Boden liegen. So hat sie auch die Möglichkeit, junge Mädchen so zu stärken, dass diese nicht als gleichgeschaltete, fromme Klischees nachplappernde, konforme, brave Wesen in die Welt hinausgehen. Dazu gehört eine Sprachfähigkeit, gerade dem Körperlichen, Sexuellen gegenüber, die sich nicht in Ver- und Geboten erschöpft. **Gemeinden müssen einen geborgenen Raum schaffen, in dem sie die Sexualität von Mädchen und Jungen wertschätzen und in dem ein eigenverantwortlicher Umgang damit gelehrt wird.**

Die Gemeinde ist wie ein Körper. Ein Körper, durch den Gott

46

sich ausdrückt und der Cellulite und Schwangerschaftsstreifen, Gewicht, Präsenz und Diversität besitzen darf. Ein Körper, der weiblich und männlich ist, der schwarze, braune und weiße Haut hat, der hetero- oder homosexuell sein kann. Ein Körper, an dem die Hornhaut an der Ferse genauso wertgeschätzt wird wie der Mund und die Hand. Ein Körper, der Gott verherrlicht. Ein Körper, der Frauen und Männer stärkt, der Schablonen, Klischees und falsche Narrative vernichtet. Ein Körper, der sich nicht dafür schämt, ein Körper zu sein.

Wenn Gemeinden ein optimierter und gezähmter Körper sind, dann optimieren und zähmen sie auch Gott selbst. Sie zähmen den Glauben an ihn und sie zähmen ihre Frauen und Männer.

Lassen wir also unsere Teenagermädchen ungezähmt. Sie brauchen uns reifere Frauen als sprachfähige Vorbilder, zu denen sie kommen können mit all ihren Fragen – auch den vermeintlich peinlichen. Sie brauchen ein Gottesbild, das zutiefst gut ist und übrigens nicht nur männlich. Sie brauchen Frauen, deren Weiblichkeit aus der Rolle fällt und die ganz zu sich stehen. Sie brauchen Frauen, die traditionelle Weiblichkeit leben, ohne diese anderen überzustülpen. Sie müssen erleben, dass Männer ein sicherer Ort sind, wo sie Verständnis und Wertschätzung erleben. Sie brauchen gute Worte von Frauen *und* Männern.

Verschwenderisch großzügige Frauensolidarität

Wie überlebenswichtig es für einen Teenager ist, Gutes über sich zu hören, muss uns dazu anspornen, den jungen Menschen in unserer Umgebung – und mögen sie noch so stachelig und widerspenstig sein – diese guten Worte nicht zu entziehen, sondern sie regelrecht darin zu baden. Gerade in dieser Lebensphase kann ein falscher Satz, ein falsches Wort sich festsetzen und noch jahrzehntelang wie ein Krebsgeschwür weiterwuchern. Meine eigenen Kinder sind kurz vor den berüchtigten Jahren. So manches Mal blitzen die Vorboten der Pubertät bereits durch und verschaffen mir einen kleinen Vorgeschmack auf die kommenden Jahre. Es ist ein seltsames Phänomen – nein, nicht die Pubertät an sich – sondern wie wir Eltern auf diese Phase unserer Kinder vorbereitet werden: mit Angst. Seit ihren ersten Schrittchen warnen uns Veteranen-Eltern: „Genießt es, solange sie noch so klein sind! Wenn sie erst mal in die Pubertät kommen, wird es richtig hart." Danke für den Hinweis. Aber dabei bleibt es ja nicht, nein. Wir werden vielmehr geradezu mit Warnungen überschüttet, was gar nicht nötig wäre, denn wir erleben es ja selbst, wie sich die süße, zugängliche Nachbarstochter in einen zugeknöpften, abweisenden Zombie verwandelt, der mit seinem Smartphone verwachsen ist. Die Pubertät wird uns wie das Land Mordor aus J. R. R. Tolkiens *Der Herr der Ringe* vor Augen gemalt: ein düsteres Territorium aus Schlackehügeln und steinigen Ebenen.

Es mögen harte Jahre sein für uns Eltern. Aber vergessen wir nicht: Es sind noch härtere Jahre für unsere Teenies! In dieser Phase mag es der eigenen Intuition widersprechen, sie so zu lieben, wie sie sind. Aber genau dann brauchen sie diese entschlossene Liebe mehr denn je. Dazu gehört, ihnen immer wieder Gutes über sie zu sagen. Und auch, sie mit geschickten Fragen dazu zu bewegen, Gutes über sich selbst auszusprechen. Wenn du ganz besonders verwegen sein möchtest, dann sage etwas Gutes über sie in Gegenwart anderer. **Ein wertschätzendes Wort baut mehr in** unseren stacheligen Kindern auf, als sie zugeben möchten und können. **Ein schlechtes Wort dagegen kann ihre innere Welt zum Einsturz bringen.** In unserer Kultur ist es nicht besonders üblich zu loben, was ich als eine absolute Armut empfinde.

Ich bin in Franken aufgewachsen, und diese nordbayerische Spezies tut sich schwer mit dem Loben. Ein gebrummtes „Bassd scho!" (Passt schon!) ist das höchste der Gefühle. Für ein 16-jähriges Mädchen mit größten Komplexen und gemindertem Selbstwert eine verbale Wüste, in der sie verdurstet. Bis dahin hatte ich eine Menge Negativität schlucken müssen – hauptsächlich von Mitschülern und Lehrern – und ich war überzeugt, ich sei der hässlichste Mensch der Welt. Vor allem, wenn man zu allem Überfluss auch noch von seinem Lehrer für die neue, gewagte Frisur ausgelacht wird. (Ich war mit meiner Minipli-Frisur nur meiner Zeit voraus! Eine einsame Trendsetterin! David Hasselhoff hat mich Jahre später imitiert.)

In diesem Alter kam ich das erste Mal mit einer anderen Kultur in Berührung. Ich durfte an einem Schüleraustausch mit einer Schule aus dem Norden Israels teilnehmen. Die Wochen vorher war ich ein aufgeregtes Nervenbündel. Mein Englisch war so lückenhaft wie das Gebiss von Jürgen Vogel, und im Flugzeug irgendwo über dem Mittelmeer übte ich verbissen wichtige Alltagsvokabeln wie „duschen" und „Schlüssel". (Mir wird sich nie der Sinn erschließen, warum wir im Englischunterricht Texte über Schiffsunglücke im 18. Jahrhundert vorgelegt bekamen … Aber diese dabei erworbenen sprachlichen Fähigkeiten helfen ganz bestimmt enorm weiter im Alltag mit einer israelischen Gastfamilie!)

Unsere kleine Gruppe von auserwählten Schülerinnen und

Schülern landete in Tel Aviv. Mit dem Bus ging es zwei Stunden in den Norden des Landes. Ich klebte am Fenster, studierte jede einzelne Dattelpalme, die bewaffneten Soldaten am Straßenrand und die eigenwillige Architektur der Mehrfamilienhäuser. Meine Gastfamilie nahm mich sehr herzlich auf. So herzlich, dass ich am ersten Abend wie eine Gans gestopft wurde. Als hätten sie ein halbverhungertes Waisenkind aus einem Entwicklungsland beherbergt, setzten sie mir Pizza, Suppe, Nudeln, Falafel, Pita, Hummus und Oliven vor. Dies war nicht nur das Land, in dem Milch und Honig fließen, sondern auch Kohlenhydrate in Hülle und Fülle. Mein Magen war vor Aufregung wie zugeschnürt, aber meine Höflichkeit siegte und ich aß. Aber damit war meine Gastfamilie nicht zufrieden. Sie beobachteten meinen Teller mit Adleraugen. Sobald er leer war, wurde nachgelegt. Meine leisen Proteste hörte niemand. Wahrscheinlich verstanden sie mein Englisch nicht. *„Eat, eat!"* Mir brach der kalte Schweiß aus. Jeder Bissen wurde zur Qual und als ich den letzten mit größter Mühe geschluckt hatte, wollte ich vor Triumph die Faust in die Luft strecken. Ich interpretierte die lächelnden Gesichter falsch. Sie lächelten nicht, weil nun das Essen vorüber war, sondern weil es in die nächste Runde ging: Dessert. Man setzte mir einen großen Teller mit klebrig-süßem Gebäck vor. Noch heute bin ich stolz auf meine olympiareife Leistung, dieses lächelnd und nickend und mit hervorquellenden Augen heruntergewürgt zu haben. Essen war die Liebessprache dieser Familie und, wie es mir schien, des ganzen jüdischen Volkes.

Die nächsten Tage war ich damit beschäftigt, unsere Austauschschülerinnen und -schüler kennenzulernen. Sie waren gelenkige Weidenbäume, gingen stolz und aufrecht. Ganz anders als wir deutschen Schüler mit unseren eingesunkenen Schultern und zaghaften

Kontaktversuchen. Abends trafen wir uns beim Jemeniten, um Malawach, frittiertes Fladenbrot mit Tomaten, zu essen und anschließend auf der Straße zu tanzen. Die israelischen Mädchen waren so frei und selbstbewusst, und ich wünschte mir, ich könnte auch so sein. Sie geizten nie mit Komplimenten – eine Sache, die ich aus meiner eigenen Kultur nicht kannte, weder von Mädchen noch von Jungs. Ich hörte zum ersten Mal in meinem Leben, dass ich schöne Augen habe. Dass ich hübsch bin. Der Flirtfaktor unserer deutschen Jungs stank gewaltig ab gegen den ihrer israelischen Altersgenossen. An einem grauen Novembertag verabschiedeten wir uns von unseren Austauschschülern. Ich wollte gerade in den Bus steigen, meinen Walkman aufsetzen und Dire Straits hören, als ich von drei israelischen Schülerinnen zurückgehalten wurde: „*We had so much fun with you. You are such a funny and pretty girl!*" (Wir hatten so viel Spaß mit dir. Du bist so ein lustiges und hübsches Mädchen!) Regenguss auf vertrockneter Ödnis. Ich blühte auf, reckte mich der Sonne entgegen. Nun konnte ich aufrechter stehen. Diese Mädchen erinnern sich bestimmt nicht mehr an ihre Worte an diesem Novembertag 1991. Aber ich.

Jedes gute Wort, das wir über uns hören, ist ein Stück Heilung.

In meiner Erinnerung an diese kurze Begegnung an der Bustür scheint noch etwas ganz anderes durch: Die Kultur der verschwenderisch großzügigen Frauensolidarität. Eine Frauensolidarität, die wir ruhig ausbauen dürfen.

Die leider viel zu jung verstorbene US-Autorin Rachel Held Evans schreibt in ihrem Buch *A Year in Biblical Womanhood* über das berühmte „Lob der tüchtigen Frau" in Sprüche 31 (Ihr wisst schon: Die tüchtige Frau, auf die sich ihr Mann verlassen kann.

Die um vier Uhr morgens aufsteht, den Armen zu essen gibt, ihren Haushalt schmeißt, mit Grundbesitz handelt, kocht, backt, näht, nur Weisheiten von sich gibt und niemals Dummheiten. Kurz: die Traumfrau jeden jüdisch-christlichen Mannes!):

„Und doch lesen viele Christen in diese Stelle eine Verordnung hinein als ein Gebot an die Frauen und nicht eine Ode an die Frauen (...)"[2]

In einem Experiment versuchte Rachel H. Evans einen Monat lang, wie die Frau aus Sprüche 31 zu leben: Sie stand vor Sonnenaufgang auf, kochte jede Mahlzeit selbst, arbeitete bis neun Uhr abends, lernte nähen und stricken, investierte Geld in Immobilien, arbeitete einmal die Woche für wohltätige Zwecke und tat ihrem Mann Gutes.

„Ich musste es ihr lassen. In weniger als 14 Tagen hatte es diese Frau aus Sprüche 31 geschafft, dass ich mich schuldig, unzulänglich und armselig fühlte."[3]

In einem Austausch mit einer religiösen Jüdin erfuhr Evans, dass dieser Text aus dem Buch der Sprüche keineswegs ein Regelwerk darstellt, dem wir nacheifern sollten, sondern dass es ein poetischer Lobgesang von Männern an ihre Frauen ist. Sie singen es am Shabbat-Abend vor Gästen und Familie:

Eshet Chayil, mi jimtza w'rachok mip'ninim michrah.

„Eine tüchtige Frau, wer hat das Glück sie zu finden? Sie ist wertvoller als viele Perlen."

Der Ausdruck *Eshet Chayil* wird von jüdischen Frauen auch verwendet, um einander zu ermutigen und zu segnen. Das weckt eine große Sehnsucht nach Frauensolidarität in mir. Von Natur aus bin ich kritisch, und ich erkenne bei anderen Menschen schneller ihre Fehler als ihre Stärken. Ich glaube sogar, das ist meine größte

Schwäche, auf die Gott mich immer wieder seufzend hinweisen muss.

Eshet Chayil! Was für ein großartiges Übungsfeld für mich. Für uns alle. **Welche Stärke setzt es in uns Frauen frei, wenn wir uns gegenseitig loben und Mut zusprechen. Aus freiem Herzen uns über die Erfolge der anderen freuen. Unsere Worte, aber auch unser Schweigen an der falschen Stelle, können niederschmettern. Passivität kann genauso zerstörerisch wirken wie Negativität. Aber ein gutes Wort, ein ermutigender Satz kann ein Regenguss in der Wüste sein und andere Frauen aufblühen lassen.**

Eshet Chayil: Für Frauen mit großen Nasen und eckiger Persönlichkeit.

Eshet Chayil: Für die Außenseiterinnen, die sich nicht dem Gruppendruck beugen.

Eshet Chayil: Für die Gefallenen unter uns.

Eshet Chayil: Für alle Mädchen, die dem 0815-Handbuch nicht folgen und unverbogen aus der Teeniezeit herausgehen.

Eshet Chayil: Für dich, denn du bist wertvoller als viele Perlen.

Scham

Manche Erwachsene waren für mich in meiner Kindheit wie Götter. Zum Beispiel ein alter Nachbar. Ich hielt ihn für einen Rachegott. Um seinen Besitz hatte er Stacheldraht gezogen und wir Kinder munkelten, er würde mit seinem Gewehr Wache halten. Ich glaube, ich sah ihn sogar ein- oder zweimal mit einer alten Waffe durch seinen Garten patrouillieren. Für Feuerwehrfeste, freundlich gesinnte Nachbarn, süße kleine Kätzchen, Sonnenschein und Kinderlachen hatte er kein Verständnis und betonierte in die Zaunpfosten seines Gefängnisses sicherheitshalber noch ein paar Glasscherben mit ein.

Oder mein Großvater – eine Gottheit aus der Ferne. Er kam nicht oft vorbei – aber wenn, dann hatte er immer Schokolade für uns im Gepäck und reparierte alles, was nicht niet- und nagelfest war.

Manchmal stiegen die Götter von ihrem Olymp und wurden zu Menschen aus Fleisch und Blut, kamen mir nahe, sahen mich, litten und freuten sich mit mir. Ich war fünf oder sechs Jahre alt. Meine Eltern waren über das Wochenende verreist und ich durfte bei Freunden übernachten. Gertrud war eine herzensgute Frau und Mutter von drei Töchtern. Eine „Göttin" aus Fleisch und Blut und mit dem schönsten Lächeln, das mich wohlig in Geborgenheit bettete. Wir spielten Brettspiele, lasen Bücher über Pferde und spielten im Garten. Trotz Heimweh fühlte ich mich wohl bei ihr. Nach zwei Tagen beschloss Gertrud, dass es Zeit war für eine Dusche. Sie führte mich ins Bad und wartete darauf, dass ich mich auszog, damit sie mich waschen konnte. Ich erstarrte innerlich. Es ist einer jener Momente, der mir noch heute – so viele Jahrzehnte später – glasklar vor Augen steht. Ich stand da in meiner praktischen weißen Baumwollunterwäsche und wollte sie nicht ausziehen. Ein neues, noch unbekanntes Gefühl kroch an meinen Beinen hoch: Scham. Ich spürte zum ersten Mal, dass ich eine Intimsphäre besitze, die ich nicht mit jedem teilen möchte.

Ich musste wohl eine Weile zögerlich an meiner Unterwäsche herumgezupft haben und die feinfühlige Gertrud erkannte meine Notlage. „Magst du zum Duschen deine Unterwäsche anbehalten?" Ich nickte erleichtert und schämte mich für meine Scham, die ich vor Gertrud nicht verstecken konnte. Aber ich war ihr dankbar, dass sie meine Kinderwürde schätzte und bewahrte.

Die ersten Schamerfahrungen erlebt man meistens im Kindergartenalter, wenn man zum ersten Mal in der Lage ist, die eigenen Unzulänglichkeiten in Bezug auf Regeln und Werte wahrzunehmen. Scham ist unglaublich vielschichtig. Sie kann unsere Intimität und die anderer schützen, aber auch krankmachen, wenn eine Familienstruktur oder Kultur uns mit Scham auf ein bestimmtes Verhalten konditioniert.

Von der ersten Schamerfahrung der Menschheit lesen wir bei Adam und Eva in der Bibel. Direkt nach dem Sündenfall, dem Verstoß gegen die einzige Regel im Paradies, trat die Scham ins Leben der Menschen.

Als Kind träumte ich mich manchmal an die Seite von Adam und Eva ins Paradies. Oft mit Stiften und Papier. Ich malte Adam und Eva und Palmen und Giraffen und Pferde und Wale und mich. Damals hätte ich mir keine schönere Aufgabe vorstellen können, als Tieren und Pflanzen Namen zu geben und in einer völlig unverbrauchten Welt zu leben, unberührt von Verfall und Leid. Doch am Horizont zog bereits Unheil herauf. Und wie in jeder Geschichte fallen die Helden tief.

„Die Frau sah: Die Früchte waren so frisch, lecker und verlockend – und sie würden sie klug machen! Also nahm sie eine Frucht, biss hinein und gab auch ihrem Mann davon. Da aß auch er von der Frucht. In diesem Augenblick wurden den beiden die Augen geöffnet und sie bemerkten auf einmal, dass sie nackt waren. Deshalb flochten sie Feigenblätter zusammen und machten sich Lendenschurze. Als es am Abend kühl wurde, hörten sie Gott, den Herrn, im Garten umhergehen. Da versteckten sie sich zwischen den Bäumen. Gott, der Herr, rief nach Adam: „Wo bist du?" Dieser antwortete: „Als ich deine Schritte im Garten hörte, habe ich mich versteckt. Ich hatte Angst, weil ich nackt bin." „Wer hat dir

gesagt, dass du nackt bist?", fragte Gott, der Herr. „Hast du etwa von den verbotenen Früchten gegessen?" (1 Mose 3, 6–11)

Wer hat dir gesagt, dass du nackt bist? Die Augen der Menschen werden geöffnet. Seither können wir Gut und Böse erkennen. Und was machen wir damit? Wir wenden sie an auf uns selbst und auf andere. Wohin das geführt hat und immer noch führt, sehen wir in den Nachrichten, erleben wir in unserem Umfeld, in unseren Gemeinden, in unseren Familien. Und auch tief in uns selbst. Fakt ist: Wir können nicht gut umgehen mit der Erkenntnis von Gut und Böse.

Vor diesem Moment war Nacktheit etwas Gutes. Aber plötzlich war da eine Stimme, die uns etwas anderes einflüsterte. Wann immer wir auf eine andere als auf Gottes Stimme hören, schleichen sich Lügen in unser Leben ein. Einst waren wir Menschen, die sich nicht für ihre Körper schämten, nicht für seine Form. Und auch nicht für ihr Verlangen und ihre Lust. Wir waren frei. Aber mit der Erkenntnis von Gut und Böse verloren wir die Freiheit, einfach nur bei Gott zu sein, und seitdem ist der Körper – meist der weibliche – Ziel von Gesetzen und Verboten, Tabus und Manipulation. Seitdem fühlen wir uns verkehrt.

Adam und Eva versteckten sich vor Gott, heißt es im Bibeltext, und ich muss schmunzeln. Das weiß doch jedes Kind, dass man sich vor Gott nicht verstecken kann. Gott schaut durch mich hindurch, sieht mich hinter dem Geäst meines Lebens. Sieht meine Nacktheit. Da hilft auch keine ausgeleierte Baumwollunterwäsche. Das Gefühl der Scham, das Adam und Eva beschlich, ist eines, das wir alle sofort nachvollziehen können, weil es uns sehr vertraut ist.

Scham kommt in verschiedenen Formen daher. Keine(r) von uns kann ihr entkommen. Die gesunde Scham schützt uns. Sie entspringt dem Bedürfnis, unsere Seele und unseren Körper vor den Angriffen anderer in Sicherheit zu bringen. Das ist einer der Gründe, warum ich nicht nackt aus dem Haus gehe. Wären wir noch im Paradies, wäre das kein Grund zur Sorge und ich müsste mir nicht jeden Morgen überlegen, was ich anziehen soll. Aber diese Zeiten sind nun mal vorbei, und wir leben in einer kaputten Welt, in der Nacktheit entweder sexualisiert oder lächerlich gemacht wird. Gott wusste das, als er Adam und Eva nach dem ganzen Debakel seufzend Kleider aus Fell machte.

Und dann ist da noch die giftige Scham, deren Ziel es ist, dass wir uns für den Rest unseres Lebens verkehrt fühlen. Es ist ein großer Unterschied, ob ich mich bedecke, weil ich meine Privatsphäre schützen möchte. Oder ob ich mich bedecke, weil niemand sehen soll, dass ich „verkehrt" bin.

Als ich damals in Gertruds Badezimmer stand, wollte ich unbedingt eine Grenze ziehen – nicht, weil ich mich „verkehrt" fühlte, sondern weil ich wusste: Mein Körper gehört mir. Nicht jeder darf ihn anstarren und anfassen. Und die weise Frau respektierte meine Grenzen. Gesunde Scham führt zu gesunden Grenzen.

Die giftige Scham ist unser Erbe aus Eden. Seitdem sind andere Stimmen lauter als die Stimme Gottes. Sie flüstern uns Scham über unser Wesen und unseren Körper ein und über die Tatsache, dass und wie er sich mit der Zeit verändert. Giftige Scham, die uns wieder und wieder bestätigt: Du bist falsch.

Wir erleben momentan in unserer Gesellschaft eine gewaltige Verschiebung von einer Schuld- zu einer Schamkultur. Wenn wir uns die Mechanismen dahinter klarmachen, können wir unsere eigene giftige Scham besser entlarven. Jahrhundertelang herrschte in Europa eine Schuldkultur. Sie fragt: Bist du schuldig oder unschuldig? Vereinfacht ausgedrückt: Man geht mit sich selbst innerlich ins Gericht. Oder zur Beichte. Versucht, wiedergutzumachen, was man verbockt hat. (Interessant hierbei ist, dass die Schuldkultur ihren Ursprung u. a. im Aufkommen der kirchlichen Beichtpraxis im 13. Jahrhundert hatte.) Die Schamkultur ist vor allem im Orient, in Asien und Südamerika vorherrschend. Sie fragt: Was denken die anderen von mir? Wie muss ich mich anpassen, um mein Gesicht nicht zu verlieren? Wie muss ich mich verhalten, um nicht die Missbilligung der Gruppe auf mich zu ziehen?

Die Schamkultur wird langsam aber sicher auch zu einer westlichen Leitkultur: Denn wir versichern uns immer mehr nach allen Seiten, ob wir „richtig" sind. Wir sehen diesen Trend im Netz und im echten Leben, in der Politik und in unseren Gemeinden. Wir gehen auf Fang nach Likes und Komplimenten wie nie zuvor und sind so hungrig danach wie nie zuvor.

Die Orte, an denen wir Schutz brauchen und an denen wir uns eigentlich zeigen können wie wir sind, sind leider auch häufig Orte der Schamkultur. Wird z. B. in meiner Gemeinde das Thema Sexualität vorurteilsfrei angegangen? Kann ich mit jemandem über meine sexuellen Fragen reden, ohne sofort mit Bibelversen und Klischee-Antworten „niedergebibelt" zu werden? Gibt es tatsächlich nur eine sehr enge und klar umrissene Form von erlaubter Sexualität? Und was passiert, wenn das jemand öffentlich anders lebt? Präsentiere ich nach außen etwas anderes als ich innen bin, nur um den Zuspruch und die Zuneigung meiner Gruppe nicht zu verlieren?

Als ich noch ein zartes Pflänzchen und Teil einer christlichen Schamkultur war, war es absolut verboten, vor der Ehe zusammenzuleben. Ich bekam mit, dass leitende Personen, die es wagten, im

Jahr vor ihrer Hochzeit zusammenzuziehen, sich öffentlich vor ihrer Gemeinde zu diesem Fehlverhalten bekennen und ihr Amt niederlegen mussten. Sie konnten sich dort nicht mehr blicken lassen – zu schamhaft war das Stigma, das ihnen fortan anhaften würde.

Die Schuldkultur sagt: Ich habe einen Fehler gemacht. Die Schamkultur sagt: Ich bin der Fehler. Siehst du den gewaltigen Unterschied und wie sehr uns giftige Scham verbiegt?

In ihrem Buch *Daring Greatly* nennt Scham-Forscherin Brené Brown zwölf Scham-Kategorien. Vielleicht kommt dir manches bekannt vor? (Die ergänzenden Erläuterungen sind von mir.)

1. Aussehen/Körperwahrnehmung
   - Wenn nach einer „erfolgreichen" Diät die Kilos wieder zurückkriechen und jeder mein Versagen sehen kann.
   - Wenn ich vor einem Schwimmbadbesuch vergessen habe, meine Beine zu rasieren.
   - Wenn ich im Bikini am Strand herumlaufe und meine Schenkel aneinanderreiben.
   - Wenn ich gefragt werde, wann es denn so weit ist, obwohl ich gar nicht schwanger bin.
   - Wenn ich vor sechs Wochen entbunden habe und noch nicht wieder in meine alte Jeans passe.
2. Geld/Arbeit
   - Wenn ich einen wichtigen Abschluss nicht geschafft habe.
   - Wenn ich sehr viel weniger als meine erfolgreiche Schwester verdiene.
   - Wenn ich in einem wenig anerkannten Job arbeite.
   - Wenn ich entlassen werde.

3. Mutter-/Vaterschaft
   - Wenn ich keine Kinder bekommen kann.
   - Wenn ich „zu wenige" oder „zu viele" Kinder habe.
   - Wenn ich mir eingestehen muss, dass mich das Elternsein mehr anstrengt, als ich es je für möglich gehalten hätte.
4. Familie
   - Wenn mein Mann sich eine jüngere Frau sucht.
   - Wenn ich in einer dysfunktionalen Familie aufgewachsen bin.
   - Wenn ich eine Scheidung hinter mir habe.
   - Wenn mein Kind verhaltensauffällig ist.
   - Wenn ich mit 35 immer noch keinen Partner habe.
5. Erziehungsarbeit
   - Wenn mir die üblichen Mutterqualitäten fehlen.
   - Wenn ich meine Kinder anschreie.
   - Wenn ich mich permanent überfordert fühle.
   - Wenn ich meinen „Erziehungsauftrag" nicht mit so viel Kompetenz und Leichtigkeit erledigen kann, wie die anderen Mütter und Väter es scheinbar tun.
6. Mentale und physische Gesundheit
   - Wenn ich nach einer Brustkrebserkrankung meine Brüste verloren habe.
   - Wenn ich nicht mehr „richtig" funktioniere, weil ich an Depression oder Burn-out leide.
   - Wenn mein Körper mir nicht mehr gehorcht.
7. Sucht
   - Wenn ich jeden Abend zur Entspannung zwei oder drei Gläser Wein trinke.
   - Wenn ich es nach zig Versuchen immer noch nicht geschafft habe, mit dem Rauchen aufzuhören.

- Verdammtes *Porn-Hub*! (Ja, auch Frauen können pornosüchtig werden.)

8. Sex
   - Wenn ich mit Ende 20 noch Jungfrau bin.
   - Wenn ich keinen Orgasmus bekommen kann.
   - Wenn ich als Frau tiefes, animalisches Verlangen spüre.
   - Wenn ich als Frau kein tiefes, animalisches Verlangen spüre.
   - Wenn Sex wehtut.

9. Altern
   - Wenn mir mit Anfang 30 bereits graue Haare wachsen.
   - Wenn ich die ersten Falten bekomme.
   - Wenn ich unter Schweißausbrüchen in den Wechseljahren leide.
   - Wenn ich inkontinent werde.

10. Religion
    - Wenn ich das Gefühl habe, ich bin in meiner Kirche/Gemeinde die Einzige, die keine Lust auf Kinder hat.
    - Wenn ich in meiner Kirche/Gemeinde mit meiner Meinung allein dastehe und mich permanent hinterfragen lassen muss.
    - Wenn ich merke, dass ich eigentlich gar nicht in meine Gemeindekultur passe.
    - Wenn ich dem frommen Standard nicht genüge.

11. Traumata
    - Wenn ich Opfer von Rassismus wurde.
    - Wenn ich Opfer von sexuellen Übergriffigkeiten sowie körperlicher und verbaler Gewalt wurde.

12. Stereotypisiert zu werden.
    - Wenn ich beim 20-jährigen Klassentreffen immer noch das „Mauerblümchen", der „Clown" oder der „Freak" bin.

- Wenn ich als Dunkelhäutige automatisch die Theaterrolle der Sängerin, Tänzerin oder Komikerin erhalte.
- Wenn ich in einer Gemeinde, in der es fast nur Paare und Familien gibt, Single bin.

Der stärkste Schamtrigger für uns Frauen ist tatsächlich unser Aussehen, so Brené Brown. Direkt im Anschluss folgt Mutterschaft. Und das betrifft interessanterweise nicht nur Frauen, die tatsächlich Kinder haben, sondern ebenfalls kinderlose Frauen, da der Wert von Frauen immer noch häufig an die Fähigkeit zur Reproduktion geknüpft wird (in Gemeinden noch sehr viel stärker als in säkularen Kreisen).

Du kannst dir also sicher sein, dass jede Frau, der du heute begegnest, ihren Kampf mit ihrem Aussehen und ihrem Körper hat. Ja, auch die Frau, die so mühelos gestylt und hübsch und perfekt daherkommt. Und solange wir uns gegenseitig vorgaukeln, dass wir alles im Griff haben und uns hinter unseren Feigenblättern aus Oberflächlichkeiten, Geschäftigkeit und Perfektionismus verstecken, werden wir nie erfahren, dass wir nicht die Einzigen sind, die ständig auf der Suche nach Feigenblättern sind, hinter denen sie sich hastig verstecken können.

Mode-, Kosmetik- und Diätindustrie profitieren wie keine anderen Industriezweige von unserer Scham, von unserer kaputten Selbstwahrnehmung und von unserer zerbrochenen Beziehung zu uns selbst und unserem Schöpfer.

Während ich das hier schreibe, habe ich immer noch mit meiner eigenen Scham zu kämpfen. Ich will die Schamkultur, die uns niederdrückt, gesprengt sehen und doch bin auch ich selbst nicht frei von ihr.

Ich hatte heute bereits meine ganz alltäglichen Scham-Momente. Und es ist erst 11 Uhr vormittags! Ich hatte mein Lieblingskleid angezogen und fuhr in den Nachbarort zum Einkaufen. Ich fand mich ganz ok, bis ich an einem Schaufenster vorbeiradelte und mit einem Seitenblick meine Silhouette erhaschte. Als ich – ob meiner Figur beschämt – vom Fahrrad stieg, entdeckte ich zu allem Überfluss auch noch eine Stelle an meinen Beinen, die mein *Ladyshave* übersehen hatte. Nebensächlichkeiten, mag man meinen. Sind es auch. Und trotzdem halten sie uns im Würgegriff der Scham, die wie ein Mikroskop kleine, vermeintliche Nebensächlichkeiten zum Monstrum vergrößert und ins Zentrum unseres Fühlens und Erlebens schiebt.

Das, was mich täglich vor Spiegeln und Schaufenstern ereilt, ist ein kollektives Erleben.

Wenn also unser größter Schamtrigger unser Körper ist, dann ist es nicht unser Körper und nicht unser Aussehen, das wir ändern müssen, sondern die Nährböden, auf denen diese falsche Scham wächst. Diese Nährböden sind so vielschichtig wie unser Leben selbst. Wir leben in einem Klima, das uns bewusst und unbewusst mit Botschaften bombardiert, wie wir als Frauen zu sein hätten. Unsere Körper, unsere Behaarung, unser Make-up, unsere Kleidung, unser Verhalten, unser Muttersein, unser Singlesein, unsere Sexualität sind ungeschrieben festgelegt. Sie sind eingeteilt in die Kategorien „Gut" und „Böse". Und das bekommen bereits unsere Töchter mit. Ob wir sie nun abschotten von diesen Botschaften oder nicht. Unterschwellig verstehen Kinder bereits deutlich mehr als wir denken. Was wäre das für eine Revolution für uns und unsere Töchter, wenn es uns gelingen würde, uns einer Schamkultur zu entziehen, die uns Frauen immer und immer wieder einflüstert, dass wir verkehrt sind? Was würde für eine Generation an neuen Frauen heranwachsen, wenn wir die Stimme der Lügenschlange zertrümmerten und die Wahrheiten Gottes für uns in Anspruch nähmen?

Die amerikanische Pastorin Nadia Bolz-Weber bringt es in ihrem Buch *Unverschämt schamlos* so zum Ausdruck: „Vielleicht versteckst du dich auch, weil du auf eine andere als Gottes Stimme gehört hast. Aber hörst du auch Gott sagen: ‚Warte mal. Wer hat dir gesagt, dass du nackt bist? Wer hat dir gesagt, dass du lügen musst, um akzeptiert zu werden? Wer hat dir gesagt, dein Körper sei nicht schön und liebenswert? Wer hat dir gesagt, deine Sexualität sei etwas, wofür du dich schämen müsstest? Wer hat dir das eingeredet?' Ich wette, es war die Schlange. Und die ist eine verdammte Lügnerin."[4]

Gott hatte auch einen Körper

Ich weiß, dass ich die falsche Scham nicht mehr will. Aber noch wichtiger ist nun der Gedanke, was ich stattdessen will. Und ich möchte mit dir ein neues Bild entwerfen. Darf ich dich einladen, mit mir zu träumen?

Ich träume davon, dass uns all diese Lügen wie Schuppen von den Augen fallen. Ich träume davon, dass wir am Rand eines einladenden Sees stehen und uns nicht von unrasierten Beinen und dicken Bäuchen davon abhalten lassen, in ihn einzutauchen und uns an unserem Körper zu freuen und daran, wie er schwerelos im Wasser schwebt. Ich träume von Stränden, an denen sich alle Arten von Frauen in der Sonne räkeln – ohne Angst, beäugt und beurteilt zu werden. Ich träume davon, dass wir uns nicht mehr rechtfertigen müssen: Weder die Mütter, die einer Erwerbstätigkeit nachgehen, noch die Mütter, die daheim bei ihren Kindern sind. Weder die 1-Kind-Familie, noch die Singles, noch diejenigen, die ohne Trauschein zusammenwohnen, noch die traditionelle Familie. Ich träume davon, dass jede von uns eine gute Freundin hat, die uns hinterfragen darf und die uns begeistert anfeuert. Ich träume davon, dass jede Frau, die eine Begabung zur Leitung hat, diese ganz selbstverständlich wahrnehmen kann. Und ich träume von Männern, die mithelfen, den Schleier der giftigen Scham wegzureißen.

Ich träume von einer Welt, die noch nicht da ist, die ich aber bereits auf der Zunge schmecken kann. Gottes Reich ist diese „Welt-die-noch-nicht-da-ist". Ein Zurück zum Ursprung und dem Zustand, bevor wir uns im Geäst dieses komplizierten Lebens versteckt und verheddert hatten.

Nichts möchte unser Schöpfer sehnlicher, als uns aus dieser Scham behutsam herauszuschälen, sodass wir das Leben schmecken können, wie er es sich einst für uns erträumte. Jesus ist nicht nur für unsere Schuld, sondern auch für unsere Scham ans Kreuz gegangen. Sterben ist ein äußerst intimer Vorgang, genau wie das Geborenwerden. Wenn wir die Kontrolle über den eigenen Körper verlieren, teilen wir das nur mit nahestehenden Personen. Niemand bringt gerne in der Öffentlichkeit sein Kind zur Welt und niemand stirbt vorzugsweise vor den Augen vieler Menschen. Jesus hatte auch einen menschlichen Körper, der genau das tat, was ein Körper halt so tut. Mit seinem öffentlichen Sterben zeigt er sich in einer schonungslosen Verletzlichkeit, die in jedem von uns größte Scham auslösen würde: Nackt. Blutend. Ausgepeitscht. Verspottet. Bespuckt. Wie ein Verbrecher behandelt, obwohl schuldlos. Finger, die auf ihn zeigen. Gelächter. Grusel. Am Kreuz hängend, den

Augen der Welt schutzlos ausgeliefert. Und da war niemand, der ihm ein Stück Stoff gereicht hat, mit dem er sich hätte bedecken können.

Für Adam und Eva machte Gott Fellröcke aus Respekt vor ihrer Scham. Sich selbst gewährte er diesen Schutz nicht. In seiner Schutzlosigkeit und Nacktheit repräsentierte er den ganzen Schmerz und die ganze Scham der Menschheit und deines eigenen Lebens.

Er schlägt am Kreuz den Bogen zurück zu Adam und Eva. Dort trifft er sie in dem Moment, in dem sie sich schamvoll verstecken und anschließend aus dem Garten vertrieben werden. Und er vollendet die Geschichte. Setzt einen Punkt dahinter. Schlägt die Brücke. Zertritt den Kopf der Lügenschlange. Die Schlange ist die Stimme, die uns damals einflüsterte, wir könnten Gut von Böse unterscheiden, und als wir ihr folgten, gingen uns die Augen auf und wir sahen, dass wir nackt waren. Und als Folge davon verknüpften wir unsere gute Nacktheit mit Schuld und sexualisierten und verhöhnten sie. Der Same des Zweifels war gesät. Aus ihm wuchs die Annahme, dass der menschliche Körper etwas Fehlerhaftes ist. Etwas, das zutiefst gesegnet war, verfluchten wir. Und diesen Fluch brach Jesus am Kreuz.

Am Kreuz trifft sich unsere Scham mit seiner Scham. Und Jesus nimmt sie auf, indem er sie verkörpert in einem elenden, nackten, schonungslosen Tod. Im Sterben reißt er alles, was uns seit Adam und Eva in Fesseln legt – unsere Schuld, unsere Scham, unsere Ängste, unsere Feigenblätter – in die große Finsternis. Gott hat in der Zeitspanne, in der er als Mensch unter uns Menschen lebte, mehr als genug gesehen, und er hat erlebt, was uns niederdrückt: Seelenhunger und Gefühlsarmut, Blutfluss und Ausschluss, Tränen auf seinen Füßen und Trauer von Freundinnen, Blindheit und Armut. Er erlebte die ganze Körperlichkeit des Menschseins von Anfang bis Ende.

Gott ist nie anders, als er sich in Jesus offenbart. Und durch ihn erleben wir einen zornigen Gott. Einen mitfühlenden Gott. Einen sehr deutlichen Gott. Einen Gott, der in Rätseln spricht. Einen Gott, der sich immer auf die Seite der Schwachen stellt. Einen Gott, der der Scham ins Gesicht starrt, bis sie sich leise verabschieden muss. Einen Gott, der sich genau denjenigen zuwendet, die in einer Schamkultur ausgeschlossen werden: den Aussätzigen, den Frauen, den Fremden, den Kindern, den psychisch Kranken, den Prostituierten, den Geldmachern, den Zweiflern. Wir erleben einen Gott, der sich am Ende selbst die Kleider vom Leib reißen lässt und auf eine der schmachvollsten Arten stirbt, die es damals gab, um der Scham endgültig den Garaus zu machen.

Und es ist dieser nackte, schutzlose Gott, der uns Kleider macht, die uns unsere Würde zurückgeben. In dieser Geste liegt so viel Zärtlichkeit und Hinwendung! Sie erinnert mich an Mütter und Großmütter, die noch spätabends im Schein ihrer Lampe an Kleidchen und Mützchen für ihre Kleinen stricken. Es sind aber nicht die alten Kleider aus Fell, die unsere Scham bedecken, sondern neue weiße Gewänder, an denen Gott unermüdlich arbeitet. Ich darf dieses Gewand jeden Morgen anziehen und im Laufe des Tages wird es knittrig und fleckig, aber abends halte ich es Gott müde hin. Und am nächsten Morgen liegt ein frisches bereit.

Korsetts

Abends lese ich das Buch „Unsere kleine Farm" mit meiner 12-jährigen Tochter. (Ja, ich lese ihr immer noch vor! Diese Stunden werden zwar seltener, aber keine von uns beiden möchte sie missen.) Sie ist fasziniert von Laura Ingalls, der Hauptperson des Buches, ein Mädchen ihres Alters, deren Siedler-Leben vor 140 Jahren in der Prärie Nordamerikas so ganz anders war als das Leben der Tik-Tok-Teenies von heute. Lauras Ma trug von Jugend an, wie es sich damals für eine Frau schickte, ein Korsett „und noch heute könne Pa ihre Taille mit zwei Händen umfassen", so lesen wir.

„Was ist ein Korsett, Mama?"

Wir tauchen aus der Präriewelt auf in die Gegenwart und ich suche nach Worten, ihr zu beschreiben, wie und warum man Frauen jahrhundertelang in ein steifes Unterkleidungsstück einschnürte, in dem sie kaum atmen konnten.

Schon im 15. Jahrhundert entwickelten sich in Frankreich erste Vorläufer des späteren Korsetts, wie wir es kennen. Damals waren die Korsetts oft aus Metall gefertigt. Sie ähnelten regelrechten Rüstungen. Das Wort Korsett stammt ebenfalls aus dem Alt-Französischen, was übersetzt so viel bedeutet wie „Körperchen". Eine Frau durfte nicht in einem Körper wohnen, sondern nur in einem Körperchen. Das Schönheitsideal des 19. Jahrhunderts war eine zerbrechliche Taille von 40 cm Umfang. Damals entwickelte sich die Sanduhr-Silhouette. Erst Anfang des 20. Jahrhunderts – unter dem Erstarken der Frauenbewegung – gerieten Korsetts mehr und mehr in Verruf.

Laura Ingalls, das Präriemädchen, musste ebenfalls ab 14 Jahren ein Korsett tragen. Eine Wahl hatte ein Mädchen damals nicht und musste sich dem Willen der Mutter und der Gesellschaft beugen. Meine Tochter seufzt erleichtert auf: „Gott sei Dank lebe ich in der heutigen Zeit!" Stumm füge ich in Gedanken hinzu: „Oh ja, du kannst deinem Gott auf Knien danken, dass du als Frau in der heutigen Zeit lebst. *Du. Hast. Ja. Keine. Ahnung!"*

In den Tagen danach begleitet mich das Bild des Korsetts. Ich steige auf den Dachboden und öffne unsere Verkleidungskiste. Zwischen Piratenkostümen und Ballerinakleidchen fische ich ein himbeerfarben-schwarzes Korsett heraus. Ich trug es nur einmal zum Spaß zu einer Motto-Party. Mein Mann war hingerissen. Es ist durchaus was dran, dass das Größenverhältnis von Taille zu Hüfte gewisse Signale an Männer aussendet. Ich halte das Korsett nachdenklich in den Händen und frage mich, warum wir Frauen uns in Korsetts schnüren und dadurch in eine Form pressen lassen, die uns die Luft zum Atmen nimmt.

Das Unglück über unsere Körper akzeptieren wir still, als sei es ein unvermeidliches Schicksal. Wir schlucken protestlos die Erwartungen, wie man als Mädchen, Frau, Mutter zu sein hat. Wir stoßen an Glasdecken und ziehen die Köpfe ein. Das Lob der tüchtigen Frau aus Sprüche 31 ist unser christliches Frauenideal. Und wir ziehen sogar noch ein bisschen fester an den Schnüren des Korsetts – im Namen des Perfektionismus und der Selbstoptimierung. Und wenn wir dann zwar äußerst aufrecht stehen, aber innerlich kaum mehr atmen können, merken wir: Da passt nichts mehr rein! Es ist kein Platz mehr in meinem Leben für Entfaltung und Raumeinnahme.

Dagegen gibt es – Gott sei Dank! – mittlerweile offenen Protest, wie z. B. die *Body Positivity* Bewegung und *MeToo*. Viele Frauen wehren sich ja bereits, reißen sich die Korsetts vom Leib und atmen Freiheit und Frieden.

Aber immer noch kenne ich zu viele Frauen, die sich immer wieder in ein Korsett zwängen, weil es vielleicht die einzige Stütze und das einzige Lebensmuster ist, das sie kennen. Oder weil sie vielleicht Angst haben, ohne ihr Korsett auseinanderzufallen.

Sehr oft werden wir von anderen in ein Korsett gepresst. Wir lassen es willig zu, wenn man uns kleinredet, belächelt und unsere Freiheit beschneiden möchte, indem man meint, die eigene Frauenfeindlichkeit mit Bibelversen untermauern zu können.

Egal, in welcher Welt ich mich bewege – in der christlichen Gemeindewelt oder in der Rest-Welt – jede hat ihre Vorstellung von der idealen Frau. Und die prägt uns – ob wir das wollen oder nicht. Meine Eltern vermittelten mir nie das Gefühl, weniger wert zu sein oder weniger zu können als Jungs, aber die Kultur, in der ich aufwuchs, atmete ein beschränktes Frauenbild, das ich wie so viele andere Mädchen um mich herum verinnerlichte.

Ich habe vor ein paar Monaten meine Sandkastenfreundin wiedergetroffen. Wir waren als Kinder bis zur weiterführenden Schule eng befreundet, danach verloren wir uns aus den Augen, da wir beide sehr unterschiedliche Lebensentwürfe lebten. Sie wohnt noch immer in der Nähe ihres Elternhauses, und als ich eines Sonntagnachmittags bei meinen Eltern zu Besuch war und mit ihnen am Kaffeetisch saß, kam sie dazu und wir ließen alte Geschichten aufleben. Weißt du noch? Weißt du noch, als wir freihändig mit dem Fahrrad den Berg runterfuhren, ohne sehen zu können, ob uns ein Auto entgegenkommt? Weißt du noch, als wir tagelang durch die Wildnis streiften und eine Bande gründeten? Weißt du noch, wie wir im Winter Schlittschuh liefen, bis es dunkel wurde? Weißt du noch, wie sehr wir Auto-Quartett liebten?

Nach der zweiten Tasse Kaffee wollte ich eine Wissenslücke

schließen, die mir nie Ruhe gelassen hatte. Meine Sandkasten-freundin war ein kluges und fleißiges Mädchen mit guten Schul-noten. Eine Muster-Kandidatin fürs Gymnasium, so könnte man meinen. Aber sie wählte die Realschule. Ich habe das nie verstanden und nun konnte ich ihr endlich die Frage stellen: „Warum? Warum hast du kein Abitur gemacht, obwohl du so viel Potenzial hattest? Und warum ging dein Bruder, der sich wesentlich schwerer in der Schule tat, aufs Gymnasium?" „Meine Eltern meinten, dass ich als Mädchen ja später sowieso heiraten würde und eine akademische Laufbahn daher Verschwendung wäre. Und mein Bruder sollte eben als Junge die bessere Ausbildung erhalten."

Mein Mund stand eine Weile offen und der Kaffee wurde kalt. In diesem Moment wurde mir die mädchenfeindliche Kultur, in der wir uns als Kinder bewegt hatten, schmerzlich bewusst. Ich war da-vor durch mein Elternhaus besser geschützt als meine Freundin. Sie schleppt bis heute ein schlecht sitzendes, einengendes Kor-sett mit sich herum, das sie sich noch nicht mal selbst ausgewählt hat.

Ein Korsett ist ein Instrument der Kontrolle und Steuerung. Und das, was uns steuert, sind Strukturen, die Frauen benach-teiligen: die milliardenschwere Diät- und Beautyindustrie, Fa-shion Designer, Influencer, Sexisten, plumpe TV-Shows, ultra-konservative Christen mit antiquiertem Frauenbild, und wenn wir über den westlichen Tellerrand hinausschauen, dann sind es auch männerdominierte Kulturen, in denen Frauen beschnitten, verkauft und zwangsverheiratet werden. Die Korsetts sind viel-fältig, in unserer Kultur oft subtil. Toxische Botschaften vom Nicht-genug-Sein und Du-musst-dich-Ändern infiltrieren unser Bewusstsein, nisten sich ein, spritzen ihr Gift in unsere Körper

und Seelen und zerstören unsere Freude und Unbeschwertheit.

Was sind die Botschaften, die sich wie ein Korsett um deinen Leib und deine Seele pressen? Die dich täglich auf die Waage, ins Fitnessstudio oder zum Abnehmkurs pushen? Die dir einflüstern, dass du als Frau weniger wert bist, weniger kannst und überhaupt „weniger werden" musst, um keinen Anstoß zu erregen? Was sind das für zerstörerische Glaubenssätze, die dauernd an deinen Haaren, deinem Gesicht, deiner Orangenhaut, deinen Fältchen, deiner Kleidergröße herumzerren?

Echte Korsetts gibt es nur noch im Museum und in meiner Verkleidungskiste.

Sind wir endlich so weit, dass wir auch die unsichtbaren Korsetts ablegen können? Und werden uns unsere Nachfahrinnen in 140 Jahren dafür feiern?

Lebensdieb Diätkultur

Ab 13 sind weibliche Beine anscheinend nicht länger primär zum Laufen, Rennen, Inlinern und Klettern da, sondern zur Zierde. Aber meine Beine hatten andere Pläne als ich. Sie wuchsen nicht nur in die Länge, sondern auch in die Breite. Setzte ich mich auf einen Stuhl, sah ich mit Erschrecken, wie meine Oberschenkel sich platt und breit drückten. Ganze Jugendkreis-Abende verbrachte ich damit, diese Oberschenkel anzustarren und mit den anderen Oberschenkeln zu vergleichen, anstatt mich auf *Jesus zu konzentrieren*! **Früh lernte ich, dass ein weiblicher Körper nicht viel Raum einnehmen darf. Und das beste Mittel gegen einen** raumeinnehmenden Körper war eine Diät. Mein Körper wurde zu etwas, das es zu disziplinieren und zu straffen und zu formen galt.

Viele von uns sind so fixiert auf unser Gewicht und unsere Körperform, dass wir die normalen Entwicklungsschritte vom kleinen Mädchen hin zur reifen Frau ängstlich verfolgen – egal ob bei uns selbst oder bei unseren Töchtern – und beim Abweichen von der dünnen Norm reflexartig als Erstes an eine Diät denken. Und falls wir zu der Kategorie Mütter gehören, deren Kinder mit einer kräftigen Statur gesegnet wurden, beginnen wir zu grübeln: „Was haben wir falsch gemacht?" Diese Gedanken sagen aber doch mehr über uns selbst aus als über unsere Kinder. Denn dein Kind – falls du Mutter oder Vater bist – braucht in erster Linie keine Diät, sondern einen sicheren Ort in dieser von Körperkult verseuchten Welt, an dem es absolut und hundertprozentig angenommen und geliebt ist. Und wo es lernt, gut und liebevoll mit sich selbst umzugehen, und wo ihm fröhlich beigebracht wird, dass gesundes, gutes Essen und Bewegung eine Form von Selbstliebe sind.

Ein Mädchen, das an der Schwelle zur Pubertät steht und dessen Körper sich umbaut, nimmt meistens erst mal an Gewicht zu. Das ist völlig natürlich. Aber wir haben den pragmatischen Umgang mit dieser Natürlichkeit verloren. Der moderne Initiationsritus für Mädchen ist bei uns häufig die erste Diät. Die weibliche Initiation transportiert das gesellschaftliche Frauenbild von Generation zu Generation weiter. Man möchte schreien! Hüften, Brüste, Rundungen – all das ja, aber bitte nur in der westlich erlaubten Norm weißer Durchschnittsfrauen. Alles andere wird kritisch unter die Lupe genommen. Wie soll sich ein junges Mädchen denn unter dieser Lupe zu einem Menschen mit gesundem Selbst- und Körperbewusstsein entwickeln? Eine Diät lehrt ein Kind nicht, sich selbst zu achten, sondern sich zu verachten.

Auch ich machte meine erste Diät mit 13. Kurz nach dem bereits erwähnten Skikurs. Und es sollten noch 50 weitere folgen.

Morgens gab es Knäckebrot mit einer hauchdünnen Schicht fettarmem Frischkäse. In der Schule einen Apfel. Bereits in der 4. Stunde knurrte mein Magen hörbar und ich fühlte mich einer Ohnmacht nahe. Ich hätte für eine Milchschnitte gemordet! Mittags aß ich traurigen Salat. Und abends belohnte ich mich mit einem zuckerfreien Müsli mit fettarmer Milch. Ich hatte die schlechteste Laune meines Lebens. Aber ich war fest entschlossen, weniger zu werden. Ein paar Tage hielt ich diesen unmenschlichen Kraftakt durch, gepaart mit lustlosen Aerobic-Übungen in meinem Zimmer. Zwei Kilo weniger! Ich feierte das mit einer Familienpackung Miracoli. Und wog am nächsten Tag drei Kilo mehr.

Der Grundstein für 30 Jahre Selbsthass und Scham, Obsession mit Diäten und Ernährungsumstellungen war gelegt. Ich verlor jedes gesunde Maß. Die Diätindustrie schrie so laut und schrill, und die Komplimente für jedes verlorene Kilo waren so verführerisch, dass meine eigene leise Intuition nicht dagegen ankam. Mit jeder weiteren gescheiterten Diät hasste ich mich selbst ein wenig mehr und entfernte mich von mir selbst. Ich war entschlossener denn je, „es ab Montag wirklich, *wirklich* zu schaffen!"

Wenn ich Hunger hatte, kaufte ich mir statt einer Butterbrezel eine Frauenzeitschrift und einen Diätjoghurt dazu. Ich brauchte einen Katalysator, der meine Selbstdisziplin neu entzündete. Und das waren die pseudowissenschaftlichen Erkenntnisse über die trendigste Diät, die *tatsächlich* funktioniert und alle anderen

Diäten ad absurdum führt. Tipps, wie man den Hunger erfolgreich unterdrückt. Die hämischen Enthüllungsfotos von Promis, die drei Wochen nach der Geburt ihres Kindes die Schwangerschaftspfunde frech am Strand spazieren trugen. Und dann auf Seite 28 ein Psychoartikel zum Thema „Wie ich lerne, mich selbst anzunehmen", gefolgt von einer Doppelseite mit den unwiderstehlichsten Tortenrezepten. Kein Wunder, dass wir einen Dachschaden bekommen angesichts der sich widersprechenden Botschaften, mit denen wir bombardiert werden.

Manchmal entwickelte ich ein extrem hohes Maß an Selbstdisziplin und aß nur noch einmal am Tag. Mein armer geschundener Körper bekam eine Portion Nudeln mit Tomatensoße. Mittags. Dann nichts mehr bis zum nächsten Mittag. In manchen Zeiten unseres Lebens fließen Energien, die uns zu Spitzenleistungen beflügeln. Nur manchmal in den völlig falschen Bereichen. Wenn man seinen Körper bezwingt und überwindet, fühlt man sich fantastisch, auch wenn der Hunger im Bauch grollt. Aber es braucht nie lange, bis das Pendel wieder zurückschwingt. Und es schwingt immer zurück. Immer! Ich kann eine Weile sehr diszipliniert sein, aber dann holt sich mein Körper, was ich ihm vorenthalte mit einer Naturgewalt, der ich mich nicht entgegenstellen kann, und ich werde überrollt wie ein taumelnder Surfer von einer Tsunamiwelle.

Es gab also immer wieder Zeiten, in denen meine Jeans rutschten. Ich liebte es, wenn meine Hosen rutschten! Es war sowieso das Zeitalter der tief sitzenden Hosen. Wenn der Slip über dem Jeansbund hervorblitzte, hatte man alles richtig gemacht. Es hagelte Komplimente links und rechts. Ich war Anfang 20 und in die Stadt gezogen. Dort hatte ich genau drei Freunde. Einer dieser Freunde war schwer verliebt in mich, wir hatten uns bei einem Putzjob in der Fabrik kennengelernt. Jeden Samstag entfernten wir Schmierfett und Metallspäne von Maschinen, die irgendetwas herstellten, was mich nicht interessierte. Mich interessierte nur der magere Lohn. Mein Kumpel war die Sorte Freund, mit der man Squash spielen ging oder neue Bars entdeckte. Jeden Samstag, nachdem wir uns die letzten Metallspäne aus den Haaren gepult hatten, verabredeten wir uns. Der Arme hoffte so sehr, mein Herz zu erobern, aber ich verstand es gut, ihn auf Armeslänge Abstand zu halten.

An einem Samstag im Sommer, nach zwei oder drei Monaten Spaghetti-Tomatensauce-Diät, bemerkte er meine Veränderung: „Du siehst jetzt richtig gut aus! Vorher warst du ja ein bisschen moppelig." Ich saugte sein Kompliment auf (ohne die daran gekoppelte Beleidigung zu erkennen!). Vielleicht war es das, was mich bei ihm hielt. Seine bewundernden Blicke. Es war nicht seine Person, die ich mochte, sondern seine Bewunderung, seine Verliebtheit. Die Bestätigung meines Wertes. Ich konnte wunderbar Theater spielen und spielte ihm die Art Frau vor, von der ich glaubte, dass Männer sie unwiderstehlich finden: Dünn. Nett. Cool. Abgeklärt. Und vor allem eins: bedürfnislos. Ich hatte unterschwellig die Botschaft verstanden. Wenn du in dieser Welt vorankommen willst, wenn du begehrenswert sein möchtest, dann erscheine niemals bedürftig. Sei nicht die anstrengende Frau, die über ihre Gefühle reden möchte oder wütend ist oder die sich durchsetzt. Sei nicht die Frau, über die deine Kumpels die Augen verdrehen und sie eine „Bitch" oder „Klette" nennen. **Ich wurde richtig gut im Bedürfnislos-Sein. Ich brauchte kein Essen. Keine echte Nähe. Keinen Rückzug. Keine Gefühle. Keinen Glauben. Dünn. Nett. Genügsam. Die schmerzhafte Wahrheit: Im Kern meines Wesens bin ich das alles nicht.**

Mein Weg, die Frau zu werden, die ich meiner Meinung nach sein sollte, ging über das Essen bzw. Nichtessen. Nun war ich endlich dünn geworden. Innerlich gestählt, damit ich nach außen bloß nicht bedürftig erschien. Und gleichzeitig unglücklich wie selten zuvor. Ich hatte mich verloren. Männer kamen, aber sie blieben nie. Verließ mich einer, so lag das sicher an meinen Oberschenkeln. Und ich hungerte und stählte mich weiter und verbog mich und suhlte mich in bewundernden Blicken und Worten von immer wieder anderen Männern.

Mein in mich verliebter Kumpelfreund blieb mein Besen, der die Scherben zusammenkehrte, wenn mal wieder etwas zerbrochen war. Ich ging mit ihm tanzen, lockte, lachte und ging dann doch mit jemand anderem mit. Vielleicht konnte ich tiefe, echte Liebe nicht an mich ranlassen, glaubte ihr nicht, misstraute ihr zutiefst. Ich glaubte der billigen Liebe, den einstudierten Sprüchen, meinen bauchfreien Tops.

Ich glaubte, die Liebe würde bleiben, wenn ich mich nur genug anstrengte, der angesagte Frauentyp zu sein. Und da keiner an mir haften blieb, hungerte ich noch mehr.

Ich habe 30 Jahre lang ein Diätkultur- und Körperwahn-*Brainwashing* durchlaufen, und vielleicht wird es 30 weitere Jahre zur Gesundung brauchen.

Das „Dünnsein-Wollen" hat mich zutiefst geprägt. Wie eine geschickte Läuferin muss ich immer wieder bestimmten Stolperfallen ausweichen und starke Grenzen ziehen. Das ist anstrengend und manchmal kommt der Gedanke wieder in mir hoch: „Ab Montag ...!" Gewichtszunahme ist meine größte Scham. Und nur sehr langsam befreie ich mich davon. (Das ist wohl der Grund dafür, dass dieser Teil des Buches am meisten Raum einnimmt!)

Man trampelt sein Leben lang auf den gleichen Pfaden herum; sie werden zu übersichtlichen Straßen mit klar ersichtlichen Signalen und Schildern. Und das ist ja an sich nicht schlecht, denn von Routinen hängt so manches Mal unser Leben ab: Ich muss im Winter früh Feuer machen, wenn wir nicht erbärmlich frieren wollen. Ich muss mein Baby ordentlich versorgen, wenn ich nicht das Jugendamt am Hals haben möchte. Ab und zu frische Luft schnappen ist auch nicht zu verachten, um nicht zum Zombie zu werden.

Mein Autopilot im Hirn hat nur einen entscheidenden Fehler. Er kann nicht besonders gut zwischen gut und schlecht unterscheiden. Je länger ich die Überzeugung, wie eine Frau zu sein hat, in mir trage und je öfter ich auf Frustreize mit Überessen reagiere, desto mehr verfestigen sich die Gewohnheiten, die sich schier nicht mehr ablegen lassen und untrennbar mit den auslösenden Reizen verbunden sind.

Und deshalb tigere ich, seit ich denken kann, abends um 20 Uhr los auf der Suche nach Essbarem. Ich kann den ganzen Tag lang gesund und vernünftig essen. Aber ab 20 Uhr reagiere ich wie ferngesteuert, dann übernimmt das Reptilienhirn und führt mich auf den ausgetrampelten Pfad. Der neue Morgen bringt Scham mit sich und die wilde Entschlossenheit, eine Diät anzufangen. Ich stehe auf der Waage und denke: „Wenn ich erst mal 20 Kilo abgenommen habe, dann ...!!"

Klingt vertraut? „Wenn ich erst mal xy Kilo abgenommen habe, dann ...!" Es ist *die* magische Formel für alle Notlagen des weiblichen Lebens. Du willst den Freund halten? Dann mach eine Diät! Du willst gesünder leben? Dann mach eine Diät! Du möchtest endlich glücklich sein? Dann mach eine Diät! Du magst dich selbst nicht auf Fotos? Mach doch endlich mal wieder eine Diät! Diese Formel ist wie ein Pausenknopf, den wir drücken. Wie Atem, den wir anhalten. Und wir werden uns erst wieder erlauben zu leben, zu atmen, zu tanzen und uns schön zu kleiden, wenn wir die 20 oder 10 oder 2 Kilo abgenommen haben.

Du verpasst dein Leben. Und vielleicht hast du es bereits die letzten zehn, zwanzig oder dreißig Jahre verpasst. Du hast seit Jahren *die* eine Jeans im Schrank liegen, von der du hoffst, dass du irgendwann wieder reinpasst. Du möchtest so gerne tanzen gehen, aber erst, wenn du schlanker bist und dich vor den anderen nicht schämen musst. Du setzt so lange mit dem Sex aus, bis du für deinen Partner wieder präsentabel bist. Du gönnst dir erst wieder neue schöne Kleidung, wenn die Pfunde geschmolzen sind. Du möchtest wieder unbeschwert schwimmen gehen, aber bis es so weit ist, schaust du vom Ufer aus zu. Wir stehen am Rand des Lebens und sehen zu, wie es verstreicht. Nur weil unsere Oberschenkel Dellen und unsere Bäuche Speckfalten haben.

In dem Buch *Anti-Diet* bezeichnet die Autorin Christy Harrison jede Art von Diät – ja, auch die, die sich wohlklingend und menschenfreundlich als *Clean Eating* und *Detox* oder *Healthy Lifestyle* tarnen – als „Lebensdieb". Ein Dieb, der rund um den Globus Frauen Energie, Zeit und Kreativität stiehlt. Ein Dieb, der uns in innerer Armut zurücklässt, solange wir um unsere Körper und deren Optimierung kreisen und uns zwanghaft mit Essen, Kalorien und Workouts beschäftigen. Je stärker uns die Diätkultur mit ihren Idealen und Bildern programmiert, desto leichter verlieren wir unsere Identität. **Als Gott uns Frauen erschuf, hat er im Traum nicht daran gedacht, dass wir unsere Energie auf dem Laufband verschleudern, unser Geld in Abnehmpillen und Diätbücher** investieren, unseren Körper verdammen, über Speckfältchen am Bauch verzweifeln und 23 Stunden am Tag über unser Aussehen nachdenken.

Ich habe ca. 50 Diäten hinter mir und heute bin ich schwerer als je zuvor. Soviel zum Wirkungsgrad von Diäten.

Was hat mir dieser Lebensdieb nicht schon vermiest:

Familientreffen.
Badespaß.
Kleider shoppen.
Feiertage.
Partys.
Den Sommer – jedes Jahr aufs Neue.
Sex.

Die Diäten versagen. Nicht wir.

Unser Gehirn ist einfach nicht programmiert auf den Diät-Lebensstil des frühen 21. Jahrhunderts. An ihm perlen erfundene Lebensregeln, die uns Frauenzeitschriften und Influencer einimpfen, ab. Meine DNA ist verknüpft mit der meiner vielen Vorfahren, von denen alle mindestens eine Hungersnot in ihrem Leben zu verbuchen hatten. Unser Körper ist ein tapferer Kämpfer, der Alarm schlägt, wenn man ihn in einen dauerhaft künstlichen Hungerzustand versetzt. Er klammert sich an jede Kalorie und versetzt uns an irgendeinem Punkt unserer Diät in einen Fressrausch, denn er erinnert sich tief drinnen an desaströse Hungerjahre der Menschheit und hat schlicht und einfach Panik. Unser Körper ist kein Luxusartikel, an dem wir so lange herumbasteln können, bis wir einen Kardashian-Po ins Internet halten können, sondern ein vom Schöpfer ausgeklügeltes Überlebensmodell, zu dem Fettspeicherung und Runzeln dazugehören.

Von Christy Harrison lerne ich das Restriktionspendel kennen: „Wenn das Pendel auf die Restriktionsseite schwingt, die Diätkultur als Erfolg und Gut-Sein bezeichnet, wird es irgendwann unweigerlich in die andere Richtung ausschlagen. Für deinen Körper fühlen sich Diäten oder Life-Style-Veränderungen oder Essenspläne an wie eine Hungersnot. Selbst die sanfteste Diät zieht das Pendel auf die Restriktionsseite. (...) Ein Pendel kann nicht in der Mitte anhalten, wenn es auf eine Seite gezogen wird. Es muss mit gleicher Kraft in die entgegengesetzte Richtung ausschlagen. Genauso reagiert dein Körper. Nur in Reaktion auf die Restriktion findet er Frieden und Ruhe."[5]

Wir glauben, wir können uns in der Nähe von Essen nicht mehr selbst vertrauen. Wir misstrauen unserem Körper und können seine Signale nicht lesen. Wie denn auch, nachdem man uns jahrzehntelang mit Lügen gefüttert hat? Und wir beschimpfen uns angesichts mangelnder Selbstdisziplin. Aber es sind nicht wir, die fehlerhaft sind. Wir haben nicht versagt, wenn das Pendel zurückschwingt, sondern dein Körper *kümmert* sich um dich. Nicht unsere Körper versagen. Sondern die Diäten.

Fast alle Diäten und Ernährungsmodelle benutzen als Marketingstrategie Versprechungen, dass sie deinen Hunger unter Kontrolle bekommen. Aber wenn du versuchst, nicht zu essen, obwohl du hungrig bist, dann kann dein Körper nicht unterscheiden, ob du gerade *Whole30, Keto oder Low Carb* durchziehst oder eine echte Hungersnot erlebst. Jede Diät ist purer Stress für deinen

Organismus, auf den er mit Wunsch nach Nahrung – am besten Zucker! – reagiert.

Ich erspare es dir, alle meine 50 Diäten aufzuzählen. Sie langweilen mich so wie die ungewürzte Kohlsuppe, mit der ich mir 2006 den Jahresanfang vermieste.

Mein Körper kannte nur zwei Extremzustände: Hunger oder Bingeing. Das Pendel hing entweder ganz links oder ganz rechts, aber nie in der Mitte. Dieses Verhalten hat sich tief in meine Synapsen und meine Seele eingegraben: „Ab Montag wird alles anders! Mit der Diät/dem Ernährungsprogramm xy schaffe ich es!" Ein beruhigendes Gefühl von Kontrolle kriecht aus meinem Bauch und badet mich in Hoffnung. Am Samstag kaufe ich ein für mein *neues Leben*. Hochmotiviert und mit einem Gefühl von moralischer Überlegenheit befülle ich den Einkaufswagen mit Salat, Obst, Mager-Quark, Joghurt, Haferflocken. Und dann kurz vor der Kasse noch eine Tüte Chips, ein Becher Schoko-Eis und eine Flasche Wein. Man muss sich ja von seinem alten Leben mit großem Paukenschlag gebührend verabschieden mit einer Fressorgie am Sonntagabend. Dann endlich ist der große Tag da. Zuckerverkatert mampfe ich die trockenen Haferflocken mit Joghurt und stelle mir dabei vor, wie sie die Zucker- und Alkoholreste aus meinem Körper hinausputzen. An diesem ersten Tag phantasiere ich während meines Sportprogramms, wann ich die ersten Komplimente zu hören bekommen werde. Bei den *Squat Jumps* rechne ich mir aus, wann die ersten fünf Kilos unten sind und beim *Planking* miste ich innerlich meinen Kleiderschrank aus. Am Abend schaue ich mir im Internet zur Motivation Abnehm-Erfolgsstories an. Der nächste Morgen bringt Euphorie mit sich. Sitzt der Hosenbund schon lockerer? Schlecht zu sagen, ich trage Leggins. Ich hole die Waage raus. Halt, erst auf

Toilette, etwas Gewicht loswerden. Dann auf die Waage. Irgendetwas stimmt nicht mit der Waage. Blödes Billigprodukt von Aldi! Ich suche nach neuen Batterien und setze sie ein. Das kann nicht sein! Es hat sich nichts getan. Also muss ich heute an meinen Essensrationen schrauben und das Sportprogramm verlängern. Meine Obsession hat mein Denken, Fühlen, Handeln gekapert. Es vergeht keine Minute des Tages, in der ich nicht über mein Aussehen und das Essen grüble. Die erste Motivationswelle hilft mir noch über meine Hungergefühle und Gelüste hinweg, aber je länger eine Diät andauert, desto höher wird der Druck. Das Diätpendel halte ich mit höchster Anstrengung auf einer Seite, aber es ist immer nur eine Frage der Zeit, wann ich es nicht mehr halten kann und es auf die andere Seite ausschlägt. Unkontrollierte Essattacken spülen alle Motivation und Hoffnung fort – samt ihren Hanteln und Mandeln.

Ein Körper, der nicht in die Schablone passt, lässt sich auch mit Gewalt nicht hineinpressen. Langsam lerne ich, diesen Umstand zu akzeptieren. Im letzten Frühjahr (die traditionelle Zeit unter uns Essgestörten für das Projekt „Bikinibody") bäumte ich mich ein letztes Mal gegen diese Realität auf und probierte es mit Intervallfasten. Ich redete mir ein: Das ist keine Diät, das ist ein Lifestyle! Mein Körper erkennt nur leider nicht den Unterschied zwischen einer Diät und einem Lifestlye – er schaltet um auf Notprogramm. Mit Ach und Krach verlor ich ein paar Kilos, aber alle meine Trigger liefen mal wieder auf Hochtouren. Ich ließ das Pendel frühzeitig los, mistete meinen Kleiderschrank aus (ihr wisst schon, all die Kleider, von denen man hofft, dass sie eines Tages wieder passen werden!) und sagte mir tapfer: Du lernst jetzt, mit deinem Körper, so wie er ist, zu leben und ihn zu lieben!

Deprogrammierung

Das war mein erster Schritt in ein Leben hinein, in dem ich die alten Programme herunterfahre und eine Reise in die Freiheit unternehme. Aber ich mache mich ungern allein auf diesen wilden, noch nicht gut ausgeschilderten, holprigen Weg. Es ist eine aufregende, ängstigende Reise. Eine, auf der wir das Diät-Würgehalsband ablegen und eine Skinny Jeans in Größe 46 tragen. Hier können wir laut wie die Wölfe heulen. Und auch mal versagen. Und vor allem eins: freundlich zu uns selbst und zueinander sein. Uns die Hand reichen, wenn wir stolpern, und uns gegenseitig den Weg frei machen.

Du hast ja dieses Buch vermutlich nicht in die Hand genommen auf der Suche nach der nächsten billigen Unterhaltung (die völlig legitim ist – wir alle brauchen unsere „Rosamunde-Pilcher-Momente"), sondern weil du deine Geschichte mit deinem Frausein hast, weil du dich an dieser Geschichte abmühst und dir wünschst, endlich Frieden zu finden. Du bist auf dieser Suche nach Versöhnung mit deinem Körper nicht allein. Ich habe vorgestern in meiner frommen Filterblase nachgefragt, wie sich Frauen dort draußen selbst sehen. Sind sie zufrieden mit ihrer Art, ihrem Aussehen? Was wünschen sie sich hinsichtlich ihres Body Images? Ich war mir nicht sicher, ob ich Antworten bekäme. Wer gibt schon gerne seine Problemzonen zu? Das Gegenteil war der Fall! Ich wurde geflutet von Aussagen wie z. B.:

„Ich war die Dicke in meiner Familie. Musste mir oft Kommentare anhören wie ‚Na, Moppelchen' oder ‚Hast du wieder zugenommen?'. Damit kämpfe ich noch heute."

„Ich bin Mitte 50 und mag heute mein Aussehen lieber als früher. Ich fand mich immer hässlich. Aber jetzt bin ich definitiv versöhnter. Schön

fühle ich mich nicht, aber ich bin zu dem Schluss gekommen, dass das ein zeitgeistliches Empfinden ist."

„Mein Body Image ist schlecht, obwohl ich schlank bin. Ich wurde immer beneidet darum, dass ich trotz dreier Kinder mein Gewicht unten halten konnte. Nun geht aber seit einiger Zeit mein Gewicht nach oben. Ich bin unzufrieden und weine. Obwohl ich immer noch im Normalbereich bin. Ich schäme mich so und bin erschrocken, wie sehr ich mich über mein Äußeres definiere. Ich spüre die Blicke anderer Frauen: Ha, die hat ganz schön zugenommen. Aber vielleicht bilde ich mir das auch nur ein. Ich kämpfe gerade hart zwischen Selbstliebe und Selbstoptimierungszwang."

„Von meiner Mutter bekam ich vorgelebt, wie wichtig es ist, eine schlanke Figur zu besitzen. Ich war immer ein dickes Kind, ein dicker Teenie."

„Ich hadere mit meinem Spiegelbild und mit meiner Introvertiertheit. Ich denke, ich bin nicht richtig, wie ich bin."

„Wenn ich endlich die 5 … 10 Kilo abgenommen habe, DANN bin ich wertvoll, liebenswert, dann bin ich wirklich ich."

„Ich bin des Vergleichens müde."

„Ich würde gerne in den Spiegel sehen und mich an mir freuen, aber das klappt nicht."

„Ganzheitlich heil zu werden, das ist mein Traum, der wohl erst im Himmel vollendet sein wird."

„Ich wünschte, ich hätte nicht so lange gebraucht, um mich gut zu fühlen und das wünsche ich auch den vielen jungen Frauen."

Es ist wenig effektiv, diesen Frauen und uns selbst die nimmermüde Predigt zu halten: „Jetzt nehmt euch doch endlich an, weil Gott euch liebt!" Wir sind von den lauten Botschaften der Welt programmiert worden. Es wird sehr viel Zeit, sehr viel

Hinfallen, sehr viel Gnade, sehr viel Mut brauchen, bis sich unser Denken erneuert hat. Wir brauchen keine weiteren Appelle, sondern eine neue Art des Sehens.

Wenn wir damit beschäftigt sind, unser Spiegelbild auseinanderzupflücken und uns jede Rundung schmerzhaft entgegenspringt, dann können wir auch nicht gnädig mit den Körpern anderer Frauen umgehen. Wir scannen sie. Wir schauen ihnen auf die Beine, auf den Po, die Hüften, die Taille, die Brüste, die Haare. Wir bewerten in Nanosekundenschnelle: zu dick, zu aufgedunsen, zu dürr, zu bearbeitet, mit Sicherheit operiert, zu schnell alternd, zu stark geschminkt, zu ungeschminkt, zu laut, zu still ...

„Es zählen nur die inneren Werte!" Diese allgegenwärtige Aussage ist nichts weiter als ein billiger Kalenderspruch, der so leider nicht stimmt. Wir stimmen dem zwar aus tiefstem Herzen zu und doch macht sich unser Urteilsvermögen selbstständig, wenn wir anderen begegnen. Wir teilen ein in „gut" und „böse" bzw. in „schön" und „hässlich". Von klein auf werden wir mit Bildern von idealen Körpern und Gesichtern geflutet und diese tragen wir als Schablone in unseren Köpfen und Herzen herum, in die weder wir selbst noch andere passen. **Aber wenn ich mich selbst verurteile, heruntermache, hasse, wie kann ich gnädig mit anderen sein? Erst wenn wir dieses automatische Urteilen entlarven und eine neue Art des Sehens einüben, werden wir großzügig und frei.**

Dein Körper ist dein Begleiter, der dich durch dein Leben trägt und der mehr verdient hat als deinen Hass. Er sollte all deine behutsame Zuwendung bekommen – ohne schädliche Hungerkuren oder Kotzen, ohne Diätpillen und all die Stunden, in denen du ihn im Spiegel verfluchst. Er verdient, dass du am ersten heißen Tag des Sommers deinen Bikini oder Badeanzug anziehst (ja, und du hast vielleicht Angst, dich fast nackt mit blasser Winterhaut, rundem Bauch, Cellulite und wackelnden Oberschenkeln im Freien vor den Augen anderer zu zeigen) und dass du mit kindlicher Lebensfreude ins Wasser springst und fühlst, wie dein Körper dich trägt und die Bewegung genießt. Nie sind unsere vermeintlichen Problemzonen belastender als in diesen Minuten, wenn wir nach dem Winter ins Freie gehen, wohlwissend, dass wir das Projekt „Bikinibody" wieder einmal nicht geschafft haben. Wenn über jeder Frau auf der Liegewiese des Schwimmbads eine Denkblase wie in einem Comic schweben würde, wette ich, dass wir darin zu 98% folgende Gedanken lesen könnten: „Ich bin so fett!" „Ich hätte doch eine Tunika mitnehmen sollen, um meine Problemzonen zu kaschieren." „Wenn ich doch keine Cellulitis hätte!" „Alle anderen scheinen zufrieden mit sich zu sein, nur ich nicht." „Bäh, schau ich eklig aus!"

Uns Frauen wird systematisch beigebracht, unserem Körper zu misstrauen und ihn zu kontrollieren, und irgendwann auf unserer Lebensreise merken wir, wie entfremdet wir von ihm sind, und wir verlieren das Gespür dafür, ob die jetzige Lebensweise aus unserem innersten Verlangen stammt und auf unsere eigenen Bedürfnisse zugeschnitten ist oder ob sie uns von außen aufgedrückt wurde.

Wir haben Angst, die Kontrolle aufzugeben, weil unsere Körper „explodieren" könnten: aufgehen wie Hefeteig, Hüfte zulegen, Bauch ansetzen. Und was, wenn wir ein paar Kilos zulegen? Wäre das das Ende der Welt, wenn wir statt Kleidergröße 38 nun 44 tragen?

Ich kann dir keine erfolgsversprechende Formel an die Hand geben, wie du dauerhaft schlank bleiben wirst. Wenn ich das könnte, würde ich mich sofort auf meiner nagelneuen Yacht in St. Tropez zur Ruhe setzen und euch mit einem Martini zuprosten. Aber ich habe eine Aussicht für dich, die viel besser schmeckt: Nämlich, dass du anfängst, dich in deinem Körper zu Hause zu fühlen, und dass du wieder lernst, so zu essen, wie es dein Körper wirklich verlangt.

Wie schon gesagt: Es reicht oft nicht, uns einzureden, dass wir wunderbar gemacht sind. Dass wir geliebt sind von unserem Schöpfer. Es helfen auch keine noch so hübschen Sticker mit der Aufschrift: „Prinzessin Gottes" oder „Königstochter". Trotz dieser Ermutigungssprüche im Hinterkopf stehen wir doch oft vor dem Spiegel und hassen uns selbst. Fromme Pseudo-Weisheiten sind kein Pflaster, das ich mir über meine Lebenswunde kleben kann. Sie können tief sitzende Lebensmuster leider nicht ändern.

Wir brauchen eine langsame und dauerhafte Deprogrammierung. Eine Deprogammierung von den Bildern, den toxischen Botschaften und den Regeln, mit denen man uns unser Leben lang fütterte. Um mich von etwas zu deprogrammieren, muss ich gleichzeitig wissen, wie ich neu programmiert sein will. Es genügt nicht, nur zu überlegen: Wovon will ich mich lösen? Wovon will ich heil werden? Sondern sich auch zu fragen: Wohin will ich jetzt gehen? Wie kann ich lernen, meinen Körper mit neuen Augen zu sehen?

Auch die ersten Judenchristen waren noch programmiert auf ihre alte, traditionelle Lebensweise. Sie hielten sich an die jüdischen Speisegesetze, etwas anderes kam ihnen gar nicht in den Sinn. Obwohl das Tor weit offen stand, wagten sie sich noch nicht ganz hinaus in die gefährliche Freiheit, auf eine völlig neue Reise in ein unbekanntes Land, in dem Gnade über Gesetz, Liebe über Kontrolle, Vielfalt über Gleichförmigkeit triumphieren würde. Wo nicht nur Juden Christen werden konnten, sondern auch römische Offiziere, heidnische Frauen, griechische Sklaven und Prostituierte. Wo die Menschen, die als unrein eingestuft wurden, plötzlich rein waren.

Als Petrus in Jaffa weilte, ging er zum Beten auf das Dach. Dort schickte Gott ihm eine Vision:

„Es war kurz vor Mittag, und er hatte großen Hunger. Doch während das Essen zubereitet wurde, hatte er eine Vision. Er sah den Himmel offen stehen, und etwas wie ein großes Tuch wurde an den vier Zipfeln zur Erde heruntergelassen. In diesem Tuch befanden sich verschiedene vierfüßige Tiere sowie Schlangen und Vögel. Er hörte eine Stimme, die sprach zu ihm: „Petrus, steh auf. Schlachte sie und iss davon." „Niemals, Herr", erklärte Petrus. „In meinem ganzen Leben habe ich noch nie etwas gegessen, das uns nach unserem jüdischen Gesetz verboten ist." Da sprach die Stimme zum zweiten Mal: „Wenn Gott sagt, dass etwas rein ist, dann sag du nicht, dass es unrein ist." (Apostelgeschichte, 10, 9–15)

Mitten in einer streng religiösen Kultur programmierte Gott Petrus und die damaligen ersten Judenchristen neu. Es war gewaltig. Es war ein Skandal. Es prickelte vor Wundern und neuen Aufbrüchen. Die Zeitzeugen wagten wohl manchmal kaum zu atmen.

Und genauso wirkt Gott auch heute noch. Unermüdlich. Er will uns neue Augen schenken und er ist am Werk. Alles wirklich Gute und Lebensspendende kommt von ihm. Frauen, die ihre Waage wegwerfen, weil sie den Lügen nicht mehr glauben. Die *Body Positivity*-Bewegung. Ofenwarmes Brot mit Butter. Dicke Bäuche, die Babys in sich tragen. Schwangerschaftsstreifen, die von neuem Leben erzählen. Frauen, die ihren Töchtern gute Worte und Werte mit auf den Weg geben. Frauen, die Lust haben an ihrem Körper.

Ich weiß nun, wo der beste Ort für mich ist, neues Sehen zu lernen. In der Mitte des Pendels. Dort, wo Gott schon wartet und mir sagt: Endlich, mein Kind.

Um an diesen Ort zu gelangen, muss ich meinem Körper seinen Hunger erlauben. Ohne jegliche Restriktion. Er wird erst mal zunehmen, aber auch das will ich lernen auszuhalten. Er soll lernen dürfen, was ihm guttut. Und was nicht. Unser Körper bringt nämlich seine eigene Intelligenz mit.

Ich habe morgens Lust auf Toast mit Butter und Marmelade? Lass uns eine Party feiern! Mittags eine Falafel Bowl? Yep, her damit. Nachmittags Milchkaffee mit einem Donut? Oh yes, please! Abends eine große Salatschüssel und hinterher noch ein Eis plus die Erdnüsse vor dem Fernseher? Ich esse ohne schlechtes Gewissen und einige Kilos kriechen zurück.

Die Waage habe ich in einem Akt der inneren Befreiung entsorgt, aber ich spüre die Zunahme an den enger werdenden Hosenbünden und BHs und den Blicken meiner Mitmenschen. Bekannte verlieren für Nanosekunden ihr Pokerface, wenn sie mich nach langer Zeit treffen. In ihren Gesichtern kann ich den Schock bzw. die Missbilligung über meine Gewichtszunahme lesen. Einmal fragte mich meine Schwester: „Fühlst du dich denn *so* noch wohl?" Diese Frage hat mich drei Wochen lang verunsichert, bis ich mir selbst eingestand: *Ja! Ich fühle mich wohler als die ganzen 30 Jahre zuvor!* Manche meinen wohl, ich hätte mich aufgegeben. Aber genau das Gegenteil ist der Fall. Ich habe mich endlich gefunden. Meine „überflüssigen" Pfunde sind kein Stigma, sondern Freiheit. Und etwas Seltsames passiert. Etwas, womit ich schon nicht mehr gerechnet habe. Die Essens-Exzesse werden weniger. Das Pendel schlägt immer seltener aus. Es ist heute eine Ausnahme, nicht mehr die Regel, wenn ich abends den Kühlschrank plündere. Ich bewege mich heute nicht mehr aus Zwang, sondern aus Fürsorge für meinen Körper. Und das, obwohl ich Sport immer hasste. (Und ist es denn ein Wunder? Im Sportunterricht lernte ich, meinen Körper zu schinden und in den Wettbewerb mit anderen, „besseren" Körpern zu treten).

Den angeblich einzigen Pfad, den man uns Frauen zugewiesen hat, den des schlanken Körpers, habe ich verlassen und finde mich in der Wildnis wieder. Aber Gott sei Dank gehen mutige Frauen vor mir her und schlagen Schneisen. Je mehr es werden, desto leichter haben es die Mädchen und Frauen nach uns!

Selbstmitgefühl

Es ist die Zeit der *Body Positivity*-Bewegung und Frauen jenseits der gängigen Schönheitsideale zeigen sich im Internet und werden gefeiert. Plus Size Models sind gefragter, auch wenn man es noch nicht schafft, sie einfach als Models zu bezeichnen (nein, sie müssen gesondert kategorisiert werden, obwohl 98 Prozent aller Frauen gemessen an herkömmlichen Models „plus size" sind). 2014 erschien das Model Winnie Harlow auf unserem Radar. Sie ist Kanadiern mit jamaikanischen Wurzeln und hat eine Pigmentkrankheit, aufgrund derer ihr Gesicht und Körper weiße Flecken aufzeigt. In der Schule gehänselt, auf den Laufstegen gefeiert. Makel werden plötzlich als Besonderheiten eingestuft. Sie werden nicht mehr versteckt, sondern betont. Dicke Frauen tragen enge Jeans. Der einstige Makel Sommersprossen wird zum neuen großen Trend: *Freckle Tattoos*. Große Hintern und Hüften müssen sich nicht mehr verstecken. Dicke Augenbrauchen, wie ich sie von Natur aus habe, erleben derzeit ein fulminantes Comeback. (Nur leider sind meine nicht mehr dick, denn ich habe sie mir in den 90er Jahren kaputt gezupft.)

Ich fange an zu glauben, dass ich tatsächlich ok bin, wie ich bin. Aber es gibt auch die anderen Tage. Da sitze ich betrübt in meiner Wildnis und habe das Gefühl, irgendwo falsch abgebogen zu sein. Wenn ich dann auch noch aus Versehen beim Fotografieren mit meinem Handy die Frontkamera einschalte, möchte ich mir am liebsten einen Sack über Gesicht und Körper ziehen. Die Bahnen, die die alte Diätprogammierung in meinem Gehirn hinterlassen hat, sind immer noch aktiv. Ich sehne mich manchmal nach den alten Zeiten mit ihrem klaren Verhaltenskodex, mit den Kleidern, die mir noch passten, mit den Komplimenten, die auf mich einprasselten. In der Wildnis ist es still geworden. In der Wildnis stehen keine klaren Wegweiser. In der Wildnis kochen Emotionen hoch.

Emotionen, so habe ich mal gelernt, darf man um Himmels willen nicht mit Essen bekämpfen. Diese weit verbreitete Meinung darf im Rahmen der Deprogammierung ebenfalls ausgemistet werden. Denn Essen ist *immer* mit Emotionen verflochten. Schau dir einen Säugling an, wie er vor lauter Schreien rot anläuft, bis er von seiner Mutter an die Brust gelegt wird. Binnen weniger Sekunden verwandelt sich der kleine Wutzwerg in ein entspanntes Wesen. Wir lernen von der Muttermilch an, dass Essen uns tröstet, erdet, entspannt, kräftigt und uns mit anderen Menschen verbindet. Es ist neben der Luft das erste Geschenk, das wir von Gott erhalten.

Gottes Liebessprache ist eben auch das Essen. Denken wir an das Volk Israel, als es kopflos durch die Wüste irrte. Was machte unser mitfühlender Gott? Er ließ Manna und Wachteln regnen.

Wenn Essen für uns mit Schuldgefühlen verknüpft ist, wird es uns schwerfallen, Gottes Trost durch das Essen zu empfangen.

Es wird Zeit, dass wir uns die Freude am Essen zurückholen, dass wir uns vom Essen trösten und erden und mit anderen Menschen verbinden lassen. Dass wir keine Scham darüber empfinden, wenn wir abends in die Chipstüte gefallen sind, weil wir nach Entspannung gesucht haben.

Vor einigen Jahren habe ich mein erstes Buch geschrieben (Darüber werde ich später noch mehr berichten). Über Essen. Über die wunderbaren Seiten des Essens. Eine Hommage an das Leben rund um den Tisch. Oft merken wir erst im Rückblick, dass manche Schritte bahnbrechend waren für die eigene Heilung. Und so war dieses Buchprojekt ein erster Schritt in Richtung Mitte des Pendels. Zu jedem Kapitel überlegte ich mir ein passendes Rezept. Meine reflexartigen Gedanken: *Oh Hilfe! Ich werde zunehmen, wenn ich das alles koche und esse!* Und dann kochte ich und aß und lud Freunde ein, mit mir gemeinsam zu essen. Wir aßen uns durch käseüberbackene Enchiladas und bunte Blaukrautsalate, Käsekuchen und Hefeklöße. Die Freude am Essen kehrte zurück.

Nun möchte ich aber lernen, nicht jedes Mal kopfüber in einer Chipstüte zu landen, wenn ich Entspannung suche. Genauso wenig möchte ich den halb vergorenen Kochwein als Antwort auf einen stressigen Tag leeren oder so viel Gewicht zunehmen, dass meine Gesundheit darunter leidet. Eine ungesunde Lebensweise bleibt eine ungesunde Lebensweise. Man kann krank werden, wenn man sich anhaltend falsch und schlecht ernährt, und das will ich auch gar nicht schönreden. Aber anstatt mich nach „Rückfällen" zu schämen und zu strafen, lerne ich, mir mit Selbstmitgefühl zu begegnen. Denn dieses entzieht Angst und Scham den Nährboden.

Kristin Neff, amerikanische Professorin für Psychologie und Persönlichkeitsentwicklung, schreibt in ihrem Buch *Selbstmitgefühl* gegen die Selbstverurteilung an. Der einzige Weg hinaus geht über die Selbstfreundlichkeit: *„Wenn wir uns selbst warme und zärtliche Gefühle entgegenbringen, verändern wir nicht nur unser Denken, sondern auch unseren Körper. Statt uns besorgt und ängstlich zu fühlen, empfinden wir Ruhe, Zufriedenheit, Vertrauen und Sicherheit."*[6]

Weiter zitiert Neff eine bekannte Geschichte:

Ein alter Indianer sitzt mit seiner Familie und seinem Enkelsohn am Lagerfeuer. Sie reden über das Leben mit all seinen Herausforderungen und da erzählt der Alte von einem Kampf. Es ist ein Kampf, der schon seit langer Zeit in seinem Inneren tobt:

Und er sagt zu seinem Enkel: „Mein Sohn, dieser Kampf fühlt sich an, als würde er von zwei Wölfen ausgefochten." Der eine Wolf ist böse: Er ist der Hass, der Zorn, der Neid, die Anspannung, der Stress, die Ungeduld, die Eifersucht, die Sorgen, der Schmerz, die Gier, die Arroganz, das Selbstmitleid, die Schuld, die Vorurteile, die Minderwertigkeitsgefühle, die Lügen, der falsche Stolz und auch das Ego.

Der andere Wolf ist gut: Er verkörpert die Liebe, die Freude, den Frieden, die Gelassenheit, die Geduld, die Hoffnung, die Heiterkeit und die Demut, die Güte, das Wohlwollen, die Zuneigung, die Großzügigkeit, die Aufrichtigkeit, das Mitgefühl und den Glauben.

Der Enkel denkt einige Augenblicke über diese Worte nach. Dann schaut er seinen Großvater aufmerksam an und fragt: „Großvater, welcher der beiden Wölfe gewinnt den Kampf?" Und der alte Cherokee antwortete: „Der, den du fütterst!"

Wie eine mütterliche, gnädige Hand dürfen wir uns selbst über den Kopf streichen, uns in eine göttliche Umarmung bergen. Wann immer wir uns unglücklich in unserem Körper fühlen, wann immer wir uns mit anderen vergleichen, wann immer wir in alte Muster zurückfallen, wann immer uns das Pendel um die Ohren fliegt. Je mehr wir dieses Selbstmitgefühl in unser Leben hineinschreiben, desto besser sehen unsere neuen Augen und desto schwächer wird der „böse" Wolf. Desto leistungsschwächer wird die alte Programmierung.

Auf dem Weg der Heilung lerne ich, meinem Körper zu vertrauen, und wenn ich ehrlich in ihn hineinhöre, dann sagt er mir sehr deutlich, was er braucht. Wenn wir glauben, dass Gott durch die Natur und Bücher, Musik und Menschen zu uns sprechen kann, dann doch auch durch unseren Körper. Warum misstrauen wir Körpersignalen so sehr und behandeln Hunger, Schmerz, Gewichtsschwankungen, Krankheit und Müdigkeit wie ungebetene Gäste? Wie etwas, das es zu kontrollieren und zu bekämpfen gilt?

Die amerikanische Autorin Tara M. Owens schreibt in ihrem Buch *Embracing the Body*:

„Die meisten von uns haben schon so lange versucht, ihren Körper zum Schweigen zu bringen oder zu manipulieren, dass die Botschaften, die er uns schickt, nur sehr gedämpft oder widersprüchlich ankommen. Häufig müssen erst die Schichten aus Scham abgezogen werden, bevor die Botschaften des Körpers überhaupt erst verstanden werden können. Zum Beispiel ist es unmöglich, dem leisen Flüstern eines leeren Magens zu folgen und nach Trost und Gott zu lechzen, wenn jedes Verlangen nach Essen mit der Botschaft beantwortet wird, dass du zu viel wiegst und nicht so viel auf deinen Teller häufen sollst."[7]

Dann will ich lernen, auf das leise Flüstern zu hören. Was hat mir mein Körper in den letzten zwei Wochen gesagt? Wie habe ich reagiert?

Mein unterer Rücken beschwerte sich und ließ mich nachts schlecht schlafen. Seither trainiere ich ein paar Mal die Woche zu einem Onlineprogramm (und stelle dabei den überambitionierten Trainer stumm. Ich muss mich wirklich nicht mit „Come on!" und „Verbrenn die bösen Kalorien!" von einem 20-Jährigen anschreien lassen). Mein Ziel ist nicht eine kleinere Zahl auf der Waage, sondern ich möchte meinen älter werdenden Körper behutsam und weise behandeln.

Die Sommerhitze machte meinen Körper schwer und träge. Also gingen wir ans Wasser und ich schwamm in die Mitte des Sees, wo ich mich eine Weile auf dem Rücken treibenließ. Ich schaute den vorüberziehenden Wolken zu. Wir aßen Wassermelone zum Abendessen auf unserer Picknickdecke. Im letzten Abendlicht fuhren wir nach Hause und ich legte mich lebenssatt ins Bett.

Ich wachte vor allen anderen auf, in mir jubelte es und es zog mich in den Garten. Die Schuhe streifte ich von den Füßen, das taunasse, kühle Gras unter meinen Fußsohlen war die erste Wohltat des Tages.

Es war ein weiterer heißer Tag und mich gelüstete es nach Eis. Ein bisschen Zeit und eine kleine Rührmaschine verwandelten die simplen Zutaten Zucker, Sahne, Ei und Salz in hellbraunes, cremiges Karamelleis, das sich mit keiner Sorte aus der Eisdiele vergleichen lässt. Zart schmolz es im Mund. Wohlgefühl strömte von der Zunge in alle Winkel des Körpers.

Hinter unserem Haus wächst Wildnis – ein regelrechtes Sommer-Buffet: Giersch, Brennnesseln, Sauerampfer, Spitzwegerich, Löwenzahn, Gundermann, Gänseblümchen, Vogelmiere. Ich bediente mich großzügig, die Pflanzen verströmten ihren würzigen Geruch und ich wusste, es wird genug da sein, wenn ich das nächste Mal wiederkomme. Aus einem Berg frisch gepflückter Kräuter kochte ich Suppe – eine Mahlzeit, nach der mein Körper verlangte. In meiner Nähe wachsen Pflanzen, weil sie mein Körper braucht.

Ich ließ das Auto stehen. Und nahm das Fahrrad für kleinere Besorgungen und Besuche. Es war eine Lust, durch die Wiesen zu radeln, in denen Grillen zirpten und mein Sommerkleid zu beobachten, wie es sich bauschte, und den Wind in meinen Ohren zu hören.

Gestern wollte ich wieder zu viel des Guten und hätte mir vier Arme wachsen lassen müssen, um alles zu bewältigen. Mein Körper brennt schnell leer und meine Seele auch und so purzelten ungeschickte, launische Worte aus meinem Mund. Wir stritten und ich entschuldigte mich. Und dann legte ich das Schälmesser, die Gartenschere, das Schreibzeug und den Putzlappen aus der Hand, ging mit einem guten Buch in den Garten und legte mich eine halbe Stunde in den Liegestuhl.

In den letzten zwei Wochen habe ich oft auf meinen Körper gehört, ihm vertraut, ihn wirklich gut behandelt. Aber manchmal regt sich das Pendel noch, schlägt mal hierhin, mal dorthin aus. Gegen die Scham tritt täglich die wackelnde Selbstliebe aufs Schlachtfeld. Sie ist der kleine David, der immer wieder gegen den großen Goliath antritt. Vielleicht habe ich sogar den Riesen schon zu Fall gebracht und die Pendelbewegungen sind die Nachbeben, die noch einige Zeit (noch einige Jahre?) andauern werden?!

Als Gott uns Frauen erschuf, hatte er einen anderen Traum für dich und mich:

dass wir in enger Verbindung mit ihm leben,

dass wir unsere Energie für seinen Traum einsetzen, wie auch immer das in unserem Leben aussehen mag,

dass wir aufstehen gegen Ungerechtigkeit und Hass und Kälte, dass wir uns selbst und andere nähren,

dass wir seine Schöpfung bewahren – und dazu zählen auch unsere Körper.

Wir Frauen sind eine Macht, die Grenzen verschiebt und sich gegen das Dunkel stemmt. Ganz egal ob im ganz Kleinen, in unserem nächsten Umfeld und in den vielen scheinbar unbedeutenden Dingen, die wir Tag für Tag tun, oder an vorderster Front mit Heldentaten.

Aber der Lebensdieb „Diätkultur" stiehlt uns nicht nur unsere Lebensfreude, sondern auch Gottes Träume. Es ist ein Geniestreich des Lebensgegners, unsere Körper zu unserem Feind zu machen. Solange wir ständig damit beschäftigt sind, diesen „Feind" zu bekämpfen, zu zähmen und zu manipulieren, können wir Gottes Traum nicht leben.

Und unsere Töchter – wenn wir Töchter haben – lernen häufig ebenfalls, sich in Selbstablehnung inklusive Diätkultur zu verstricken. So wird dieses Gefangensein von Generation zu Generation weitergegeben und unser Potenzial bleibt brüchig.

Es ist an der Zeit, die toxische Kette der „Diätkultur" zu durchbrechen und den Lebensdieb für alle Zeiten zu verbannen. Wenn wir uns selbst befreien, befreien wir auch die anderen Frauen um uns herum und die Generation an jungen Mädchen, die nach uns kommt. Es gibt nichts Schöneres als eine Frau, die ganz in ihrem Körper zu Hause ist und sich mit einer selbstzufriedenen Selbstverständlichkeit durch ihr Leben bewegt. Egal ob auf dünnen oder dicken Beinen.

Stell dir vor, welche Folgen diese Selbstbefreiung haben könnte:

Frauenzeitschriften würden den journalistisch wertvollen Anteil ihrer Inhalte erhöhen müssen. Unsere Kinder würden weniger

Essstörungen entwickeln und gesünder heranwachsen. Brachliegende Potenziale würden aufblühen. Wir würden lauter lachen, mehr feiern, weniger vergleichen. Die Modeindustrie müsste sich endlich uns anpassen anstatt wir uns ihr. Plus Size-Models würden einfach nur noch Models genannt werden. Wir würden Diversität als die Norm betrachten und nicht mehr mit der Norm die Diversität beschämen.

Stell dir das vor!

Ich wünschte mir, wir wären alle so sehr damit beschäftigt, diese Welt gesund zu lieben, unsere Leidenschaften und Gaben auszuleben, dass wir keine Energie und Zeit mehr hätten für das Kreisen um unsere Körper und unsere vermeintlichen Defizite.

In einer Welt, die dich ständig anders haben will, ist es ein Akt der Revolte und des Vertrauens in deinen Gott, heute ganz zu Hause in deinem Körper zu sein.

Und wir alle würden uns im Sommer am See treffen und unsere Bikinis tragen. Stolz und schamlos und selbstvergessen.

Bodyshaming

In Unterwäsche stand ich zusammen mit anderen Flugbegleiter-Anwärterinnen in einer Reihe. Ich war meinem Traumjob zum Greifen nahe. Wochenlang hatten wir Theorie und Praxis verinnerlicht: Die Evakuierung eines Flugzeugs, die Erste-Hilfe-Maßnahmen bei Herzinfarkt, das Mixen einer perfekten *Bloody Mary*. Bei der Abschlussprüfung löschte ich routiniert einen Kabinenbrand, schoss die Rutsche und dirigierte eine Notwasserung-Evakuierung. Aber die schwierigste Hürde lag noch vor uns: die Uniform-Anpassung.

Trotz des Hochsommertags fror ich. Die Chef-Stewardess marschierte wie ein General zackig an uns vorbei und musterte jede von oben bis unten. Warum wir uns für diese Aktion fast nackt ausziehen mussten, war mir ein Rätsel. Sie hätte uns einfach nur diskret nach unserer Kleidergröße fragen können. Aber vielleicht ging es hier um Demütigung?

Sie blieb vor jeder stehen. Dann bellte sie die Kleidergröße heraus: „38, 36, 38!" Ihre Assistentin mit dem Klemmbrett notierte eifrig. Ihr Lächeln trug einen Hauch von Schadenfreude. Dann blieb die Chef-Stewardess vor mir stehen, musterte mich von den Zehenspitzen bis zum Haarscheitel: „40!" Mir schoss die Schamesröte ins Gesicht und die Assistentin grinste schadenfroh. „Da haben Sie wohl einige Donuts zu viel gegessen, Frau Baer," fügte sie spitz hinzu.

Bodyshaming ist ein relativ neuer Begriff, und als ich ihn vor einigen Jahren zum ersten Mal las, hatte ich endlich einen Namen – nicht nur für dieses eine Erlebnis, sondern für alle direkten und indirekten Abwertungen meines Körpers und meine eigene Körperscham. Sobald wir einen Namen für ein nebulöses Gefühl und Erleben bekommen, wird es real und gibt uns die Erlaubnis, uns zu wehren.

Bodyshaming sind nicht nur direkte Beleidigungen, sondern die allgemeine Stigmatisierung von Menschen, die nicht ins gängige Raster passen. Menschen mit Übergewicht, Akne, Haarausfall, Behinderungen etc. Viele subtile Nadelstiche können wir nun endlich einordnen:

Zeitschriften, die Promis verhöhnen, wenn sie ein paar Kilos zugelegt haben und nach der Geburt eines Babys nicht schnell genug wieder „in Form" kommen. Die Klagen der schlanken Freundin über ihr Gewicht. Ungebetene Abnehmtipps von wohlmeinenden Freunden und Familienmitgliedern. Fernsehsendungen, in denen junge Mädchen eine Modelkarriere anstreben und vor einem Millionenpublikum gnadenlos beschämt werden. Brutale Witze von Männern, die Frauenkörper in Kategorien einteilen.

Und nicht zuletzt solche Sprüche wie z. B.: „Nur echte Frauen haben Kurven!", „Niemand möchte einen Hungerhaken anfassen.", „Mit solchen Beinen sollte die keine Shorts tragen.", „Du hast ein echt hübsches Gesicht, du müsstest nur noch drei Kilo abnehmen."

Bodyshaming hat eine lange Tradition. Denn der weibliche Körper unterlag schon vor Urzeiten bestimmten Idealen, die sich von Epoche zu Epoche änderten. Und immer passte nur ein Bruchteil der weiblichen Bevölkerung in die jeweils angesagte Schablone. Das vorherrschende Schönheitsideal stand immer in Verbindung mit sexueller Attraktivität fürs andere Geschlecht. Oft hielt sich ein bestimmtes Ideal über Jahrhunderte hinweg. Bei den alten Ägyptern galten symmetrische weibliche Gesichter als schön, sowie eine hohe Taille und ein schlanker Körper. Später dann bei den Griechen, zwischen 500 und 300 v. Chr., waren rundlichere Frauen angesagt. Auf vielen Gemälden der Renaissance können wir noch heute das Ideal der Zeit zwischen dem 14. und 17. Jahrhundert erkennen: Frauen mit rundem Bäuchlein, kräftigen Beinen, fülligen Gesichtern und mittelgroßen Brüsten. Das 20. Jahrhundert aber stellte alles auf den Kopf mit immer schneller abwechselnden Körperidealen. In den 20er Jahren verehrte man Frauen mit knabenhaften Körpern. Ab den 50er Jahren war die Sanduhr-Figur en vogue. In den 60er Jahren wurde das Ideal sehr schmal, dank Twiggy und Co. Die athletische Figur war in den 80ern hip und nur zehn Jahre später folgte der *Heroin Chic*. Möglichst dünn und ausgehungert musste man in den 90ern aussehen. Und heute sind große Pos und Brüste, sehr schmale Taille und ein Sixpack angesagt. In fünf Jahren wird es vermutlich schon wieder etwas Neues sein.

Laut Nachforschungen von Naomi Wolf, Autorin und Journalistin, fand Ende der 60er Jahre ein Umbruch in der Zeitschriftenwelt statt. Die Illustrierte war damals das, was für uns heute Instagram ist. Die zweite Welle des Feminismus hatte gerade eben Frauen zurück in die Arbeitswelt befördert und das Bild des unterwürfigen, domestizierten Frauchens, wie es in den 50-ern vorherrschte, ins Wanken gebracht. Also warum sollte die befreite Frau noch Frauenzeitschriften lesen? Tatsächlich brachen die Umsätze ein. „Irgendwo hat irgendwer ausgerechnet, dass sie (die Frauen) mehr kaufen würden, wenn sie in einem selbsthassenden, ständig versagenden, hungrigen und sexuell unsicheren Zustand (...) gehalten werden."[8]

Hausfrauliche Themen waren passé. Neue mussten her. Naomi Wolf schreibt weiter: „Ihrer bisherigen Kompetenz, ihres Zwecks und ihrer Werbestrategie beraubt, erfanden die Zeitschriften – beinahe völlig künstlich – neue Themen. Mit einem verblüffenden Schachzug wurde eine „Ersatzkultur" erschaffen, indem man ein künstliches Problem erfand, wo vorher keines bestanden hatte. Die Illustrierten-Macher zielten auf den „natürlichen Zustand" der Frau ab und erhoben ihn zu *dem* existenziellen weiblichen Dilemma. Die Zahl von diätbezogenen Artikeln stieg um 70 Prozent von 1968 bis 1972. Artikel über Diäten in der Boulevardpresse schnellten von 60 im Jahr 1979 auf 66 allein im Monat Januar 1980. Und schon 1984 füllten 300 Diätratgeber die Regale."[9]

Anders gesagt: Unsere heutige Diätkultur entstand aus einer künstlichen Problematisierung des weiblichen Körpers! Und das noch vor der Blütezeit von Photoshop und Schönheits-OPs! Man hatte ein Feuer entfacht, das zum Flächenbrand wurde und heute entfesselter lodert als je zuvor. Heute können wir angesichts der Zahlen aus den 70-er Jahren nur noch müde lächeln – und auch das Wort „Diät" ist schon fast antiquiert. Wir werden tagtäglich trotzdem mit tausenden körperfeindlichen Botschaften bombardiert, auch wenn sie sich hinter harmlos klingenden Hashtags wie *#fitspo* oder *#weightlossgoal* verstecken. Wir brennen vor Scham über unsere Körper, unser Aussehen und dass wir meist weder babyglatte Haut noch die angesagte Oberschenkellücke vorweisen können. Auf der einen Seite haben wir Instagram-Narzisstinnen, die der Welt ihre aus Marmor gemeißelten Pos und Brüste und ihre gefilterten Gesichter präsentieren. (Falls ihr auf Instagram unterwegs seid, dann folgt bitte Celeste Barber! Mit ihrer befreienden Ironie persifliert die australische Komikerin selbstverliebte Influencerinnen, und ich spucke jedes Mal vor Lachen fast meinen Morgenkaffee aus.) Auf der anderen Seite haben wir ca. 3,5 Milliarden Frauen, die wenig Positives über ihren Körper sagen können.

Die Reduzierung der Frau auf einen Schönheitsstandard war und ist nichts weiter als eine Versklavung, die wir willig an die nächste Generation von Mädchen weiterreichen. Ich werde wütend, wenn ich nur darüber nachdenke. Wir müssen jede Art des *Bodyshamings*, ja jede Überfokussierung auf das Aussehen in unserem Reden und Denken und Handeln ausmerzen. Dazu gehört zum Beispiel bei uns zu Hause, dass wir niemals negativ über unser Aussehen und unseren Körper reden. Auch die Bewertung des Aussehens anderer ist tabu. Ich habe vorletzte Woche die letzten Diätratgeber aus meinem Bücherregal entfernt und verbrannt. **Nichts soll bei uns zu Hause an die unglückliche, selbstbeschämte Frau erinnern,**

die ich mal war. Nichts soll meine Töchter auf die Idee bringen, dass man als Frau ein schadhaftes Objekt ist, welches es zu optimieren gilt.

Meine Töchter, die selbstvergessen im Garten toben und in ihren Badeanzügen ganze Tage im Schwimmbad verbringen können! Unser Stammplatz ist unter einer uralten Eiche, durch deren Blätterwerk nur sparsam heiße Sonne auf unsere Liegedecke fällt. Meine Pobacken sind paniert von Sand und Keksbröseln und ich beobachte meine Mädchen, wie sie im Wasser toben. Kein selbstzerfleischender Gedanke hemmt ihre Lebensfunken. Sie sind schön. Ich bin schön. Ich möchte nicht erst 80 sein, wenn ich dem endlich zustimmen kann. Mit 80 ist das nicht unbedingt einfacher als mit Anfang 40, wenn die Brüste noch halbwegs *über* dem Nabel schweben.

Ich bin hier übrigens nicht allein. Freundinnen haben sich mit ihren Kindern neben uns niedergelassen. Sie verteilen Handtücher und Apfelschnitze und Sonnencreme und Ratschläge, auf die die Kinder nicht hören werden. Wir reden und reden, die Gedanken und Satzfetzen purzeln wie ungebärdige junge Hunde übereinander, unterbrechen sich, bleiben unvollendet. Ein Satz bringt alle anderen zum Schweigen: „Und ich geh jetzt trotzdem baden, auch wenn ich mich in einem Badeanzug unwohl fühle." Nele, die auf der Decke neben uns sitzt und in meinem Alter ist, hat eine Figur mit vielen hübschen Rundungen, die ich nie abschätzig anschaue, sondern die einfach zu dieser Freundin gehören. Wie zu einer anderen ihr blondes Haar oder die Grübchen beim Lachen. Ich möchte sie für diesen Satz, der die Oberflächlichkeiten eines Badenachmittags durchbrochen hat, umarmen. Alle nicken zustimmend. Fünf Minuten später läuft eine Frau an unserem Frauen-Kinder-Flamingoschwimmreifen-Pulk vorbei. Sie besitzt noch mehr Kilos als meine Freundin Nele und trägt ihren knappen pinken Bikini mit einer aufreizenden Selbstverständlichkeit. Ein gehässiger Kommentar vom anderen Ende unseres Pulks lässt nicht lange auf sich warten: „Also, wenn ich so eine Figur hätte, würde ich ja keinen Bikini tragen. Wie schaut *das* denn aus?" Nele atmet hörbar tief ein und macht den Mund auf: „Wenn wir Frauen nicht aufhören, so abschätzig über einander zu denken und zu reden, werden wir immer Angst haben, uns so zu zeigen, wie wir sind!" Daraufhin verstummen alle beschämt und wenden sich wieder ihren keksbröselverklebten Kindern zu.

Sich so zu zeigen, wie man ist, ruft *Bodyshaming* auf den Plan. Davon können *Body-Positivity*-Aktivistinnen ein Lied singen. Oder auch füllige Frauen, die im Schwimmbad einen rosa Bikini tragen.

Und es sind oft nicht nur Männer, die sich über Frauenkörper auslassen, sondern gerade auch wir Frauen selbst. Wir haben einen erheblichen Teil dieser Strukturen selbst in der Hand und können sie sprengen. Mit der Bewertung anderer Körper isolieren wir uns automatisch selbst, weil wir befürchten müssen, dass andere genau dasselbe mit uns und unseren Körpern tun.

Solange wir die Mechanismen hinter dieser Körperfeindlichkeit nicht erkennen und uns nicht daraus befreien, so lange werden wir uns auch für unsere Körper schämen und in der Versuchung sein, andere zu beschämen. Solange wir nicht von der Freiheit kosten, die wir in Jesus haben – und ja, diese Freiheit betrifft auch unser Verhältnis zum Essen und zu unseren Körpern – werden wir in Selbsthass und Optimierungswahn gefangen bleiben.

Das Mitgefühl, welches Jesus den Frauen und Männern entgegenbrachte, dürfen wir uns selbst auch entgegenbringen. Wann immer wir vor Körperscham im Boden versinken wollen, rufen wir uns dieses Mitgefühl ins Gedächtnis und ziehen es uns über wie eine göttliche Umarmung, aus der wir niemals herausfallen können. Eine wärmende Umarmung, in der wir gehalten sind – mitten im Ess-Anfall oder dem erbarmungslosen, kalten Licht einer Umkleidekabine. Nimm die Brille der Körperfeindlichkeit ab, die dir mit 13 oder 30 aufgedrückt wurde, und du wirst das Leben in bunt sehen:

Dein Körper – ins Leben gerufen von einem Gott, der dich wollte. Er lag einst in den Armen deiner Mutter. Wenn du Glück hattest, auch in den Armen deines Vaters. Jeden Quadratzentimeter davon bewunderten sie mit Tränen des Glücks in den Augen. Unverzerrte, brillenlose Blicke. Dein kleiner Körper, der sich mit Leben füllte. Mit dem du das Leben erforschtest. Deine Finger konntest du stundenlang betrachten und herausfinden, was du mit ihnen alles zustande bringst. Deine ersten Schritte mit deinen herrlich pummeligen Beinchen wurden unter Jubelschreien gefilmt. Und wenn du auf deinen runden Po fielst, waren sofort helfende Hände zur Stelle, die dir zärtlich aufhalfen. Später hast du herausgefunden, dass du mit diesen Beinen Wettrennen laufen kannst. So schnell, dass dir der Wind um die Ohren pfiff und die Lebenslust im Herzen pochte. Du hast im Schwimmbad die Sommersprossen auf deinen Armen gezählt und dich gefreut, dass es so viele sind. Im Wasser hast du das Tauchen gelernt, die Lust daran, wie schwerelos und nass sich dein Körper anfühlen kann. Mit deinen Händen hast du ein Instrument gelernt, einem Klavier Töne entlockt, die Klarinette zum Singen gebracht. Dein Körper war ganz einfach dein bester Spielkamerad. Er war Pferd und Eroberer, Prinzessin und Schatzsucher. Deine Hände hast du am Abend zum Gebet gefaltet und Gott gedankt für den schönen, wunderschönen Tag, an dem du draußen Trampolinspringen konntest und die Freude darüber ganz tief in deinem Bauch gespürt hast. Du hast deine Haare ganz lang wachsen lassen und diese im Spiegel bewundert. Du hast sie abgeschnitten und dich wagemutig gefühlt. Und dann hast du deinen ersten Kuss bekommen. Mit deinem Mund hast du etwas Neues gespürt. Etwas Verheißungsvolles. Du hast mit deinen Beinen die Nächte durchgetanzt, dich vom Rhythmus der Musik und den Liebkosungen deines Liebsten mitreißen lassen. Und dann, dann hast du vielleicht sogar selbst neues Leben im Arm gehalten. Genauso, wie du in deinen ersten Lebensstunden gehalten worden warst. Deine Brüste haben genährt, dein Bauch hat getragen. Dein Körper heilte. Von kleinen Kratzern und aufgeschlagenen Knien. Er heilte von Schlägen und Brüchen. Er heilte von Geburtsverletzungen und Brustentzündungen. Mit deinem Körper umarmtest du deinen Partner und hast ihn in langen Nächten umschlungen gehalten. Und du hieltest die Hand von Sterbenden. Die letzte und die erste Verbindung zweier Menschen findet mit dem Körper statt. Mit deinen Armen hast du Kartoffeln zu Brei gerührt und mit deinen Händen Gedichte geschrieben. Dein Lächeln kann das Klima in einem ganzen Raum ändern. Mit deinen Füßen hast du Entfernungen überwunden. Dein starker Rücken hat Lasten getragen.

Weißt du, was deine geliebten Menschen als Erstes sehen, wenn du auf der Bildfläche erscheinst? Es ist dein Gesicht, dein Körper, deine Silhouette. Deine Erkennungsmerkmale, die andere zum Leuchten bringen, einfach nur, *weil du bist*! Du mit deinen hervortretenden Venen auf dem Handrücken, den runden Hüften, dem krummen Rücken, den Lachfalten um die Augen.

Klingt das nach einem Körper, für den man sich schämen muss? Oder nach einem Körper, den du lieben lernen willst?

Me Too!

„Es gibt keine größere Qual, als eine unerzählte Geschichte
in dir herumzutragen."
(Maya Angelou)

Im Herbst 2017 postete eine australische Freundin folgenden Text auf Facebook:

Me too.

If all the women who have been sexually harassed or assaulted wrote „Me too" as a status, we might give people a sense of the magnitude of the problem.

#metoo

(Ich auch. Wenn alle Frauen, die sexuell belästigt oder angegriffen wurden, „Ich auch" als ihren Status angeben, können wir der Menschheit eine Vorstellung vom Ausmaß dieses Problems vermitteln.)

Ich kopierte den Text in meinen Facebook-Status, wo er keine Beachtung fand. War der Algorithmus mal wieder kaputt? Oder war es den Lesern unangenehm, so etwas Kantiges von mir zu erfahren? Oder ging zeitgleich ein Katzenvideo viral? Wie dem auch sei – in diesem Moment konnte ich nicht ahnen, dass in jenen Stunden dieser Hashtag 500 000-mal auf Twitter verwendet wurde und 4,7 Millionen Benutzer in über zwölf Millionen Postings auf Facebook innerhalb der ersten 24 Stunden diesen Hashtag nutzten.[10]

Ein virales Phänomen war geboren. *Me Too.* Ich auch.

Leute, wir hatten und haben ein gewaltiges Problem, das lange nicht ernst genommen bzw. als Kavaliersdelikt verharmlost wurde! Ich kenne kaum eine Frau, die nicht wenigstens einmal in ihrem

Leben sexuelle Übergriffigkeiten erlebt hat: Nachpfeifen, Belästigen, Anfassen, Missbrauch, Vergewaltigung. Unsere patriarchischen Strukturen haben diese „Bagatellen" gedeckt, geduldet, weggelacht, und die meisten betroffenen Frauen schwiegen beschämt.

Bis der Aufschrei kam: *Me Too!* Erst vereinzelt. Und dann schwoll er an zu einem Chor aus betroffenen Frauen, der sich rund um den Erdball wie ein Echo fortpflanzte, anschwoll zu einem Brüllen und mächtige Männer zu Fall brachte.

Mädchen und Frauen in Australien und Japan, in Südafrika und Marokko, in Chile und Deutschland sprachen zum ersten Mal ihre Wahrheit aus. Und wir begriffen: Ich bin nicht allein mit meinem Erleben. Es ist die kulturelle Struktur, die die Männer stärkt und mich beschämt. *Es ist nicht meine Schuld!*

Jedes Mädchen lernt von klein auf: *Geh niemals mit Fremden mit. Nimm dich in acht vor seltsamen Männern. Nimm nichts an von Männern, die du nicht kennst.* Wir haben Angst vor fremden, komischen Männern. Meine Töchter lernen Selbstverteidigung. In einer Tiefgarage klemme ich meine Autoschlüssel so zwischen die Finger, dass ich diesen notfalls bei einem Angriff dem Täter in die Augen rammen könnte. Mein Adrenalinspiegel tanzt Rock and Roll, wenn ich nachts allein durch eine Stadt gehe. Aber was lernen die Jungs? Lernen sie immer noch: „*Wenn sie Nein sagt, meint sie eigentlich Ja!*"? Oder lernen sie, das andere Geschlecht mit Respekt und Achtung zu behandeln?

Meine Eltern führten *das Gespräch* mit mir, als ich sechs oder sieben war. Ich war ein sehr folgsames Kind und nach dem Kirchgang am folgenden Sonntag bot mir ein Freund meiner Eltern, den ich nicht kannte, ein Bonbon an und ich glaubte, ich würde jeden

Moment entführt! Schreiend flüchtete ich mich in die Rockfalten meiner Mutter. Die Erwachsenen lachten. Es gab aber andere Ereignisse, die waren alles andere als lustig:

„Wie seht ihr Mädchen untenrum so aus?" Mir war die Frage meines Kinderfreunds suspekt. Mein unbefangenes Verhältnis zu Jungs erhielt in diesem Moment den ersten Riss. Misstrauen wurde zum bitteren Beigeschmack. Er wartete meine Antwort nicht ab, sondern zog mir ungefragt die Hose runter. Seine Neugier war befriedigt. Ich fühlte mich seltsam beschmutzt. Davon würde ich niemals jemandem erzählen. Auch von anderen Dingen nicht. In diesem Punkt verließ mich mein Heldenmut. Ich konnte Käfer und Blindschleichen schützen, aber nicht mich selbst. Ich hatte nie gelernt, dass es wichtiger war, mich selbst zu schützen, anstatt „brav" und „höflich" und „unanstrengend" zu sein.

Ein anderer Klassenkamerad in der Grundschule schaute heimlich Pornos im Keller seiner Eltern. Er hatte einen enormen Wissensvorsprung vor uns anderen unaufgeklärten Landkindern. Brüste waren also nicht nur zum Stillen da, so erfuhr ich staunend. Mir war unwohl in seiner Gegenwart, denn er war besessen von sekundären weiblichen Geschlechtsteilen, denen er Namen gab, die ich hier nicht wiederholen kann, weil ich sonst Ärger mit meinem christlichen Verleger bekomme. Ich war verstört, denn ein Frauenkörper kam doch immer in einer Person daher, die tröstet und nährt und arbeitet und tanzt und umarmt und Äpfel schält!

Manches Mal besuchte ich meine große Schwester in der Stadt. Sie war mittlerweile verheiratet und hatte zwei kleine Kinder. Das war mir immer eine willkommene Abwechslung. Ich tauschte einen großen Bauernhof gegen eine Zweizimmerwohnung im Stadtzentrum ein, meine ländliche Beschaulichkeit gegen städtischen Lärm.

Zu der Wohnung gehörte auch ein Garten, den sich alle Anwohner teilten. Meine Nichte und mein Neffe waren mein Alibi, um an der Schwelle zum Frausein für einige Stunden noch mal Kind sein zu können. Wir spielten viel in diesem Garten, backten Sandkuchen, schaukelten und schlugen Räder. An einem späten Nachmittag war ich allein im Garten. Der Nachbarsjunge, mit dem ich mich gut verstand und mit dem ich gerne spielte, trat durchs Gartentor. Er war nur ein oder zwei Jahre älter als ich und begann, mit mir zu raufen. Wir lachten. Irgendwann im Gerangel spürte ich, dass das kein Spiel mehr war. Er rang mich auf den Boden nieder und sein Griff wurde hart und fordernd. Dann starrte er auf meine Mädchenbrust, zwickte hinein und meinte grinsend: „Da wächst ja was!" Aus meinem Spielkameraden war eine Bedrohung geworden. Ich schämte mich für etwas, das doch eigentlich normal ist.

Ich hatte keine Worte, um anderen davon zu erzählen. Ich hatte keinen Mut, die Grenzüberschreiter anzuprangern. Meist schämen sich die Opfer, nicht die Täter. Als in unserem Dorf ein Kinderschänder eine Kameradin von mir in sein Auto zerren wollte und sie schreiend weglief, waren die Erwachsenen ganz gerührt von ihrer drolligen Forschheit. Es gab keine Konsequenzen. Eine Frau kommentierte: „Ach, er ist halt einfach nur einsam und total harmlos." Ich lernte, dass man nicht ernst genommen wird, wenn einem so etwas passiert, und ich lernte zu schweigen. Keinen Ärger machen. Anderen nicht lästig werden.

Ich legte mir eine Erzählweise zurecht, in der Anfassen und Nachpfeifen und Anstarren und die Herabwürdigung von Weiblichem zwar irgendwie nicht ganz ok war, aber zum Leben dazugehörte und schneller vorbeiging, wenn ich stillhielt. *Wenn dich jemand auf die rechte Backe schlägt, dem biete auch die andere dar.*

Es war 2003, ich war frisch verliebt (in einen Mann, den ich zwei Jahre später heiraten würde) und arbeitslos und lebte im Gästezimmer meiner Eltern, wo ich in Joggingklamotten auf dem Bett Bewerbungen schrieb und Absagen abheftete. Mit einem letzten Rest Würde hangelte ich mich von Vorstellungsgespräch zu Vorstellungsgespräch. Und endlich landete ich bei einer Tech-Firma in einer anderen Stadt. Ich wurde wieder zu einer Vorzimmerfrau, die dem mächtigen Mann den Kalender umdrehte und Kaffee kochte. Auf Probe, versteht sich. Man konnte ja nicht wissen, ob ich dem Aufgabenfeld tatsächlich gewachsen war. Endlich durfte ich den Jogginganzug einmotten und meine Hosenanzüge, die bereits etwas aus der Mode waren, ausführen. Es war schön, früh durch eine geschäftige Stadt zu laufen und wieder dazuzugehören.

Die neuen Kollegen waren nett, das Arbeitsumfeld innovativ und modern, die fremde Stadt verlockend pittoresk, mein Schreibtisch voller Arbeit. Wer noch nie arbeitslos war, kann sich nicht vorstellen, wie erregend ein voller Terminkalender, eine gurgelnde Kaffeemaschine am frühen Morgen und prall gefüllte Wiedervorlagemappen sein können.

Mein neuer Chef, ein älterer, verheirateter Mann, lud mich nach zwei Wochen zu einer Dienstreise nach Österreich ein. Ich war kein junges naives Küken mehr und hakte, stutzig geworden, nach: Warum und wozu? *Er wolle mich noch stärker mit den Arbeitsabläufen vertraut machen.* Misstrauisch stieg ich in seinen protzigen Geschäftswagen ein und rutschte so weit wie möglich nach rechts. Nach einigen Stunden erschien mir meine Habachtstellung lächerlich. Langsam löste ich mich und lachte auch mal hier und da höflich über seine bemühten Witze und Anekdoten. Der Tag war angefüllt mit Meetings, Restaurantbesuchen und spät in der

Nacht tranken wir Cocktails in einer Bar am Fluss. *Warum habe ich meinem neuen Chef nur so misstraut? Er ist nett und hat mich bisher nur professionell behandelt. Du blödes Bauchgefühl hättest mich fast von dieser Geschäftsreise abgehalten, haha! Jetzt entspann dich, du hysterisches Wesen!* Ich lehnte weitere Drinks ab und sehnte mich nach meinem Bett. Lachend liefen wir am Fluss entlang und betraten das Hotel. Vor meiner Zimmertür änderte der Chef seinen Ton und seine Mimik. In Sekundenschnelle begriff ich die Situation, in meinem Kopf schrillten die Alarmglocken. Er fragte, ob er noch mit auf mein Zimmer kommen könne. Und da war sie wieder, meine Damen und Herren: Die Angst, jemanden vor den Kopf zu stoßen. Die Scham, die verhinderte, dass ich es schaffte, diesen Mann mit seinem Verhalten zu konfrontieren. Stattdessen wurde ich rot und stammelte lächelnd: „Nein, Danke."

Nein, Danke? *NEIN, DANKE??!!!*

Meine Leichtigkeit und meine Dankbarkeit über den neuen Job waren dahin. Einige Tage später zog mich eine Kollegin zur Seite und fragte mich, wie die Reise mit dem Chef war. Ich wich ihrem wissenden Blick aus und zuckte mit den Schultern. „Ganz ok." „Hat er versucht, dich ins Bett zu kriegen?" Ich erstarrte. Seine Masche war hier ein offenes Geheimnis. „Ja." Wut spiegelte sich auf dem Gesicht der Kollegin: „Ich mag dich, deshalb erzähl ich dir das jetzt, um dich zu warnen. Er hat das mit jeder Assistentin bereits abgezogen. Jede versucht er, ins Bett zu kriegen. Und keine hält es länger als zwei Monate aus. Es kann sehr ungemütlich für dich werden, wenn du nicht auf seine Anmache eingehst. Diese Stelle wird ständig neu ausgeschrieben."

Ich blickte Richtung Chefzimmer und ordnete steif ein paar lose herumliegende Blätter auf meinem Schreibtisch. Es gab nur eine Möglichkeit für mich, um meine Würde und Sicherheit zu wahren. Mit klopfendem Herzen stellte ich mich vor diesen Mann und stammelte etwas von „Probezeit beenden", „neuer Herausforderung" und „Neuorientierung". Ich wünschte, ich wäre damals sehr viel klarer gewesen. Nun war ich wieder arbeitslos dank eines Mannes ohne Anstand.

Wir Frauen sind es leid, dass unser Körper immer noch nicht neutraler Grund und Boden ist, sondern Ware im Austausch gegen Anerkennung, Aufmerksamkeit und Vorteile im Job. Es gab Momente, in denen stand ich wie eine zweite Person im Raum und wollte mir zurufen: „Was tust du da? Warum sprichst du nicht Klartext? Warum wehrst du dich nicht? Warum lässt du dir das gefallen?" Ich schämte mich für die Attacken, und ich schämte mich für meine Passivität.

Der weibliche Körper ist ein schriller Jahrmarktsartikel, ein *All-you-can-Eat*-Buffet, an dem Mann sich nach Lust und Laune bedient. Und wenn Frauen sich wehren, dann sind sie frigide, verklemmt, uncool oder hässliche Feministinnen. Kein Wunder, dass *#MeToo* so eine große Resonanz fand. Positiv, wie negativ. Wenn das Buffet geschlossen wird, gibt's einen Aufschrei.

#MeToo war das erlösende Aussprechen von unbequemen Wahrheiten, ein innerer und äußerer Befreiungsschlag für Millionen Frauen und Männer. Etwas Schambehaftetes verlor seine Macht, weil die Wahrheit ans Licht gezerrt wurde. Eine Wahrheit, die für viele Männer den Ruin bedeutete. Eine Wahrheit, die aber auch dazu führte, dass sich Männer vorsahen, denn auf einmal wurde es gefährlich, Frauen nachzustellen und sie sexuell zu belästigen. Was früher ein Kavaliersdelikt war, das man beim Stammtisch unter Gegröle zum Besten gab, ist heute tabu. Gott sei es gedankt!

Vor Kurzem traf ich eine alte Freundin wieder. Wir plauderten aus dem Nähkästchen und dann kamen wir auf das Thema #MeToo zu sprechen. Sie sah die ganze Sache sehr kritisch und betitelte sie als feministisch gefärbte Hexenjagd. Ich fragte sie: „Bist du je sexuell belästigt worden oder hast Missbrauch erlebt?" Sie schüttelte den Kopf. Meine Antwort: „Dann fehlt dir jegliche Grundlage für dieses Urteil."

Ich bin es leid, Leute. Ich bin es leid, eine Bewegung, die Gerechtigkeit fordert und Heilung schenkt, verteidigen zu müssen – gerade in christlichen Kreisen. Ich bin es leid, mit meinen Töchtern *das Gespräch* führen zu müssen und sie zu Selbstverteidigungskursen zu fahren. Ich bin es leid, mich in Tiefgaragen und dunklen Gassen fürchten zu müssen. Ich bin es leid, wenn mal wieder eine Frau, die Opfer sexueller Gewalt wurde, gefragt wird, welche Kleidung sie trug. Ich bin es leid, wenn Mädchen- und Frauenkörper sexualisiert werden. Ich bin es leid, wenn mir gesagt wird, ich soll mich nicht so anstellen. Ich bin es leid, wenn man uns unser Recht auf unseren eigenen Körpern und unseren eigenen Willen abspricht.

Was aus der Hand Gottes kommt, ist zutiefst gut, rein, schön. Aber in den Händen der Menschen wird es entartet, verzerrt, verhöhnt, enteignet. Niemand hat ein Recht auf deinen Körper. Niemand hat ein Recht, ihn zu beurteilen. Niemand hat ein Recht, sich an ihm ungefragt zu bedienen. Du trägst deine eigene Körpergeschichte mit dir herum, geprägt von deiner Familie, deinem Umfeld, deiner Gemeinde, deiner Kultur, deinen Erlebnissen, deiner Sexualität. Du hast eine Stimme, die sich das zurückholen kann, was dir gestohlen wurde.

Es ist das Krumme, das Gott wie ein unermüdlicher Arzt sucht. Es ist das Gedemütigte, das Jesus zart in seine Arme nimmt, weil er um die Zerbrechlichkeit deines Frauseins weiß. Es ist der Schmerz – nicht nur dein eigener, sondern der des ganzen Universums von Australien und Japan über Südafrika und Marokko bis Chile –, der in ihm selbst widerhallt. Es ist nicht nur deine Seele und dein Geist, die ihm wichtig sind, sondern auch dein Körper. Vielleicht hast du etwas anderes gelernt und deinen Körper immer in die zweite Reihe geschoben und tapfer ignoriert, wenn ihm übel mitgespielt wurde. Aber auch er ist Teil der Erlösung, Teil von Gottes Reich. Ganz am Anfang stand unser Körper für die Erfahrung der puren Freude, des Paradieses. Früh mit nackten Füßen in den Tau zu treten, das Wasser eines klaren Sees von den Zehen bis zum Scheitel zu spüren, in die Umarmung deines Liebsten hineinzuschmelzen, die sinnliche Erfahrung von süßen Früchten zu machen, die Haut von der Sonne streicheln zu lassen. Ohne kulturelle Hindernisse, Erwartungen, Tabus und Übergriffigkeiten warst du Frau. Und diese Sehnsucht nach diesem Urzustand – der Unschuld von Eden – tragen wir bis heute tief in uns. Diese Unschuld hat nichts zu tun mit sexueller Reinheit, wie du das vielleicht aufgrund frommer Erziehung verinnerlicht hast, sondern mit der Wertschätzung, die dir und deinem Körper entgegengebracht wird. Es ist an der Zeit, uns das zurückzuholen, was dem Körper genommen wurde, Grenzen neu hochzuziehen, die Wahrheit auszusprechen, Heilung zu suchen.

Es ist an der Zeit, einzuschreiten:

Werde laut, wenn über andere Körper gelästert wird.

Unterstütze Kinder, wenn sie Umarmungen und Küsse abwehren.

Werde zur Spielverderberin und lache nicht mit, wenn Männer sexuell abwertend über den weiblichen Körper reden.

Hol Hilfe, wenn das Nachbarskind verdächtige blaue Flecken aufweist.

Schalte bei Sexualdelikten die Polizei ein.

Höre unbedingt auf dein Bauchgefühl – deine innere Beschützerin –, wenn ein Mann sich dir gegenüber seltsam verhält. Deine Sicherheit muss immer Vorrang haben vor seinen verletzten Gefühlen.

Lehre Kinder, dass ihr Körper ihnen ganz allein gehört und dass sie Nein und Stopp sagen dürfen. Dazu gehört auch, dass du es respektierst, wenn deine Kinder deine Zärtlichkeit und Zuwendung mal ablehnen.

Sprich es aus, schreib es auf, teile es mit, wenn du Übergriffigkeiten erlebt hast.

Konfrontiere die Täter damit. Auch wenn es bereits Jahre her ist. Auch wenn die Scham dich zurückhalten will und dir einflüstert: „Ach, so schlimm war das doch nicht. Stell dich nicht so an." Scham ist in diesem Fall kein guter Ratgeber, sondern wahrt einen falschen Frieden, der nur die Täter schützt, nie die Opfer. Die Täter sollen Angst bekommen und lernen, dass wir eine Macht sind, vor der sie sich besser fürchten sollten.

Nicht nur die Erlösung des Geistes ist Arbeit am Reich Gottes, sondern auch die Befreiung des Körpers. Holen wir uns zurück, was uns genommen wurde. Gerechtigkeit fängt nicht erst im Himmel an, sondern schon hier.

Böses Blut

Wenn du tauchen gehen möchtest und deine Periode hast, dann erzähle niemandem davon! Niemandem auf dem Boot, niemandem im Hotel und vor allem nicht deinem Tauchbuddy. Glaube mir. Der Rat kommt von einer, die auszog, um die tiefen, hai-haltigen Gewässer mit Tampons im Gepäck zu testen. Es könnte nämlich passieren, dass man dich dann einfach an Land stehen lässt und du nur aus der Ferne zusehen darfst, wie dein Tauchbuddy und die anderen illustren Taucher*innen den Spaß ihres Lebens haben, während du auf der Kaimauer leise in deinen *Cold Brew Coffee* weinst.

Angeblich wird man von einem Hai augenblicklich zerfleischt, wenn man es wagt, während seiner Periode auch nur einen Zeh ins Meer zu tunken. Ich lebe noch, obwohl ich getaucht bin. Ja, auch als Menstruierende. Todesmutig oder lebensmüde. Die Riff- und Hammerhaie sahen mich von Weitem und nahmen Reißaus. Ich pinkelte vor Aufregung fast in meinen Neoprenanzug, was angeblich ebenfalls Haie hätte anlocken können, weil sie mit ihren feinen Näschen Aminosäuren erschnuppern, die sie auf nahrhaftes Protein aufmerksam machen.

Diese Menstruations-Hai-Geschichte ist ein Mythos, der sich hartnäckig hält. So wie tausend weitere Mythen, die sich um das Thema der weibliche Blutung drehen. Bisher gab es genau null (!) nachgewiesene Hai-Attacken, die darauf zurückzuführen sind, dass die Angegriffene ihre Periode hatte.[11]

Wenn du dann nach unfallfreiem Tauchgang wieder an Land bist und abends zu einer Kneipentour mit deinen neuen lustigen Tauchfreunden eingeladen bist, dann überlege dir das gut. Du bist nämlich eine tickende Zeitbombe, du und dein blutender Uterus.

Vielleicht solltest du dich doch lieber in dein Hostel-Stockbett legen und den Feiernden unter deinem Fenster zuhören, während dein Unterleib in Flammen steht?

Unser Verhältnis zur Periode ist ziemlich unentspannt, obwohl wir aufgeklärter sind als jede Generation vor uns. Und trotzdem: Die Menstruation ist ein Quell nie versiegender Scham und Anlass zu Spott.

Als Teenager wagten wir es nicht, helle Hosen zu tragen, wenn wir unsere Tage hatten. Es gab damals nur dicke Binden, die sich in Sekundenschnelle vollsaugten, und wir fühlten uns wie Kleinkinder mit dicker, schwerer Windel. Ich hatte solche Panik, man könne mir ansehen, wenn ich meine Tage hatte. Niedliche Umschreibungen hatten wir dafür: „Die rote Tante ist zu Besuch." Oder „Ich hab' die Erdbeerwoche". Die Menstruation war nur dann nützlich, wenn im Sportunterricht eine unangenehme Disziplin auf dem Lehrplan stand. Schwimmen zum Beispiel oder Leichtathletik. Bei mir war es Geräteturnen. Schwebebalken oder Barren. Mit zum Boden gerichtetem Blick und knallrotem Kopf berichteten wir leise von unserem Leiden und durften uns dann an den Rand der Halle setzen. Es fiel unserem Sportlehrer nicht auf, dass dort manche Mädchen mehrmals im Monat saßen. (Oder wollte es ihm nicht auffallen, denn wie soll Mann darauf reagieren?)

Sauber und diskret sollte die Regel ablaufen, so suggerierte es uns die OB-Werbung in den 90-ern. „Der Tampon nimmt die Regel dort auf, wo sie passiert – im Inneren des Körpers." Auf dass bloß nichts nach außen dringt! Kein Geruch, kein Blut. Und wenn wir dank Tampons völlig vergaßen, wie denn nun Menstruationsflüssigkeit aussieht, erinnerte uns die Always-Ultra-Werbung wieder daran, dass sie so blau und sauber ist wie Spee-Waschmittel.

Zurück zur Kneipentour: Wenn du dich nun doch in den bierseligen, lauten Pulk wagst, dann vergiss nicht, dir ein paar Tampons einzustecken. Nichts ist peinlicher, als mitten im Pub zu stehen und zu *fühlen*, wie sich ein vollgesaugter Tampon Richtung Körperausgang bewegt, du hektisch in deiner Tasche kramst und merkst: „Von wegen sicher und sauber. Jetzt wird es messy, ich habe keine Tampons dabei!" Wie ein geübter Crackdealer näherst du dich dann einer weiblichen Person. Mit gespielt unauffälliger und trotzdem intensiver Mimik machst du sie auf dich aufmerksam und formst mit deinem Mund lautlos die Worte: „Hast du zufällig *was* dabei?" Sie erkennt dein Dilemma sofort und signalisiert übertrieben heimlich: „Ja, klar." Dann kramt sie kurz in ihrer Tasche und steckt dir den Tampon so unauffällig zu, als handle es sich um eine streng geheime Uran-Übergabe.

Eigentlich solltest du am besten während deiner Periode zu Hause bleiben, sieben Tage lang die Decke über den Kopf ziehen und das Ganze aussitzen. Oder wusstest du nicht, dass du in diesem Zustand eine Quelle vielfältiger Probleme bist? Deine schiere Gegenwart kann Milch sauer werden lassen! Eiweiß lässt sich nicht steif schlagen, Mayonnaise wird schlecht, Rosen verwelken, Hefe geht nicht auf. Außerdem trübst du Spiegel und lässt Metall rosten. Schließlich haben wir während unserer Periode Gift in uns, das wir über Schweiß und Atem nach außen tragen, wenn man uralten, hartnäckigen Gerüchten Glauben schenken mag. Die Annahme, dass das Menstruationsblut ein giftiger Stoff sei, setzte sich im 1. Jahrhundert nach Christus allgemein in der antiken Welt durch und wurde wahrhaftig noch im 20. Jahrhundert (!!) von Wissenschaftlern vertreten.[12]

Da in der antiken Lehre der Standardmensch immer der Mann

war (ein Unding, das leider auch noch heute in Wissenschaft und Medizin weit verbreitet ist) und die Frau quasi das abweichende Anhängsel, wurde die Menstruation in Zusammenhang mit der Minderwertigkeit der Frau gebracht. Auch das Mittelalter behandelte die Periode als eine Folge des Sündenfalls. Die Moderne brachte kaum bessere Erkenntnisse hervor: Jean Jacques Rousseau zum Beispiel sah in der Menstruation die „Folge einer verderblichen Auswirkung der Zivilisation auf die Frau", die durch zu viel Essen, zu wenig Bewegung und eine durch gesellschaftliche Normen eingeschränkte Sexualität hervorgerufen würde.[13]

Mit dem Aufkommen der Evolutionstheorie durch Darwin rückte der Mann nun wissenschaftlich belegt auf Platz eins allen Lebens und die „schwache" Frau wurde ihm untergeordnet. Erst 1958 wurde nachgewiesen, dass Menstruationsblut nicht giftig ist. Bis dahin rankten sich unsinnige Mythen und gefährlicher Schwachsinn um den natürlichsten Vorgang der Welt, der die Frauen mal zu dauerbrünftigen Gebärmaschinen oder wahlweise auch zu Trägerinnen der Ursünde degradierten.

Haha, natürlich haben wir solche albernen Mythen überwunden. Oder?!

Es ist eine Eigenschaft von Aberglauben, dass er sich tief in das Menschheitsgedächtnis eingräbt und dort lange Wurzeln schlägt, die sich nur schwer ausrotten lassen. Die Normalisierung der weiblichen Menstruation ist – gemessen an der Menschheitsgeschichte – erst vor fünf Minuten eingetreten; die alten Mythen hallen immer noch nach.

Da die weibliche Menstruation schon immer mit Sexualität und Geburt in Verbindung steht, wurde sie in patriarchalisch geprägten Gesellschaften reglementiert und somit als etwas Schmutziges und

Verdorbenes dargestellt. Und das hat sich dauerhaft in den Hirnen und Herzen von uns Menschen festgefressen. Deshalb ist es entspannter, mit Heftpflastern für eine blutende Wunde zu „dealen", als mit Tampons für einen blutenden Uterus.

Vor Kurzem rief mich eine Freundin an, die sich intensiv mit den Reinheitsgeboten im 3. Buch Mose auseinandersetzte. (Ich hoffe, sie wird ihren Platz im Himmel ganz dicht bei Jesus bekommen, denn sie ist der Typ Mensch, der *alles* wirklich richtig machen will. Auch das Ding mit dem biblischen Lebensstil. Sie gleitet dabei etwas ins Extreme ab, aber der Himmel wird voll sein mit skurrilen Typen, da bin ich mir sicher. Ich will ja schließlich auch dabei sein ...) Ich hörte ihr also geduldig zu, denn das Thema war ihr wirklich wichtig. Liebe macht das manchmal, dass ich geduldig bin, auch wenn ich innerlich die Augen verdrehe.

„Ich überlege jetzt, mich zurückzuziehen, wenn ich meine Tage habe, so wie es im dritten Buch Mose steht. Sieben Tage lang. Denn wenn ich die Bibel ernst nehme, dann kann ich mir ja nicht nur die Teile rauspicken, die mir gefallen, sondern muss alles befolgen." Wer verrät ihr, dass wir die Bibel *immer* selektiv lesen (auch wenn das einige Hardcore-Christen hartnäckig verneinen würden)? Sonst würden wir auch heute noch Sklaven halten und gesteinigt werden, wenn wir trotz Menstruation Sex mit unserem Partner haben. Die Reinheitsgebote aus dem dritten Buch Mose waren für ein Wüstenvolk vor 4000 Jahren relevant, aber nicht mehr für uns im 21. Jahrhundert. (Davon konnte ich meine Freundin leider nicht überzeugen und ich frage mich ernsthaft, ob sie jetzt künftig immer sieben Tage im Monat im Einmann-Zelt vor ihrer Haustür schläft.)

Was würde Jesus meiner Freundin raten? Ich muss nicht lange suchen, was Gott über das Thema Unreinheit denkt. Er ist nämlich nie anders, als er sich in Jesus zeigt, und Jesus wiederum repariert unermüdlich die Würde von Männern und Frauen, von Kindern und Alten, von Kranken und Ausgestoßenen. Gott-Jesus begegnet einer unreinen Unberührbaren und berührt sie.

Mein letzter Arztbesuch ist noch nicht lange her. „Nun. Da kann ich nichts machen. Du musst dich mit den Blutungen abfinden." Ich hob meinen Schal vor mein Gesicht, das vor Scham brannte. Wieso kann ich mich an diese Untersuchungen nicht gewöhnen? Ich ordnete mein Gewand und richtete mich langsam auf. Der Arzt begann mit einem umständlichen Reinigungsritual. Natürlich. Er war in Berührung mit einer Unberührbaren gekommen. Und das hat er auch nur auf sich genommen, weil ich ihn gut dafür bezahlt habe. Mit Geld, das nicht wirklich meines ist, sondern das meiner Familie. Die Untersuchungen sind kostspielig, und lange wird mein Abba das nicht mehr finanzieren können, denn bisher waren alle Behandlungsversuche vergeblich. Die Kräuter, die Bäder, die Fastenkuren … Mein Körper ist am Ende; ich bin so unendlich müde. Der dauernde Blutverlust macht mich so schwach. In diesem Zustand kann und will ich nicht alt werden – ohne eigene Familie, ohne Mann, ohne Kinder. Meine kleinen Schwestern sind mittlerweile alle verheiratet und bekommen Kinder. Ich bin die Übriggebliebene. Immer angewiesen auf den guten Willen meiner Eltern, denen ich doch schon lange eine Last bin. Aber noch schlimmer ist das Stigma. Für jeden im Dorf bin ich nur die Frau, die ununterbrochen blutet. Niemand darf mit mir zusammen sein. Dieses elende Reinheitsgebot! Alle meine Träume und Pläne sind dahin, und alles, was ich heute bin, ist die

Frau, die unrein ist. Welche Schuld habe ich auf mich geladen, dass Gott mich so straft? „Negativenergien" nennt man das. Manche flüstern hinter vorgehaltener Hand sogar von Dämonen. Und niemand will sich *damit* anstecken lassen und den Zorn Gottes auf sich ziehen. Im kleinen Hinterzimmer meines Elternhauses lebe ich. Manchmal spreche ich tagelang mit keiner Menschenseele. Das Essen schiebt man mir durch die Tür. Einmal am Tag bekomme ich einen Bottich heißen Wassers, in dem ich meine blutigen Baumwollstreifen auswaschen kann. Ich selbst darf kein Wasser holen, ich würde den Brunnen verunreinigen. Die nassen Baumwollstreifen hänge ich hier im Zimmer zum Trocknen auf, damit niemand sie sehen muss. Hier trocknen sie schlecht.

Ich beobachte gerne die Dorfstraße. Das ist meine einzige Ablenkung. Stundenlang stehe ich an dem kleinen Fenster und sehe hinaus. Sehe meine Kindheitsfreundinnen, mit Krügen auf dem Kopf auf dem Weg zum Brunnen. Groß sind sie geworden, mit breiten Hüften und schweren Brüsten. Wie sie lachen und schwatzen, nicht wissend um ihr großes Glück, normale Frauen sein zu dürfen. Kleine Kinder am Rockzipfel. Ob sie jemals noch an mich denken?

Angefangen hatte es mit 12 Jahren. Meine erste Periode. Erst wusste ich nicht, wie mir geschah. Niemand hatte mich darauf vorbereitet. Aber ich fühlte mit jeder Faser meines Körpers, dass mit dieser Zäsur meine Kindheit zu Ende war, dass nun meine Eltern bald einen Mann für mich finden würden. Dass ich in zwei, allerspätestens drei Jahren Mutter sein würde. Vor Furcht, Stolz und Vorfreude kribbelte es mir im Rücken. Ein neues Leben stand mir bevor! Nach fünf Tagen hatte die Blutung nicht an Stärke verloren, aber man versicherte mir, das sei normal und könne bis zu sieben Tagen dauern. Die meiste Zeit verbrachte ich auf meiner Liege, hier in diesem Zimmer. Die Krämpfe fanden kein Ende. Auch am siebten Tag machte die Blutung keine Anstalten, abzuklingen. Auf der Stirn meiner Mutter wurde die Falte zwischen den Brauen tiefer. Nach zwei Wochen kam der erste Arzt. Viele folgten. Nun bin ich 24! Alt. Zu alt, um mir noch Hoffnungen auf ein normales Leben und auf eine eigene Familie zu machen. Die sind mit dem vielen Blut davongeflossen. Einen letzten Versuch will ich noch wagen und dann ...

Von dem großen Rabbi habe ich gehört. Dass er Wunderkräfte hat und mit den Unberührbaren verkehrt. In meiner Kindheit kam hier auch mal ein Wunder-Rabbi durch, aber der hat sich von den Unreinen ferngehalten. Und er konnte den armen alten Shlomo nicht heilen. Aber das ist meine letzte Chance. Wenn das nicht klappt, dann will ich nicht mehr leben. Sobald der berühmte Rabbi in unsere Gegend kommt, könnte ich versuchen, unerkannt in der Menschenmenge unterzutauchen. Was aber soll ich ihm sagen? „Herr, ich blute ununterbrochen." „Guter Mann, ich stürze mich demnächst vom Felsen, wenn ich nicht aufhöre zu bluten." „Rabbi, das mit dem Blutfluss war anfangs ja noch halbwegs erträglich, aber nach 12 Jahren ist jetzt auch mal gut."? Nein, vor all diesen wichtigen, großen Männern würde ich das schamvolle Wort *Blutfluss* nicht mal über meine Lippen bringen. Eher sterbe ich. Wegjagen werden sie mich. Ich brauche einen anderen Plan. Die einzige Möglichkeit, mein Gesicht zu wahren, wäre, mich von hinten an ihn heranzuschleichen und zu versuchen, nur die Zizit seines Gewandes zu berühren – die Schaufäden, die einen männlichen Juden an die Gebote Gottes erinnern sollen. Das würde er niemals merken. Dieser Wunder-Rabbi hält die Gebote

125

bestimmt alle ein. Deshalb könnten seine Zizit vielleicht meine Negativenergien wegnehmen.

Ach, in der Verzweiflung greift man nach jedem Strohhalm. Oder nach jedem Zizit.

Heute früh stehe ich wieder am Fenster, bereits seit Sonnenaufgang. Die Blutungen waren heute Nacht besonders schlimm. Etwas ist anders, die Menschen sind unruhig. Ein 12-jähriges Mädchen im Nachbardorf soll sterbenskrank sein, die Tochter des Synagogenvorstehers Jairus. Armes Kind! So knapp an der Schwelle des Frauseins. Ich horche auf, versuche Gesprächsfetzen aufzuschnappen, die von der Gasse heraufschallen. Der Wunder-Rabbi Jesus soll angeblich gerufen worden sein. Jetzt oder nie! Ich horche an der Tür. Alles still. Ob meine Eltern bereits auf dem Weg ins Nachbardorf sind? Oder sind sie wie jeden Tag zur Arbeit in die Weinberge gegangen? Ob so oder so: Der Weg ist frei. Ich greife noch schnell nach meinem Webschal und verhülle meinen Kopf. Ich kenne einen Umweg ins Nachbardorf, einen winzigen Trampelpfad, vorbei am Olivenhain, den ich als Kind oft mit unserem Esel gegangen bin. Heiß ist es heute. Aber endlich Luft. Blauer Himmel. Wie lange habe ich schon keine warme Erde mehr unter meinen Füßen gespürt. Schwalben pfeifen über mich hinweg. Das Leben könnte so schön sein. Ich sehne mich so nach Freiheit.

Hinter dieser Hügelkuppe ist das Dorf, ich kann schon die ersten Häuser erkennen. Welch ein Menschenauflauf! Selbst mein halbes Dorf ist inzwischen hier! Ich sehe fast nichts vor Staub. Und dieser Lärm.

Ich ziehe meinen Schal so tief ins Gesicht, dass nur noch meine Augen zu sehen sind. In dem Gemenge und dem Dreck kann ich unerkannt untertauchen. Nur kurz anfassen will ich den Rabbi, dann schnell wieder über den Trampelpfad nach Hause. Es ist fast kein Durchkommen. Links und rechts, vorne und hinten drängen Menschen diesem Jesus entgegen, als sei er das Epizentrum einer Naturgewalt. Jeder will ihn sehen, den Großen, um den sich so viele Erzählungen und Gerüchte ranken. Jeder will daheim damit prahlen können, ihn gesehen zu haben. Da, eine schmale Lücke! Jetzt oder nie. Mein Herz schlägt so laut, dass ich befürchte, die Umstehenden könnten es hören. Wenn ich das jetzt nicht durchziehe, dann bleibt mir nur noch ein Ausweg. Ich ducke mich, zwänge mich durch eine Lücke, ignoriere den Staub und verärgerte Flüche. Genau vor mir das Gewand des Lehrers! Schnell schreitet er aus in Richtung des Hauses des Synagogenvorstehers. Die Zizit schwingen im Rhythmus seiner Schritte hin und her. Die wichtigen Männer mühen sich, Schritt mit ihm zu halten und versuchen, mich zur Seite zu drängen. Aber ich lasse mich nicht abwimmeln. In diesem Moment sind die Zizit zum Greifen nahe, in Sekundenschnelle strecke ich meinen Arm aus, so weit ich kann, und nur mit der Spitze meines Zeigefingers streife ich sie. Gott sei Dank von hinten, sodass er mich nicht entdecken kann.

Geschafft! Erleichtert atme ich auf. *Nun schnell zurück auf den Trampelpfad, nach Hause, nachsehen ob ...*

Eine Wärme breitet sich in meinem Unterleib aus. Als hätte dort jemand Gold ausgeschüttet.

Jesus bleibt ruckartig stehen. Dreht sich um. Mein Rückweg ist abgeschnitten, weil auch die Männer hinter mir abrupt stehen bleiben, geschlossen wie eine Mauer. Ich ziehe meinen Schal noch höher und versuche, mich unsichtbar zu machen. „Wer hat mich berührt?" *Daskannnichtsein. Daskannnichtsein. DAS KANN NICHT SEIN! Wie will er gemerkt haben, dass ich die Zizit gestreift habe? Gleich wird es ein Strafgericht geben. Ich bin unberührbar und habe einen berührt, der vor dem Gesetz Gottes bestehen kann. Und nun habe ich ihn verunreinigt! Ich werde wohl kaum nur mit einem Tadel davonkommen.*

Einer seiner Gefährten schaut Jesus verwirrt an. „Meister, was meinst du damit? Hier sind so viele Leute! Du wirst die ganze Zeit berührt." Jesus lässt sich leider nicht beirren: „Von mir ist Heilungsenergie ausgegangen. Jemand hat mich mit voller Absicht berührt."

Jetzt zittere ich so sehr, dass meine Knie schlottern. Sie geben unter mir nach, ich falle in den Staub, gebe auf, kauere vor Jesus, der mich nicht aus seinen Augen lässt. Er hat diesen Blick, der einen durchdringt. Aber nicht auf diese beschämende Art und Weise, wie meine Eltern, auf deren Gesichtern ich ganz genau ablesen kann, dass ich ihnen eine Last und eine Pein bin. „Ich ... ich war es." Mein Gesicht brennt vor Scham. Wie soll ich nur die richtigen Worte finden für das Unaussprechbare? Noch dazu vor dieser Mauer aus Männern, die mich misstrauisch und abschätzig ansehen. Aber es *hat* sich etwas in mir verschoben! Dieses Mal ist es echt, ich bilde mir die Heilung nicht ein, wie ich es so oft nach schmerzhaften Arztbehandlungen getan habe und dann doch wieder enttäuscht wurde. Etwas liegt in seinem Blick, das meine Vermutung bereits bestätigt, ein kaum wahrnehmbares Zwinkern und freundliches Glitzern in seinen Augen. Trotzig recke ich mein Kinn vor, kratze alles an Mut zusammen, was in den Ecken meines Herzens noch übrig ist. „Ich bin seit 12 Jahren krank. Unrein. Weil ich ohne Pause blute. Das hier ist meine letzte Chance."

„Meine Tochter," sagt Jesus. *Meine Tochter*. Er spricht diese zwei Worte so anders aus als mein Vater, bei dem immer Enttäuschung und Verzweiflung mitschwingt. Sie klingen, als liebe er mich von allen Menschen auf der Welt am meisten, als kenne er meine ganze Geschichte von Anfang bis Ende, als wisse er um alle meine Kämpfe, Fehler und Beschämungen, um meine Träume und Sehnsüchte und wildesten Hoffnungen, die ich nachts in mein Kissen flüstere. Die Art, wie er mich Tochter nennt, trägt mehr Akzeptanz und Liebe in sich, als ich je zu träumen gewagt hatte. Ich weiß mit jeder Faser meines Seins, dass ich nie tiefer geliebt war als genau in diesem Moment. Für alles, was ich bin und auch für alles, was ich noch nie war. Dass ich sogar in jeder Sekunde meiner Unreinheit umsorgt und geliebt war. Und dass dies auch bis zum letzten Atemzug meines Lebens so sein wird.

Dadurch verschiebt sich auch etwas in meiner wunden Seele. Als hätte dort endlich jemand das Licht angemacht. Ich ringe noch mit dieser überwältigenden Erkenntnis, so sehr, dass ich beinahe den zweiten Teil des Satzes verpasse: „Dein Glaube hat dich gesund gemacht."

Noch einen kurzen Augenblick ruht sein Blick auf mir, während die wichtigen Männer ihn unwirsch drängen, weiterzugehen. Richtig, in nicht mal 500 Metern Entfernung liegt ein 12-jähriges Mädchen im Sterben. Hoffentlich blickt er sie genauso an, wie er mich angeschaut hat. Seine Heilungsenergie muss auch für sie reichen. Sie soll ein besseres Leben führen als ich. Zur Frau soll sie werden, stolz und ohne Scham und mit vielen Nachkommen gesegnet.

Gute Hoffnung

Nun habe ich dir schon einige sehr persönliche Einblicke in mein Frauenleben gegeben und manchmal liege ich nachts wach, wälze mich von links nach rechts, vom Bauch auf den Rücken und finde keinen Schlaf. Heute bin ich erst eingeschlafen, als der Nachthimmel am Horizont schon wieder hell wurde. Ich hatte gegrübelt: Was darf ich nach draußen tragen? Was muss ich unbedingt vor dem grellen Licht der Öffentlichkeit schützen? Betreibe ich einen Seelen-Striptease, der mir in ein paar Jahren ungeheuer peinlich sein wird? Irgendwann werde ich dir vielleicht bei irgendeiner Veranstaltung begegnen und dann weißt du so unglaublich viel über mich und ich gar nichts über dich. Du wirst von meinem vorletzten Frauenarztbesuch wissen und von einem ehemaligen Chef, der mir mal an die Wäsche wollte. Aber jetzt, da ich sowieso schon einen Großteil meiner Privatsphäre eingebüßt habe, können wir doch auch über Schwangerschaft sprechen, ja? Und darüber, dass ich mir bei der Geburt meiner großen Tochter so sehr die Seele aus dem Leib geschrien habe, dass ich am nächsten Tag wie Joe Cocker nach einem 24-Stunden-Besäufnis klang.

Vor einiger Zeit bekam mein Baby, mit dem ich acht Stunden in den Wehen lag, ihren ersten Zirkel. Sie ist über Nacht in der 5. Klasse gelandet. Der Zirkel war mein altes lilafarbenes Modell, den ich immer gehütet hatte wie meinen Augapfel. Keine Ahnung warum, denn ich war nie wirklich versessen auf Geometrie. Auf der Verpackung stand noch der DM-Preis. „Wie günstig früher alles war", seufzte ich melancholisch und zeigte meinem Kind die Handhabung des Zirkels. Sie zog also fortan Kreise. Auf Hefte und Papiere, alte

Briefkuverts und Einkaufszettel. Ich fand kleine Einstichlöcher auf dem Esstisch und dem Küchentresen. Und dann malte sie sie aus. „Nicht über den Rand malen!" Es geht doch nichts über eine Mutter, die kluge Ratschläge erteilt. Sie malte das Innere der Kreise gelb, das Äußere bis zum Blattrand blau. Sonne und Himmel.

Überall werde ich mit Kreisen konfrontiert: Hauskreis, Kreißsaal, Bibelkreis, Bannkreis, Dunstkreis, Freundeskreis, Kulturkreis, Teufelskreis, Kreisverkehr und Kreistag. Bei allen gilt: Entweder du bist drinnen oder draußen.

Nur ein Bruchteil von uns Frauen passt genau in die sauber gezeichneten christlichen Kreise, die uns irgendwer zugeteilt hat. (Oder wir uns selbst ...?!) Ausschließlich die passen hinein, die alle ihre Häkchen an die richtige Stelle setzen können. Diejenige, die das idealisierte „biblische" Lebensmodell – bestehend aus Vater, Mutter, Kind 1, Kind 2, Kind 3, Kind 4 ... – erfüllen. (Wobei ein biblisches Familienmodell gar nicht existiert. Das ist ein Mythos, der von manchen Gemeinden bis aufs Blut verteidigt und als einzig richtiger Lebensentwurf suggeriert wird).

Und außen, um die Sonne herum, kreisen die anderen: meine Single-Freundinnen, meine Freunde, die keine Kinder bekommen können oder wollen, meine Freunde, die nur *ein* Kind vorweisen können, Alleinerziehende und Homosexuelle. Sie kreisen und kreisen und bekommen erst dann den Zutritt in die Mitte, wenn auch sie endlich den Haken an die „richtige Stelle" gesetzt und niemals über den Rand gemalt haben.

Vielleicht hast du Kinder, vielleicht bist du Single, vielleicht bist du gewollt oder ungewollt kinderlos. Du hast deine ganz eigene Lebensreise und lass dir bitte von niemandem einreden, dass dein Leben, so wie es gerade ist, falsch sein könnte.

Wirklich: Es ist für uns alle unglaublich schwer, es „richtig" zu machen. Bist du bereits mit Anfang 20 schwanger, wirst du mit hochgezogenen Augenbrauen gemustert. „Verhütungsunfall" steht in die mitleidigen Gesichter deiner Mitmenschen geschrieben. *Ach, nun kann die Arme nie ihr geplantes Gap Year machen und auch leider keine Karriere mehr. Wer, bitteschön, bekommt denn noch heutzutage so früh Kinder?* Wenn du aber erst mit Ende 30 schwanger bist, erntest du ebenfalls hochgezogene Augenbrauen und du musst dich vielleicht sogar rechtfertigen, wenn du keinen Trisomie-Bluttest machen möchtest. Wirst du gar nicht schwanger, kannst du dich vor Kommentaren, Mitleid und gut gemeinten, aber oft doch verletzenden Ratschlägen kaum retten. Du trägst ein Stigma mit dir herum, an das dich deine Mitmenschen immer wieder erinnern. Wenn du lesbisch bist, ist der Weg zu einem guten, offenen Lebensentwurf gespickt mit Minen. Vor allem, wenn du aus einem christlichen Umfeld kommst, in dem Homosexualität nach wie vor ein Tabu ist und „geheilt werden muss". (Wie viel Leid hier angerichtet wurde und wird, bedarf einer umfangreichen Aufarbeitung!) Dann wünsche ich dir, dass du eine Familie und Freunde hast, die zu dir stehen und dich unterstützen.

Und hast du weder Partner noch Kind, dann kannst du dich kaum retten vor Verkupplungsmanövern. Auch ich bekenne mich schuldig, dass ich einige Male dem Glück meiner Single-Freundinnen auf die Sprünge helfen wollte. Mit null Erfolg übrigens. Das Glück mag nicht gezwungen werden. Es zieht nicht erst bei dir ein, wenn du auf dein Klingelschild den Namen deines Partners schreibst oder gar das Wort „Familie" über den Nachnamen. Und wenn du alleinerziehend bist, dann muss doch irgendwo der Hund bei dir begraben sein. Ist dir vielleicht der Mann weggelaufen? Und warum wohl? Hast du ihn womöglich vergrault? Hast du dich ihm ein paar Mal verweigert? (Ach komm schon, ein bisschen Sex ist doch drin, auch wenn du letzte Nacht alle zwei Stunden stillen musstest.) In manchen christlichen Kreisen wird nach wie vor gelehrt, dass sich die Frau dem Mann nie entziehen sollte und sich ihm immer hingeben muss.

Alleinerziehend klingt immer ein wenig nach beschädigter Ware. Genauso wie Single. Kinderlos. Lesbisch. Spätgebärende. Frühgebärende. Geschieden. Behindert. Was stimmt mit dir nicht? Warum schaffst du es nicht, dein Häkchen einfach an die richtige Stelle zu setzen und dann Zutritt zum Kreis echter, lebendiger, siegreicher Christinnen und Christen zu bekommen? Und selbst, wenn du es in den Kreis geschafft hast, warum fühlt sich das Leben immer noch so schief und krumm an? Warum stehen so viele von uns draußen? Warum haben so viele von uns das Gefühl, die Sache mit dem Leben und dem Glauben nicht „richtig" zu machen? Warum bin ich als Hetero-Familienfrau angeblich „drin", meine Single-Freundin aber nicht? Was habe ich denn bitteschön „besser" gemacht als sie?

Ich bin in meinem einsamen Single-Leben immer irgendeinem Loser hinterhergestolpert, der mich am Ende dann doch nicht wollte. „Story of my life", dachte ich, verfasste eine Partner-Annonce (wie man das halt 1999 noch machte) und bekam Zuschriften von Schnauzbart- und Vokuhila-Trägern (was 1999 das Äquivalent zu Bootcut-Jeans im Jahre 2020 war), Daheim-bei-Mutti-Wohnern, Bibelvers-Zitierern und Bindungsneurotikern. Man warf mir vor, ich sei zu wählerisch. Man warf mir vor, ich würde immer mit großer Treffsicherheit die Niete aus einer Menge guter Männer herauspicken. Und als ich dann einen wirklich guten Mann fand, lächelte man und meinte, dass dieser zu „brav" für mich sei. 2005 stand ich dann vor dem Altar – mit meinem wirklich guten Mann, der weder Schnauzbartträger, Bibelvers-Zitierer noch Bindungsneurotiker war. Und 2008 war ich dann endlich nach unerträglich langer Wartezeit schwanger. Ich musste Gas geben, war ich doch bereits in meinen Dreißigern.

Schwangersein war 2008 noch eine relativ einfache Sache. Ich teilte genau drei Bilder von meinem Bauch auf Facebook und bekam alle meine Informationen aus *einem* Babyratgeber und von meiner Mutti. Influencer waren noch nicht geboren und die Mama-Blogger-Szene kannte ich noch nicht. Es herrschte herrliche Ruhe, ab und zu unterbrochen von dem singenden Spieluhr-Hasen, den ich mir auf meinen dicken Bauch legte und mich dabei pädagogisch radikal und modern fühlte. (Sicher wird mein Kind später musikalisch hochbegabt! Heute sitzt es manchmal am Klavier und spielt den Flohwalzer in Moll und Dur. Der Spieluhr-Hase hat also seinen Zweck erfüllt.)

Im Dezember sollte mein Kind kommen und im September begann ich mit meinem Geburtsvorbereitungskurs. Sieben werdende Mütter hatten sich im Praxisraum der Hebamme auf ihren Handtüchern verteilt, die uns wie ein Feldwebel zwischen Pezziball und Wickeltisch hin- und herjagte. Manchmal ging sie für einige Minuten nach draußen, angeblich um „etwas zu holen", aber wenn sie zurückkam, folgte ihr eine verdächtige Tabakwolke. In diesen kurzen Verschnaufpausen plumpsten wir schwerfällig auf unsere Handtücher und lernten uns kennen. Noch bevor wir die Namen der anderen kannten, wussten wir, wie viel jede von uns zugenommen hatte: „Also, ich habe sogar die ersten Wochen abgenommen, weil ich nur gekotzt habe." „Bisher habe ich Gott sei Dank nur fünf Kilo zugenommen, aber die Pfunde purzeln beim Stillen wie von selbst." „Ich achte sehr darauf, dass ich nicht mehr als 10 Kilo während der Schwangerschaft zunehme!" „Eine Freundin von mir hat sogar 20 Kilo während der Schwangerschaft zugelegt, stellt euch mal *den* Horror vor!" Ahem ... Alle blickten mich erwartungsvoll an. Ich hatte meine Gewichtszunahme noch nicht preisgegeben. Wie wollte ich ihnen nach diesen Aussagen erklären, dass ich schon die 15-Kilo-Marke geknackt hatte und das bereits im 7. Monat? Ich murmelte „circa 10 Kilo" und erntete mitleidige Blicke, denn Gewichtszunahme während der Schwangerschaft ist wirklich ein tragisches Schicksal. Ich war beschämt und war mir sicher, dass die Babys von den Müttern, die „nur fünf Kilo" zugenommen hatten, bestimmt auch ab Tag 1 durchschlafen, später ihre Hausaufgaben immer zuverlässig machen, BWL studieren und drei Bausparverträge abschließen würden.

Die Gewichtszunahme während der Schwangerschaft ist das Weitpinkeln werdender Mütter. Wer am wenigsten zunimmt, gewinnt! Bei jeder Untersuchung schämte ich mich beim Gang auf die Waage und stellte mir vor, wie die Arzthelferin hinterher im Kaffeezimmer über mich lästern würde.

Das Gift des Körperkultes verseucht sogar einen so natürlichen Vorgang wie die Schwangerschaft. Selbst hier gibt es Schablonen, die man nicht sprengen sollte. Schablonen, die völlig ignorieren, dass in unseren Körpern neues Leben heranwächst. Schablonen, die von dir fordern, dass du möglichst schnell wieder in die alten Jeans passt, dein Baby mindestens ein Jahr lang stillst und in der anstrengendsten Zeit deines bisherigen Lebens vor Glück strahlst und funkelst.

Abgesehen von Gewichtsvergleichen war meine Schwangerschaft aber durchaus praktisch. Jeder fand meinen Bauch zum

Anfassen wunderbar und sah es mir nach, wenn mein Hintern nicht mehr durch die Tür passte. Ich trug herrliche Walle-Kleider und meine Haare offen. Die Schwangerschaft kann eine durchaus ästhetische Zeit sein.

Die unästhetische Phase beginnt mit den Wehen und dauert so lange, bis du deinen *Pre-Baby-B*ody wiederhast. Also nie. Ganz unästhetisch saß ich also in einer Pfütze aus Fruchtwasser und wusste: Jetzt gibt es kein Zurück mehr. Dieses neue Leben, in das ich gestoßen wurde, kostete mich mein altes Leben, inklusive *Pre-Baby-Body*.

Die großen Einschnitte unseres Lebens kosten uns immer unser altes Leben. Wir bekommen es nie wieder so zurück, wie es war. Wenn wir durch die Krise der Pubertät gehen, sind wir nie wieder Kind. Wenn wir heiraten, treten wir durch eine Tür, die sich hinter uns schließt und uns dafür neue Räume eröffnet. Wenn jemand Liebes stirbt, dann bleibt da eine schmerzhafte Lücke. Wenn wir durch die Menopause gehen, dann bekommen wir unsere Jugend nicht mehr zurück. Wenn wir Mutter werden, dann geht ein Teil unserer Selbstbestimmung und Freiheit flöten. Wir verändern uns von Einschnitt zu Einschnitt und verlieren immer wieder unser altes Leben, bekommen ein anderes in die Hände gelegt.

Und so wie deine überschüssige Haut am Bauch sich nicht mehr zurückbilden wird, so wird auch dein Herz nicht mehr schrumpfen, das so groß geworden ist, als du im Kreißsaal zwischen Blut und Nachgeburt dein Baby in den Armen hieltest.

Einige Monate nach der Geburt unserer Tochter bastelten mein Mann und ich eine Collage. Wir mussten wieder in Kontakt mit uns selbst kommen – mit unseren Wünschen, Träumen, Grenzen. Denn eine Ehe kann sehr fragil werden, wenn Kinder dazukommen, und es bedarf so einiger Anstrengungen, um sie gut durch diese Zeit zu manövrieren. Wo die Worte fehlen, kann man Bilder ausschneiden und aufkleben. Eine dünne Frau aus einer Calvin-Klein-Werbung lag vor mir. Ich schnitt ihr den Kopf ab. Den Körper klebte ich auf das große Stück Packpapier, auf dem bereits Surfbretter und Hochzeitsfotos, Sinnsprüche und kanadische Wälder prangten. Mein Mann schaute mich fragend an. Dann nahm ich den Kopf, verteilte Kleber auf seiner Rückseite und platzierte ihn mit Abstand oberhalb des Körpers. „Ich fühle mich, als wäre mein Körper ein Fremdkörper. Er gehört nicht mehr zu mir. Mein Kopf ist getrennt von ihm." Eine Welle aus Schmerz rollte über mich hinweg. Mein Mann nahm hilflos meine Hand. Er bemühte sich wirklich, mich zu verstehen, aber im tiefsten Grunde meines Herzens war ich mit diesem Schmerz allein. Schwangerschaft und Geburt sind wie Stemmeisen, die in den Bruchstellen des Lebens ansetzen und uns weit aufreißen können. Sie lassen keinen Stein auf dem anderen.

Vorgestern war ich mit Freunden an unserem See. Wir treffen uns dort oft gegen Abend. Egal ob Mittwoch oder Samstag. An heißen Sommertagen packen wir unser Abendessen ein und verlegen es ans Wasser. Wir teilen Wassermelonen, SUP-Boards und Alltagsgeschichten. Neben mir saß meine Freundin im Bikini. Sie hat drei Kinder auf die Welt gebracht, von denen zwei im Wasser tobten. Das jüngste saß auf ihrem Schoß, kuschelte sich an seine Mama, als wüsste sie bereits, dass die Kuschelstunden gezählt sind und nicht ewig dauern. Die Kleine blickte ihrer Mutter ins Gesicht und dann auf deren Bauch, der davon erzählt, dass darin einst drei Menschlein lebten. Zärtlich strich das Mädchen über ihr ehemaliges Zuhause, über die Schwangerschaftsstreifen, die Fältchen und weichen Stellen. Ihr Blick war pure Liebe: „Schau mal, dein Bauch!" rief sie aus. „Ja, mein Bauch," antwortete ihre Mutter stolz ohne jede Entschuldigung und Scham.

Ich weiß, ich wiederhole mich. Aber ich werde nicht müde, an uns zu appellieren, dass wir eine neue Art des Sehens einüben müssen. Eine kindliche Art des Sehens. Denn wenn wir nicht nur wie die Kinder glauben, sondern auch sehen, dann „werden wir in Gottes neue Wirklichkeit hineinkommen!" (nach Matthäus 18,3).

Jesus wusste, dass die kindliche Art des Sehens die Wunder wahrnimmt, die die Erwachsenen übersehen. Sie sind näher am Himmel dran als wir. Kleine Kinder sehen ohne den „Gut- und Schlecht-Filter": Das Wunder eines Tierchens, das sein Haus auf dem Rücken trägt. Das Wunder der Spinne, die filigrane Netze spinnen kann. Das Wunder ihrer Beine, die so schnell wie der Wind rennen können. Das Wunder ihres Geschlechtes. Das Wunder des weichen Mutterbauches, in dem man selbst gewachsen ist. (Und ganz ehrlich, *das* ist etwas, was nicht aufhört, mich selbst zu faszinieren!)

In seiner unverblümten Art räumte Jesus auf mit unseren Kreisen. Er holte die Außenstehenden in die Mitte. Er stellte menschengemachte Systeme auf den Kopf: Das Hässliche ist schön. Das Abgetrennte ist heil. Das Unästhetische bringt neues Leben. Das Unreine ist geheiligt. Wir malen über den Rand und neben uns steht ein Gott, der uns immer wieder ein neues Blatt reicht.

Wenn du vor Kurzem frisch entbunden hast und dich fühlst, als wärst du in einem fremden Körper gelandet, dann rate ich dir dies:

- Behalte deine Umstandshosen nach der Geburt und trage sie so lange, wie du sie brauchst. Ja, auch wenn es ein Jahr dauert. Ich wähnte mich in der irrigen Vorstellung, dass ich meine Umstandshosen beim Verlassen der Klinik in die Tonne kloppen könnte. Oh nein! Sie waren meine besten Freunde, noch Monate nach der Entbindung. Sicherlich hast du den Spruch gehört: Neun Monate kommen die Kilos, neun Monate brauchen sie zum Verschwinden. Das ist nicht unbedingt die Norm! Und wenn die Schwangerschafts-Kilos nicht verschwinden, dann kaufe dir schöne neue Kleidung anstatt dich zu quälen.
- Zwinge deinen Körper zu nichts! Die Geburt war für ihn eine traumatische Erfahrung, von der er sich erholen muss. Niemand kann dir vorschreiben, wie lange das zu dauern hat. Bei meiner ersten Geburt brauchte mein Körper fast ein Jahr, um sich zu regenerieren. Nach meiner zweiten Geburt fühlte ich mich bereits nach einer Woche wieder fit.
- Denk nicht daran, deine Babypfunde jetzt loszuwerden. Was dein Körper nun braucht, ist sehr sanfte, liebevolle Zuwendung. Er möchte genauso zärtlich behandelt werden wie dein Baby. Nach der Geburt meiner zweiten Tochter wollte ich meinen Körper zur Disziplin zwingen. Ich war der *Drill Sergeant*, mein Körper der arme Rekrut. Ich stillte früher ab als gewollt, nur damit ich endlich eine Diät beginnen konnte. Ich griff zu „Almased", ernährte mich nur noch von Flüssignahrung und joggte jeden Tag eine Stunde durch den Wald. Du kannst dir vorstellen, welch ein Sonnenschein ich war! Nun, mein Körper gab in dieser ganzen Zeit kein einziges Gramm her. Wahrscheinlich aus purem Trotz mir gegenüber. Wie konnte ich ihn auch so behandeln nach allem, was er für mich geleistet hatte!

- Suche dir sanfte Bewegung aus, die dich wieder in Kontakt mit deinem Körper bringt: Schwimmen, Pilates, Beckenbodengymnastik, Walking. Vermeide unbedingt, Sport zur Gewichtsabnahme zu betreiben, sondern nur, um deinem Körper etwas Gutes zu tun. Du hast es dir verdient, Supermama!
- Mache dringend einen Bogen um alle Social Media-Accounts, die dir ein ungutes Gefühl vermitteln oder dein schlechtes Gewissen fördern. Entfolge unerbittlich. Oder melde dich ganz ab.

Menopause

Und plötzlich war sie weg. Hatte sich verabschiedet ohne richtig „Auf Wiedersehen!" zu sagen. Ein Wiedersehen würde es sowieso nie mehr geben. Meine Begleiterin von Jugend an. Genauso plötzlich, wie sie gegangen ist, war sie damals auch gekommen. An einem Herbsttag während eines Biologietests in der sechsten Stunde. (Wie passend!) Wie ein ungebetener Gast machte sie sich bei mir breit. Monat für Monat klopfte sie an. Hartnäckig wie ein Uhrwerk. Und brachte als „Geschenk" Krämpfe, Übelkeit und einen Hormoncocktail mit, der mich die letzten 30 Jahre dauerhaft verkatert durch die Welt schlingern ließ. Sie kam immer dann vorbei, wenn ich etwas Großartiges vorhatte, denn sie war ein Party-Tiger. Kein einziges Mal verpasste sie Feiern, Urlaube oder heiße Dates.

Letzte Nacht las ich Folgendes: Wenn man den erlittenen Periodenschmerz bündeln könnte, gliche er einem Herzinfarkt. Nun, ich hatte noch nie einen Herzinfarkt und kann hier keinen Vergleich ziehen, aber ich vermisse das Messer, das sich Monat für Monat in meinen Unterleib rammte, kein bisschen.

Die Menopause kam bei mir extrem früh und mit nur sehr wenigen Begleiterscheinungen. Das glaubt mir keiner, ist aber wahr. Und ich weiß, dass ich damit so reich gesegnet bin, dass ich keine weiteren Segnungen bis an mein Lebensende brauche. Denn jetzt, nachdem sich auf eine mysteriöse Art und Weise mein Hormonhaushalt auf ein gutes Maß eingependelt hat – ganz ohne Hilfsmittel –, fühle ich zum ersten Mal, wie es sich als stabiler und ausgeglichener Mensch leben lässt.

Als mein Zyklus seinen Schluckauf bekam, ging ich zu meinem Gynäkologen und wollte Beratung haben. Ich wusste einfach zu wenig über die Menopause, fühlte mich zutiefst verletzlich und unsicher.

Die Menopause ist fürwahr kein Modethema, denn das Altern ist schon vor ein paar Jahrzehnten abgeschafft worden. Eine Frau, die altert, hat nämlich irgendwie versagt. Wenn eine Schauspielerin altert, dann bitte nur auf „gute Weise". Das weibliche Altern wird völlig anders bewertet als das männliche. Ein Mann mit ergrautem Haupt wird im Englischen *Silver Fox* genannt. Die Falten rund um die Augen eines Mannes machen ihn attraktiver. Einer Frau wird eine Botox-Behandlung ans Herz gelegt, sobald sich erste Fältchen zeigen. Jede Spur des Alterns wird bei öffentlichen Personen – vornehmlich Frauen – mit viel Häme verfolgt. Und wenn sie sich dann operieren lässt, ist es irgendwie auch nicht ok. Wie frau auch altert, man kann es nur falsch machen. So wie sich rund um die Periode jahrhundertelang Mythen rank(t)en, ist es auch mit der Menopause, die im Lauf der Geschichte von Männern immer wieder als

Krankheit klassifiziert wurde. Wie zum Beispiel vom Arzt Edward Tilt im Jahr 1857, der dem Klimakterium ein ganzes Buch widmete. Er glaubte, dass dies eine Zeit von abnormalen krankhaften Vorgängen sei. Die Gebärmutter sei – laut Tilt – „das Zentrum der mentalen Pathologie". Im viktorianischen Zeitalter wurde das Wort Hysterie mit der Menopause in Verbindung gebracht. Damals ein Schlagwort, welches zu großem Leid von Frauen führte. Im 19. und frühen 20. Jahrhundert führte der Mythos „weibliche Hysterie" zu Einweisungen von Frauen in Irrenhäuser, nur weil sie während ihrer Menopause bestimmte normale Symptome aufwiesen. („Hysterie" ist übrigens altgriechisch und bedeutet im Deutschen freundlicherweise „Gebärmutter".) Dort wurden sie mit Elektroschocks und Eisbädern „behandelt" und in vielen Fällen wurden ihnen mit lebensgefährlichen Operationen die Eierstöcke entfernt. 1895 beschreibt Alexander Skene in *Medical Gynecology* die Menopause als den Tod der Frau in der Frau.[14] Wie reizend ...

Nun saß ich also in der Praxis des Gynäkologen meines Vertrauens und schilderte ihm meine Symptome, meine 1 000 Fragen, meine Unsicherheiten. Seine Antwort: „Nun, da können Sie nichts machen. Das ist die Menopause." *Oh, vielen Dank für den wertvollen Hinweis, da wäre ich selbst nicht draufgekommen!*

Wo man früher als Frau Gefahr lief, in eine Irrenanstalt eingeliefert zu werden, erntet man heute Gleichgültigkeit und Informationsmangel. Mein Gynäkologe entließ mich mit einem festen Händedruck und einem „Das wird schon!".

So viel Empathie! Ich beschloss, mir einen neuen, herzlichen, kompetenten Frauenarzt zu suchen. Heutzutage verlässt man sich nicht mehr aufs Telefonbuch (Hallo 1987!), sondern man besucht eine Bewertungsplattform für Ärzte im Internet und sucht nach dem Arzt mit den meisten Sternchen. Ich fühlte mich clever und war sehr überrascht, dass ich beim besten Sternchenarzt der Stadt sofort einen Termin bekam. Das hätte mich stutzig machen müssen. Tat es aber nicht. Die Praxis besaß keine Homepage. Machte mich auch nicht stutzig. Sie besaß auch keine eigenen Parkplätze und befand sich in einem hundsmiserablen Zustand. Ich redete mir ein, dass der Sternchenarzt seine ganze Energie den Patientinnen widme statt seiner Einrichtung. Die chaotischsten Künstler schaffen schließlich auch die größten Werke! Einen Hormontest später saß ich zur Besprechung vor dem Sternchenarzt in seinem düsteren Zimmer. Er nuschelte etwas, das ich nicht verstand. „Wie bitte?" „Dieser Wert besagt, dass Sie bereits durch die Wechseljahre sind!" Aha. Cool. „Denken Sie über eine Hormonersatztherapie nach?" Ich muss sehr verwirrt ausgesehen haben. Woher soll ich wissen, was ich jetzt machen soll? Muss ich überhaupt etwas machen? Mir geht es ganz gut, bis auf Schlafstörungen. Während ich noch verkrampft nachdachte, schwang sich der Sternchenarzt in seinem Bürostuhl herum, schnappte sich eine Broschüre, drückte sie mir in die Hand und verabschiedete mich. Mal wieder stand ich verdattert vor den Toren einer weiteren Frauenarztpraxis. Ich blickte auf den Prospekt. „Deutsche Seniorenbetreuung" prangte dort in runden, pastellfarbenen Buchstaben.

Ich hoffe, du hast mehr Glück mit deiner/m Gynäkologin/en und findest eine/n, die/der dir sehr gut zuhört, dich ernst nimmt und mit dir Therapiemöglichkeiten erarbeitet, falls es notwendig ist. Es ist sogar ratsam, sich eine ältere Gynäkologin zu suchen, die aufgrund eigener Erfahrungen mehr Verständnis und Rat für dich hat. Frau müsste genauso umfassend über die Menopause aufgeklärt und darauf vorbereitet werden, wie junge Mädchen auf ihre erste

Periode. Aber wen ich auch frage, es herrscht überall ein erschreckender Mangel an Wissen und Interesse.

Die Wechseljahre bringen – wie auch die erste Periode – einen Identitätswandel mit sich. Wenn die Menstruation einsetzt, wird ein Kind zur Frau. Aber was werden wir denn „im Wechsel", wenn sich die Periode wieder verabschiedet hat? Müssen wir Angst haben vor dem Alter? Was machen die Wechseljahre mit unserem Selbstwert? Die Menopause läuft bei jeder Frau sehr unterschiedlich ab, aber eines haben wir alle gemeinsam: Der Wechsel ist eine Chance für uns Frauen, zu unserem authentischen Selbst zu finden und unser Leben ganz neu anzupacken. Wenn du Kinder hast, dann kommt der Wechsel meist dann, wenn sie bereits größer oder schon aus dem Haus sind. Neue Freiräume tun sich auf, die gestaltet werden dürfen.

Die Wechseljahre sind die Wehen, die uns in ein anderes Leben führen können, die etwas Neues in uns hervorbringen:

- Wenn dein Glaubensleben dir von anderen aufdiktiert wurde, ist es jetzt an der Zeit, dein ganz eigenes zu finden.
- Du bist nicht mehr so stark gebunden an einen festgeschriebenen Rhythmus, sondern kannst neue Pläne schmieden und dir überlegen, ob du deinem Leben eine ganz neue Richtung verpassen möchtest und, wenn ja, wie das aussehen könnte?
- Wenn du plötzlich viel weinen musst oder Wut empfindest, dann unterdrücke diese Emotionen auf keinen Fall, sondern spüre ihnen nach. Vielleicht muss etwas aus deiner Vergangenheit (oder der Vergangenheit deiner Vorfahren) noch mal ordentlich betrauert werden. Vorsicht: Für manche kann dies zu einer ganz großen Baustelle werden, wenn sich eine

transgenerationale Weitergabe von Traumata auftut. Dann ist eine Therapie bei einer Fachperson unbedingt ratsam, die dir bei der Aufarbeitung hilft.

- Jetzt ist die Chance, die „nette Frau", die du immer warst, zu Grabe zu tragen und deinen verborgenen Seiten eine Stimme zu geben. (Mehr zum Thema „nette Frauen" im nächsten Kapitel.)
- Entdecke deinen Platz in der Welt neu, denn dein Gebiet erweitert sich. Du kannst Einfluss nehmen wie nie zuvor.

Dein Leben mit der Menopause ist nicht das Ende, sondern der Anfang von einer neuen aufregenden Reise. Denn oft ist es die Zeit, in der wir unsere ureigene Authentizität zurückgewinnen, die uns in Kinderjahren zu eigen war und uns in den Erwachsenenjahren vielleicht teilweise oder ganz abhandengekommen ist.

Älterwerden ist kein grausames Schicksal, sondern Gnade. Menopause ist keine Krankheit, sondern ein Übergang, für den wir uns die beste Hilfe suchen dürfen, die wir bekommen können. Und, liebe Ladies, die ihr die Menopause schon hinter euch habt: Bitte sprecht darüber. Teilt eure Weisheit mit uns Unwissenden! Steht uns zur Seite. Wir brauchen euch! Andernfalls sind wir auf Gynäkologen angewiesen, die uns mitleidvoll die Hand drücken und uns ins Seniorenheim schicken wollen.

Das Alter rocken

In einer Woche werde ich 46. Zeit für einen radikalen Schnitt. Beim Friseur. Ich trage eine lange Mähne seit ich 18 bin. Seit dem Corona-Lockdown ließ ich sie noch mehr wuchern als sonst, und jetzt trage ich meine Haare nur noch als Mutti-Palme auf dem Kopf. Ich sehe damit aber nicht aus wie eine junge, hippe Berliner Bloggerin, sondern eher wie das Fräulein Knüppelkuh aus dem Film „Matilda". Da mir mein letzter Friseur gegen meinen ausdrücklichen Wunsch Blocksträhnen verpasste, mit denen ich einem verunglückten Stinktier glich, teste ich heute einen neuen Frisörsalon. Mit Frisören ist es wie mit Frauenärzten. Immer gerate ich an die falschen.

Aber diesmal passiert das Wunder! Ich habe mir einen alten Frisörmeister empfehlen lassen, der mich empfängt, als sei ich die Queen von England persönlich. Ich bin vernarrt in Männer der guten altmodischen Schule, die eine Mischung aus Gentleman und Komiker sind. „Ich hätte vielleicht gerne einen Bob?", antworte ich verunsichert auf seine Frage, welche Frisur ich mir denn wünsche. „Aber nein, meine liebe Frau Smoor, das passt nicht zu Ihnen. Sie brauchen etwas Kühneres. Sie sind doch noch nicht so alt!" Will er mir schmeicheln? Ich teste ihn: „Aber ich werde nächste Woche schon 46, so jung bin ich nicht mehr." „Was? Das hätte ich jetzt nicht gedacht. Ich habe sie auf Ende 30 geschätzt." Und ruckzuck erkläre ich ihn zum Frisör meines Herzens, dem ich ab jetzt die Treue halten werde und wenn er mir noch von seinem Sterbebett aus die Haare schneiden muss. Nicht nur wegen seiner absolut richtigen Einschätzung meines „jugendlichen Erscheinungsbildes", sondern auch, weil er mir einen völlig neuen Kopf verpasst, der mich verzückt.

Um die 30 herum passiert es. Wir wollen jünger geschätzt werden als wir sind und dafür tun wir alles, *alles!* Denn eine Frau über 40, der man ihr Alter ansieht, ist ein Skandal. Hätte der Herzensfrisör mein Alter richtig geschätzt, hätte mich das echt verletzt.

Wir benehmen uns, als sei eine Zahl ein Stigma, eine unheilbare Krankheit, die wir von uns wegschieben, bis sie uns schließlich doch einholt. Eine Frau muss sich gegen Falten und graue Haare wehren, denn sie sind die ersten Vorboten des „Verfalls". So vermitteln uns Werbung, Gesellschaft und Kultur mit ihrer Altersfeindlichkeit eine bittere Medizin, die wir wie kranke Patienten brav schlucken und nicht spüren, wie das Gift uns immun macht gegen die gelassene Akzeptanz unseres ganz eigenen Alterungsprozesses. Ich kenne kaum eine Frau über 40, die sich ihre grauen Haare nicht färbt.

Ich erspähte bereits mit zarten 13 Jahren erste Fältchen unter meinen Augen und schmiss in den folgenden Jahren der Beautyindustrie Hunderte Euro in den Rachen mit dem Ergebnis, dass sich die Fältchen einen Dreck darum kümmerten, mit was ich sie eincremte. Sie gehörten genetisch zu mir. Wir haben solche Angst vor den Flecken der „weiblichen Hässlichkeit", dass wir nicht früh genug beginnen können, diese zu bekämpfen. In den Magazinen strahlten mir Frauenportraits entgegen, deren Haut so glatt wie ein Babypopo war. Diese Frauen besaßen weder Poren noch Härchen und Fältchen, weil man sie ihnen wegretuschiert hatte. In meinem Spiegel sah ich mein Gesicht mit seinen Rötungen und Falten und Pickelchen und Punkten. Und ich war überzeugt: Etwas ist grundverkehrt an mir. Wenn ich doch nur das Geld hätte für diese *Clarins*-Creme oder jenes Anti-Aging-Serum von *Lancôme*, dann wären alle meine Probleme gelöst! *Alle!*

Ladies, im Grunde unseres Herzens wissen wir doch alle, dass Anti-Aging-Kosmetik gequirlter Mist ist, der nur unsere Geldbeutel leert, aber uns nicht magisch verjüngt. Aber laut Stiftung Warentest glauben immer noch 50% der Frauen, dass Anti-Aging-Kosmetik tatsächlich wirkt. Die Stiftung testete 9 Anti-Aging-Cremes und alle fielen mit mangelhaft durch. Nach einer Testphase konnte bei keiner Testerin eine *Linderung* der Falten festgestellt werden. (Man sprach tatsächlich im Testergebnis von Linderung – wie bei einer Krankheit!)

Das ganze *Anti Aging-* und Kosmetik-Gedöns ist eine große Marketing-Strategie der Beauty-Konzerne, die nicht wirklich an unserer Hautverbesserung interessiert sind, sondern nur an unserem Geld. Ja, auch wenn sie sich neuerdings ganz ethisch korrekt und pflanzlich und vegan geben. Auch diese Firmen sind letztlich am Umsatz interessiert. Deshalb verschüchtern sie uns gezielt damit, ihren Wirkstoffen pseudowissenschaftliche Namen zu geben. Gott bewahre, wir Frauen würden sie verstehen! Diese beabsichtigte Verunsicherung verhindert, dass wir die Wirkstoffe hinterfragen. Das ist simples, frauenfeindliches Marketing-1x1: Hyaluron, Coenzym Q10, Tocopherol, Matrikine-Komplex, Squalane, Soja Peptide, Pro-Xylan, usw.

Je teurer eine Kosmetik ist, desto wirksamer ist sie. Auch dieser hartnäckige Irrglaube wabert durch die Gänge der Drogeriemärkte und Hochglanzkataloge. Also greifen wir tief in unseren Geldbeutel – manchmal so tief, dass es richtig wehtut. Aber wer schön sein will, muss leiden. Das wussten schon unsere Mütter und Großmütter.

Versteht mich nicht falsch. Es spricht überhaupt nichts gegen eine vernünftige Haut- und Körperpflege, die wir aus Liebe zu uns selbst praktizieren. Aber es ist doch meistens gezielt gesäte Unzufriedenheit mit sich selbst, die die Produkte an die Frau bringt. Die neueste „Medizin", die unserem Leiden endlich ein Ende machen soll!

Wie wäre es, wenn wir einfach nicht mehr mitmachen? Einfach aussteigen? Und stattdessen radikale Selbstliebe üben? Entziehen wir uns diesem Multimilliarden-Zirkus. Du kannst dir Kosmetik selbst machen, die einen Bruchteil dessen kostet, was uns die großen Firmen abknöpfen wollen. Und sie ist schneller hergestellt, als du „antioxidativer Zistrosenextrakt" aussprechen kannst. Ich selbst musste ein bisschen experimentieren, um herauszufinden, was für meinen Hauttyp geeignet ist. (Ich verrate dir mein Lieblingsrezept am Ende dieses Kapitels!) Oder du machst es wie meine Mutter, die selbst mit 80 noch aussieht wie das blühende Leben (aber das liegt vermutlich an ihrer positiven Lebenseinstellung und den Genen, weniger an der Kosmetik): Bleibe einer Marke treu, die deine Haut gut verträgt. Im Fall meiner Mutter war und ist das eine blaue Dose.

Rein soziologisch betrachtet altern Männer und Frauen unterschiedlich. Männern darf man ihr Alter ansehen (natürlich auch nur in einem „erlaubten" Rahmen), Frauen hingegen werden unsichtbar. Die amerikanische Publizistin Susan Sontag schrieb vor 40 Jahren in einem Aufsatz, der heute noch immer aktuell ist: „Älterwerden ist hauptsächlich die Qual der eigenen Einbildung – eine moralische Krankheit, eine soziale Pathologie, die die Frauen stärker betrifft als die Männer."[15] Sie nennt es die „Doppelmoral des Alterns". Um sich selbst zu befreien, fordert sie, dass wir Frauen den Konventionen nicht mehr gehorchen.

Nicht nur Susan Sontag hat einiges zum Altern zu sagen, sondern auch die Bibel. (Das hätte sie sich auch nicht träumen lassen, die gute Susan, dass sie einmal in einem Atemzug mit der Bibel erwähnt wird!) Die Bibel ist wie eine Kameradrohne. Sie nimmt uns mit nach oben, dort, wo Himmel und Horizont ganz weit werden, und dann zeigt sie uns eine neue Perspektive auf unser kleines Leben.

- Dem Alter wird ein Ehrenplatz eingeräumt: *„Weißes Haar ist ein ehrenvoller Schmuck; denn langes Leben ist der Lohn für Menschen, die Gott die Treue halten."* (Sprüche 16, 31)
- Die Bibel macht uns die Kürze unseres Lebens bewusst. Wie ein unsichtbares Staubkorn liegt es auf der Messlatte des Erdalters: *„Du wischst die Menschen fort wie ein Traum, der am Morgen verschwindet, wie Gras, das in der Frühe wächst."* (Psalm 90, 5)
- Wir erkennen die Sinnlosigkeit aller Bemühungen, uns gegen das Altern zu stemmen: *„Kein Einziger von euch kann durch seine ständigen Sorgen und sein Grübeln auch nur eine einzige Sekunde zu seiner Lebenszeit hinzufügen."* (Matthäus 6, 27)
- Wir sind keine Zufallsprodukte der Evolution: *„Ja, Gott hat diese ganze Welt so in seiner Liebe umfasst, dass er seinen Sohn, der sein Ein und Alles war, hingab."* (Johannes 3, 16)

Gott ist total *Pro-Aging*. Was für ein progressiver, angesagter Gott! Wenn wir ihm und seinen Worten Glauben schenken, dann müssen wir nicht mehr den Konventionen der Gesellschaft gehorchen. Dann können wir das Ding mit dem Altern – damit meine ich den soziologischen Prozess und nicht den medizinischen – auf den Müllhaufen der Lügen werfen, zusammen mit Antifaltencremes, Diätpillen und Filter-Apps.

Im Altern entdecken wir zutiefst Schönes. Wir wachsen hinein in die Person, die wir schon immer waren und die wir sein wollen. Wir wachsen hinein in unsere eigene Haut, die Runzeln und Poren haben darf. Ein gelebtes Gesicht erzählt *tausend* Geschichten. Ein behandeltes Gesicht erzählt *eine* Geschichte.

Wie fangen wir an, eine neue Geschichte des Alterns zu erzählen? Wir brauchen zunächst einmal euch, ihr wunderbaren Frauen jenseits der 40 und 50 und 60. Ich spüre eine schmerzhafte Abwesenheit älterer Frauen in der Welt der Medien, in der Musik, im Film, in der Literatur. Bis sich das grundlegend ändert, brauchen wir euch ganz besonders. Als *Pro-Aging*-Aktivistinnen, die den jüngeren Frauen den Weg ebnen.

Wie wir *Pro-Aging*-Aktivistinnen werden können?

1. Wir ändern unsere Sprache.

   Bitte hören wir auf, das Wort „alt" negativ zu besetzen. Nennen wir ohne Scham unser wahres Alter. Streichen wir Worte und Phrasen wie Anti-Aging, Verjüngungskur, alterslos, vorschnell altern, „du hast dich aber gut gehalten!" usw. aus unserem Wortschatz. Sie suggerieren uns Angst gegenüber dem Altern.

2. Wir zeigen uns.

   Du bist über 50 und hast Bock, deinen alten Minirock anzuziehen? Nur zu. Du lässt dir gerade deine künstliche Haarfarbe rauswachsen und die grauen Strähnen werden sichtbar? Mach ein paar Selfies und stell sie ins Netz. Du möchtest nach Jahren mal wieder das Tanzbein schwingen? Geh in einen Club und kümmere dich nicht um die anderen. Du bist 70 und hast Freude an schrillen Ohrringen? Der Schmuckladen um die Ecke erwartet dich. Du möchtest dich wieder mehr bewegen? Melde dich im Fitnessstudio an und zeig den jungen Kerlen, dass auch eine 56-Jährige durchaus dreißig Minuten auf dem Crosstrainer ohne Herzinfarkt durchhalten kann. Glaube nicht irgendwelchen Typberatungen, die dir einreden, dass man ab 45 Kurzhaarfrisuren tragen sollte. Du liebst deine langen Haare? Lass sie dran. Du wolltest schon immer einen raspelkurzen Strubbelkopf statt gemeindetauglichem Dutt? Dann trau dich endlich!

3. Wir erlauben uns zu sein, wie wir sind.

Medien bombardieren uns mit toxischen Botschaften: *Wie man 46 und trotzdem sexy sein kann! Wie man mit 46 wie 36 aussehen kann! Sei dein bestes Selbst mit 46!* Aaaah! Wann erlaubt mir unsere Gesellschaft, dass ich einfach eine 46-jährige Frau mit Fältchen, grauen Haaren und Bauchansatz sein darf, so wie es die Natur für mich vorgesehen hat? Wisst ihr was? Ich erlaube es mir einfach selbst. Weil ich mein eigener Boss bin. Niemand anderes. Schon gar nicht irgendwelche blutjungen Influencerinnen, die noch keine Babys durch ihre zarte Vagina gepresst haben.

4. Wir schämen uns nicht.

Wenn wir nach unserem Alter gefragt werden, antworten wir ohne Zögern und Zaudern mit normaler Stimme. Wir feiern unsere Geburtstage mit Pauken und Trompeten. Wir motten unsere Sexualität nicht ein, nur weil wir 40, 50 oder 75 geworden sind. Wir sprechen offen über die Herausforderungen des Alterns.

5. Wir sind gelebte Dankbarkeit.

Die schönsten älteren Frauen sind die, die dankbar sind. Das hat nichts mit Äußerlichkeiten zu tun, obwohl sich meiner Beobachtung nach Dankbarkeit sogar im Aussehen niederschlägt. Ja, das Leben wirft uns einige Stöcke und Prügel zwischen die Beine, und wir kommen nicht ohne Blessuren davon. Wir werden immer wieder – manchmal Tag für Tag – vor die Wahl gestellt, ob wir verbittern wollen oder uns dagegenstemmen und die Dankbarkeit wählen. Ja, man kann dankbar sein, ohne die Augen vor den Schwierigkeiten des eigenen Lebens und den Ungerechtigkeiten der Welt zu verschließen. Das eine schließt das andere nicht aus. Dankbarkeit wurzelt in unserem Geliebtsein von einem Gott, der Seite an Seite mit uns arbeiten und wirken möchte und dem es herzlich egal ist, ob du dabei Falten, Krähenfüße, graue Haare oder alles zusammen hast. (Übrigens sind dankbare und in sich ruhende Seniorinnen oft die, die besonders harte Zeiten hinter sich haben. Und deren harte Zeiten würden wir verweichlichten Generation X-ler, Millenials und Generation Z-ler wahrscheinlich nur fünf Minuten aushalten, bevor wir zu einem Häufchen jammernden Elends zerbröselten.) Dankbarkeit muss zu unserer Disziplin werden – eine, die wir täglich einüben, wie genug Wasser zu trinken.

Wir können nur dann in unsere eigene Haut hineinwachsen, wenn wir das Älterwerden annehmen und uns nicht dagegenstemmen, wie gegen eine Krankheit, die wir hinauszögern können. Irgendwann holt es uns sowieso ein, und dann ist der Scham-Schock nur umso größer. Manchmal müssen wir uns diese Akzeptanz jede Woche oder jeden Geburtstag neu erkämpfen, uns neu dazu entschließen, dass wir *Pro-Aging* sind. Das bleibt nicht aus.

Am Ende ist es doch nur die demütige Einsicht, dass unser Leben kurz ist. Zu kurz, um es mit Sorgen, überteuerten Anti-Aging-Cremes und Stress um unser Aussehen zu füllen. Lasst uns lieber unsere 40 und 50 und 60 und 70 rocken und daraus eine Kraft entwickeln, die ein Segen ist für unser Umfeld.

Okay, jetzt wird es Zeit für das unspektakuläre Geheimnis meiner Gesichtspflege. Ich habe schon immer – ohne, dass daran irgendeine noch so hochpreisige Tinktur etwas rütteln konnte – eine fettige, zu Pickeln neigende Haut. Intuitiv verwendete ich harsche Produkte, um meiner Haut Fett zu entziehen, was dazu führte, dass sie völlig unbeeindruckt von meinen stümperhaften Kosmetikversuchen noch mehr Fett produzierte. Bis ich lernte, dass ein paar Tropfen Öl genau diesem Effekt entgegenwirken. Seither benutze ich mein Gesichtsöl morgens und abends. Ganz ehrlich? Ich glaube, es ist für fast jeden Hauttyp geeignet. Probiere es einfach aus. Es spart dir übrigens unter dem Strich bares Geld. Ich habe mir zwei große Flaschen Jojoba- und Arganöl gekauft und diese reichen für ca. 1 ½ bis 2 Jahre. Du kannst tatsächlich die meiste Kosmetik günstig selbst herstellen und es ist sehr befriedigend zu wissen, was du dir genau auf deine Haut schmierst.

Du brauchst:

2 EL Jojoba-Öl • 2 EL Argan-Öl • nach Belieben 2–3 Tropfen ätherisches Lavendelöl

(Lavendel hilft übrigens bei unreiner Haut. Du findest ätherisches Lavendelöl günstig im Netz oder im Reformhaus – es muss wirklich nicht eines der überteuerten Produkte von Network-Marketing-Unternehmen sein!)

Alles in eine dunkle kleine Glasflasche füllen. Vorsichtig schütteln.

Anwendung: ein paar Tropfen auf die Handfläche geben, verreiben und in deine Gesichtshaut einmassieren.

Haftungsausschluss: Deine Haut wird trotzdem älter und sie wird manchmal Pickel bekommen und ihr ganz eigenes Ding machen.

GEIST

„Frauen haben der Kirche mehr zu bieten
als großartige Dekokünste und Bastelabende."
(Sarah Bessey)

Neue Aufbrüche

In jungen Jahren suchst du nach deinem Platz in dieser Welt, und
wenn du richtig viel Glück hast, findest du eine Person, die dir dabei hilft. Vielleicht hat Gott dabei seine Hand im Spiel? Wer weiß?
Es gibt Begegnungen, die lassen einen anders zurück, wecken eine
neue Sehnsucht, aber vor allem Hoffnung. Hoffnung, dass dieses eine Leben doch noch gut werden kann. Hoffnung, dass die
Einsamkeit einen doch nicht auffrisst. Diese Hoffnung kam zu mir
in Form einer jungen Frau, die mich hartnäckig liebte zu einer Zeit,
in der ich nicht wusste, wer ich war und wohin ich wollte und ob
überhaupt irgendetwas an mir liebenswert wäre.

Manchmal kam sie an meiner Arbeitsstelle vorbei, einem Do-
nut-Laden im Einkaufszentrum, wo ich – von künstlichem Licht
bestrahlt – Stunden um Stunden fettiges Gebäck mit Zuckerguss

herstellte und verkaufte. Sie blieb eine Weile, bestellte Kaffee und stellte mir Fragen. Wir redeten. Ich schenkte ihr Donuts. Jesus strahlte ihr aus dem Gesicht, aber sie war von keinem Bekehrungszwang beseelt. Keine heimliche Agenda, keine durchschaubare „Freundschaftsevangelisation". Sie lebte, was sie glaubte. Und ich konnte mich in ihrer Gegenwart entspannen. Sie war einer der seltenen Menschen, bei denen man zu Hause sein konnte.

Sie lud mich zu sich ein. In ihrer Landhausküche tranken wir billigen Tüten-Cappuccino und manchmal blieb ich länger und dann wurde aus dem Kaffeegetränk Wein.

Heute sind wir nicht mehr befreundet, sie brach irgendwann alle Brücken radikal hinter sich ab. Aber dieser kurze Zeitraum, in dem wir uns nahe waren und gemeinsam in den Urlaub fuhren, ich mit ihren Kindern spielte und mich durch ihre gelebte Liebe Jesus wieder nähern konnte, diese besondere Phase, in der sie eine Gemeinschaft aufbaute und meine Einsamkeit leise durch die Hintertür verschwand, war eine helle Zeit in meinem Leben.

Ich war nicht neu in der christlichen Subkultur, war sie mir doch seltsam vertraut von früher. Aus der Zeit, bevor ich mir – Möchtegern-Rebellin, die ich bin – die Nase piercen und mich tätowieren ließ und halb verloren, halb beglückt durch das Leben trudelte. Ungebunden, einsam, suchend, haltlos und abenteuerdurstig. Nun dockte ich an meinen alten Glauben wieder an – zunächst zögerlich und ängstlich – und fühlte mich ganz und gar wie ein Baby, das getragen und genährt und verwöhnt wurde.

Meine neuen Christenfreunde gaben mir eine Vorstellung davon, wie frei ich sein könnte, und sie sahen in mir ein Potenzial, von dem ich selbst nicht wusste, dass ich es besaß. „Schreib!", sagten sie. Und: „Leite!" Und dann nahmen sie mich lange in den Arm.

Wie betrunken war ich vor Glück, als ich herausfand, dass dieses Christenleben nicht eine gebückte Unterwürfigkeit sein muss. Ich folgte Jesus nach, ganz neu und anders als früher. Die Farben waren leuchtender. Ich sah die Welt in einem neuen, klaren Licht. Ich lachte über die Sterne am Nachthimmel und schwamm in wilden Seen, trank zu viel Bier und betete begeistert mit anderen jungen Leuten. Und ich fand eine Arbeit, die deutlich besser zu mir passte als das Verkaufen von Donuts. Wenn ich dieser Zeit einen Namen geben sollte, dann wäre es *Heilung*.

Ich schrieb ein Heft nach dem anderen voll. Manchmal leitete ich einen Hauskreisabend. Einen der vielen, an denen sich zwanzig junge Leute und mehr in das Wohnzimmer meiner Freundin quetschten. Wir sangen und redeten bis in die Morgenstunden. Das war endlich das Happy End, das ich mir immer gewünscht hatte. Dabei war es aber erst der Anfang.

Der Makel der Ursünde

Manchmal besuchten meine Freundin und ich Gottesdienste. Unsere Umgebung bot keine vielfältige Gemeindelandschaft. Wir hatten die Wahl zwischen Landeskirche und Super-Charismatikern. Wir testeten Letztere. Nur leider ist expressive Emotionalität gar nicht mein Ding, und so war es kein Wunder, dass ich mich von der ersten Minute an in dem kleinen Gottesdienstraum voller umfallender, fahnenschwenkender und zungenbetender Menschen unbehaglich fühlte und mein Magen sich verknotete, als nach einer halben Stunde der Lobpreis immer noch kein Ende fand und wir gefangen waren in den Endlosschleifen charismatischen Liedguts.

Diese Menschen waren ganz wunderbar und brauchten diese Art der Spiritualität, ich allerdings nicht. Ein anderes Mal fanden wir uns in einem engen Raum neben einer Bowlingbahn wieder. Eine kleine schwarze US-amerikanische Gemeinde von Armee-Angehörigen traf sich dort jeden Sonntagvormittag. Die Frauen hatten ihre Militäruniformen eingetauscht gegen prächtige Hüte und apricotfarbene Sonntagskostüme aus Polyester und die Männer gegen Anzüge und weiße Hemden. Alle hatten eine abgenutzte Bibel in der Hand, die sie in der Luft schwenkten, wann immer der Pastor „Amen!" rief. Und er rief sehr, sehr oft „Amen!". Er predigte über Eva und Frauen, und ich erwartete eine wertschätzende, ermutigende Stunde. Stattdessen brachte ich irritiert in Erfahrung, dass wir Frauen das Einfallstor der Sünde sind, anfälliger für das Böse als Männer – dank Evas dummen Leichtsinns im Paradies. Ich sah mich um, hoffte, dass sich im Gesicht der apricotbewandeten Militär-Frauen Widerspruch regte. Sie nickten jedoch zustimmend und riefen in eifriger Bußfertigkeit weitere „Amens!". *„Frauen, ihr seid das anfällige Glied in eurer Familie. Bleibt wachsam und tut Buße! Reißt eure Familie nicht wegen Evas Sünde in den Abgrund!"*, ohrfeigte der Pastor den weiblichen Teil seiner Gemeinde und diese klaubten die giftigen Worte auf und schluckten sie wie Delikatessen hinunter.

Ich wusste noch nicht viel. Deshalb brauchte ich jetzt dringend Rat und fragte meine Freundin, der ich sehr viel theologisches Wissen zutraute, ob sie dieser Aussage zustimme. Sie neigte den Kopf nach links und nach rechts. Und dann meinte sie: „Ja, da ist schon was dran." Ihre Antwort lag wie ein Strauß Disteln in meinem Arm und ich wusste nicht so recht, wohin damit. Je dorniger der Weg, umso erlösender die Erlösung? Auf meiner Zunge lag Widerspruch, den ich aber nicht formulieren konnte. Diese spezielle Auslegung des Wortes Gottes rumorte in meinem Bauch. Aber was, wenn Gott wirklich so über uns Frauen denkt? Ich muss ihm ja gehorsamer sein als den Menschen! (Hätte ich nur mal auf mein Bauchgefühl gehört – dort regt sich nämlich ganz schön oft der Heilige Geist, diese großartige Rebellin. Im Rückblick erkenne ich: Ich war einer frauenfeindlichen Bibelauslegung begegnet. Nicht Gott).

Damals war ich Teil eines Glaubenssystems, das die Bibel wortwörtlich auslegte. (Natürlich auch nur die wirklich relevanten Stellen, die das ganze System am Leben hielten. Meistens hatten sie etwas mit Sexualität zu tun.) So manche Unrechtssysteme in christlich geprägten Ländern wurden und werden mit unverhältnismäßigen und missverstandenen Bibelauslegungen gestützt. So auch frauenfeindliche Gemeindestrukturen wie die, in die ich an jenem Sonntag damals hineingestolpert war.

Zum ersten Mal wurde ich dort mit der Gender-Rangfolge im christlichen Setting konfrontiert. Erst der Mann, dann die Frau. Der Mann spiegelt die göttliche Norm wider. Die Frau ist degradiert zur Helferin, die sich bitteschön zurückhalten sollte, denn ihr haftet der Makel der Ursünde an. Ihre Person und Sexualität müssen an die Kandare genommen werden. Dieses uralte Frauenbild, das über Generationen unendlich viel Leid verursacht hat – denken wir nur an die ca. 50 000 hingerichteten Frauen im Zuge der Hexenprozesse – durchtränkt die Theologie mancher konservativen Gemeinden bis heute. Mit einer gewissen Auslegung der Bibel werden solche Systeme bis heute aufrechterhalten, und jede Anfrage an diese scheinbar gottgewollte Rangordnung wird als Rebellion gegen Gott verstanden, was mir zuweilen auch schon vorgeworfen wurde.

161

Als junge Christin konnte ich strukturelle Ungerechtigkeiten noch nicht durchschauen. Meine Freundin und ich hörten auf, nach einer Gemeinde zu suchen und führten unsere kleine, wachsende, wilde, suchende Hausgemeinschaft weiter. Mit tausend Fragezeichen im Herzen ging ich meinen Weg. Und der führte mich nach einiger Zeit an eine neue Arbeitsstelle. Weit weg von meiner Familie, von meiner unkonventionellen Gemeinschaft und von meiner Freundin.

Eine fremde Kultur

Ich hatte einen Job bei einem christlichen Arbeitgeber gefunden. Denn ich brannte inzwischen so sehr für meinen Glauben und für Gott, dass ich *alles für den Herrn tun* wollte! Mein ganzes Leben, auch mein Arbeitsleben, sollte ihn ehren. Aber als Erstes wurde mir an der neuen Arbeitsstelle ein Besen in die Hand gedrückt: „S'isch Kehrwoch!" Ich wohnte neuerdings im Epizentrum des schwäbischen Pietismus. Dem Piet-Kong.

Der Kongo, Französisch-Guyana oder Myanmar hätten mir nicht fremder sein können als dieser Landstrich im Südwesten Deutschlands. Ich verstand die Sprache ebenso schlecht wie die Einheimischen meinen Humor. Die Mentalität war mir fremd. Vielleicht lag das auch an der Besonderheit meines neuen russlanddeutsch-baptistisch-geprägten Arbeitsumfeldes. In meiner Naivität dachte ich bis dahin: *Hey, wir Christen sind alle gleich! Wir unterscheiden uns nur dadurch, dass die einen die Hände beim Lobpreis gen Himmel heben und die anderen nicht.* Wie falsch ich lag! Die Fallstricke und Besonderheiten russlanddeutscher christlicher Tradition lernte ich innerhalb von vier Jahren gut kennen – sie waren ein gewaltiger religiöser Kulturschock, der nur durch regelmäßige Verabreichung von Napoleon-Torte (einer sehr beliebten russischen Spezialität) gemildert werden konnte. Ich verliebte mich in die Frauen dort – wie hätte man sie nicht lieben können? –, aber ich roch die Strenge und Gesetzlichkeit, die durch die Büroräume waberten.

Die Büros, in denen alle Entscheidungen getroffen und aus denen die Anordnungen hinausgetragen wurden, waren ausschließlich von Männern besetzt. Die Frauen erledigten den Rest. Es wäre an sich ja nicht so skandalös gewesen – in wie vielen „weltlichen" Firmen finden wir ähnliche Hierarchien? –, aber hier spürte ich eine traditionelle, „biblische" Rangordnung von Mann und Frau, die sich wie ein öliger Film auf die Atmosphäre legte. Wenn einer der mächtigen Männer sprach, war sein Wort Gesetz. Keine Frau hätte gewagt, die Entscheidung oder Meinung eines Mannes anzugreifen oder auch nur infrage zu stellen. Es gab nur ein oder zwei Männer, in deren Gegenwart ich mich tatsächlich gleichwertig und entspannt fühlte, aber das waren Personen, die mit dieser Rangordnung auch nicht einverstanden waren. Ich war so eingeschüchtert durch diese festgemauerte Atmosphäre, dass ich die ersten Wochen kaum den Mund auftat, obwohl ich eigentlich zu der Sorte Mensch mit lautem Mundwerk gehöre. Morgens mussten wir punkt acht Uhr zur Morgenandacht anwesend sein. Das war für mich eine Angelegenheit von so großer Pein, dass ich es kaum aushielt und mich jedes Mal über einen Stau auf dem Arbeitsweg freute, der mich von der Anwesenheit erlöste. Stumm und steif saßen wir im Kreis. Hinter uns standen Bücherregale voller wichtiger, dunkler Bücher, geschrieben von gewichtigen alten Männern. Die Bücher drückten in meinen Rücken. Dann mussten wir Lieder singen, die zusammen mit den stummen Büchern noch mehr drückten und mahnten.

Wenn man in einer fremden Kultur landet, kann Folgendes geschehen: Man versteckt seine inneren Anteile, die nicht in diese Kultur passen und assimiliert sich notgedrungen im Laufe der Zeit. Und genau das ist mir passiert.

An meiner Arbeitsstelle erzählte ich nichts von meinem 30. Geburtstag, den ich mit Freunden ausgelassen in mehreren Kneipen gefeiert hatte. Meine Kollegen ahnten auch nichts davon, dass ich gerne mal die Nächte auf hohen Schuhen durchtanzte, und sie wussten nicht, dass ich ihre Theologie fragwürdig fand. Wenn ich mit einem Kater auf der Arbeit erschien, biss ich mir auf die Zunge, um nichts durchblicken zu lassen. Als ich einmal einen Artikel verfasste, in dem das Wort „tanzen" vorkam, wurde über dieses anstößige Wort im Kreis der Mitarbeiter eine Viertelstunde diskutiert, bis man sich schließlich dafür entschied, „tanzen" aus dem Text zu streichen. Ich ließ das einfach widerstandslos geschehen.

Ich würde mich selbst als ziemlich bunte Person bezeichnen, aber zu diesem Zeitpunkt meines Lebens war ich in einem Schwarz-Weiß-Film gelandet. Das macht christliche Gesetzlichkeit mit uns: Wir beginnen, an uns selbst zu zweifeln, passen uns an, bis wir vergessen haben, wer wir sind, und am Ende das Gefühl haben, als Statisten in einem alten Stummfilm verloren herumzustehen. Die Helden sind immer mächtige Männer. Die vier langen Jahre an dieser Arbeitsstelle saugten mich aus. Ich lachte weniger als sonst, passte mich an, unterdrückte die wilden, ungezähmten, lauten, frechen, rebellischen Anteile in mir. Sie waren in diesem Umfeld „nicht richtig". Doch eine andere Seite in mir verlangte hungrig danach, anerkannt und gemocht zu werden. Sie hasste Konflikte und war eine Meisterin darin, ihnen auszuweichen. Also passte ich mich äußerlich an.

Einige meiner Kollegen waren trotz allem wahre Lichtblicke. Vor allem die Frauen, die mich bemutterten, besonders während meiner Schwangerschaft. Ihnen ist es zu verdanken, dass ich nicht unterging in dieser Zeit. Ich habe sehr viel von ihnen über Treue und Bescheidenheit gelernt – und über versteckten Widerstand.

Will ich eine nette Frau sein?

Ich war im „wohlwollenden Patriarchat" gelandet, wie es die Autorin Cheryl Bridges Johns so treffend ausdrückt. (Wichtig: Was ich erlebt habe, war nur ein Ausschnitt aus der bunten russlanddeutschen Gemeindelandschaft. Es gibt da auch progressivere Strömungen). In solch einer Umgebung werden Mädchen dazu erzogen, nett zu sein. Und die netten Mädchen wachsen zu netten Frauen heran. Die nette Frau ist eine dienende Frau, ja durchaus auch eine reife Frau, die aber nie den Status des Mannes bedrohen würde. Das wohlwollende Patriarchat *baut* auf nette Frauen! Sie sind das Fundament, auf dem Männer aus gewissen Glaubenstraditionen ihre Macht etablieren. Cheryl Bridges Johns beschreibt in ihrem Buch *Seven Transforming Gifts of Menopause*[16] folgende Merkmale des christlichen wohlwollenden Patriarchats:

- Nette Frauen arbeiten im Hintergrund
- Nette Frauen stehen hinter ihren Männern
- Nette Frauen stellen keine unbequemen Fragen, vor allem *nicht* hinsichtlich Geschlechterungerechtigkeit

- Nette Frauen arbeiten hart, sind fromm und abkömmlich
- Nette Frauen bemühen sich darum, möglichst dünn, unsichtbar und still zu sein
- Nette Frauen glauben, dass ihr Wert von den Männern kommt, denen sie dienen
- Nette Frauen ordnen sich der gottgegebenen Leiterschaft unter
- Frauen sind sicherer unter dem Schutz von Männern
- Frauen dienen Gott am besten unter der Leitung von Männern

Darf ich noch meine eigenen Erfahrungen mit dem wohlwollenden christlichen Patriarchat hinzufügen?

- Nette Frauen dienen Gott am besten in ihrer eigenen Welt, also in der Frauen- und Kinderarbeit
- Nette Frauen hinterfragen Männer nicht und gewichten deren Aussagen richtiger als ihre eigenen
- Nette Frauen tragen immer ein Lächeln im Gesicht
- Nette Frauen benutzen niemals Schimpfwörter und achten auf ihren Ton
- Nette Frauen geben nach
- Nette Frauen trinken und rauchen nicht. (Gut, das lässt sich auch auf die Männerwelt ausdehnen, wird dort aber schneller verziehen – einmal musste ich mir anhören, dass doch „nur Huren trinken und rauchen".) Außerdem sind sie immer züchtig angezogen. Und tanzen niemals um drei Uhr nachts auf wummernden Boxen
- Nette Frauen sind selbstverständlich heterosexuell, verheiratet, haben Kinder und dienen Gott, ohne zu klagen

Unser Denken wird geprägt durch die Gesellschaft und die Glaubenskultur, in der wir uns bewegen. Und wenn wir gewarnt wurden, über den Tellerrand unseres Gemeindehorizonts hinauszublicken, wenn uns eingetrichtert wurde, dass die Frauen „in der Welt" so unglücklich werden, weil sie die göttliche Schöpfungsordnung mit deren Rangfolge und klaren Rollenzuweisungen verlassen haben, dann werden wir zu braven, gehorsamen, gleichgeschalteten Wesen. Dann bewegen wir uns in einer sehr engen Gesellschaft, die keinen Platz lässt für Frauen, die anders sind und anders sein wollen. **Das Joch, welches in solchen Gemeinden den Frauen auferlegt wird, hat nichts mit einer gesunden Entwicklung hin zu einem mündigen, eigenverantwortlichen Glauben zu tun, sondern mit Kontrolle. Sagen wir es, wie es ist: Jede Form von Patriarchat, egal ob die Hardcore-Variante oder die wohlwollende, ist letztlich eine Entwürdigung der Frau.**

An meiner Arbeitsstelle hatte ich an manchen Tagen das Gefühl zu ersticken. In mir wuchs Widerstand. Gegen eine Kultur, die aufgrund einer Handvoll durchaus streitbarer Bibelverse eine Geschlechterordnung geschaffen hatte, in der die Frau weniger wert war als der Mann und in der sie eine Rolle aufgedrängt bekam, in die sie sich zu fügen hatte oder – wenn sie dazu nicht bereit war – aus der engen Gemeinschaft entfernt werden musste.

Nun waren diese vier Jahre hochgerechnet auf den Lauf meines Lebens nur eine kleine Bodenwelle, aber sie hat mich gründlich ins Straucheln gebracht und mich über die Rolle der Frau in der christlichen Welt nachdenken lassen. Ich brauchte eine Befreiung aus diesem System. Und die tiefe Gewissheit, dass ich nicht nur ein Abfallprodukt aus Adams Rippe bin, das dazu verdonnert ist, zu schweigen, zu dienen, nett und dezent zu sein.

Von struktureller Ungerechtigkeit

Es mag dir vielleicht noch nicht aufgefallen sein, aber ich bin nicht der Typ, der auf Dauer die Klappe halten kann. Ich bin auch nicht dezent. Und das Dienen ist kein weibliches Monopol, sondern ein Auftrag an die *gesamte* Menschheit – an Männer und Frauen zugleich. Wie würde es in unseren Ehen, in unseren Familien, in unseren Nachbarschaften und Nationen aussehen, wenn wir uns *alle* das Prinzip des Dienens und der Demut auf die Fahnen schreiben würden?

Solange Dienen und Demut aber von Männern den Frauen überlassen wird, werden Machtmissbrauch und Sexualskandale weiterhin wie Unkraut wuchern. Es gibt eben keine typischen Frauenaufgaben, denn „Frauenaufgaben" sind Menschenaufgaben.

Ich bin davon überzeugt: **Solange Frauen der Zugang zu Leitung und Mitsprache schwer gemacht wird, kann sich eine Gemeinde nicht in ihrem ganzen Potenzial entfalten.** Solange Frauen in den Gemeinden nur die Domänen Kaffee kochen, Kinderstunde und Büchertisch (alles ist an sich ganz wunderbar) besetzen, werden viele unbewusst in ihrer Entwicklung ausgebremst. Wie kann denn das Reich Gottes zur Entfaltung kommen, wenn Frauen immer noch zurückgehalten werden?

Ich bin voll und ganz für gabenorientierte Aufgabenverteilung und wenn deine Gabe die Gestaltung von Kinderstunden ist, dann feiere ich das mit dir! Und wenn es deiner Leidenschaft entspricht, Frauenfrühstücke zu organisieren, dann tue das aus vollem Herzen. Wir Frauen brauchen unsere Begegnungsorte, weil wir dort einen geschützten Raum haben, in dem wir uns öffnen können. Aber wenn du dich in einem christlichen Umfeld befindest, in dem die Rollen fest zementiert sind und die Frau immer noch ungefähr einen halben Schritt hinter den Männern herhinken muss, dann braucht es hier ein Erdbeben, damit endlich das Gefüge verrutscht und Frauen die ganze Palette ihrer Gaben einbringen können. Vom Kuchenbacken bis zum Predigen.

Manchmal müssen die Geschlechterrollen gar nicht laut ausgesprochen werden. Wir kennen das alle, oder? Wir kommen in eine Gemeinde, in der die Frauen den Kaffee kochen, den Büchertisch betreuen und sämtliche Veranstaltungen für Kinder wuppen. Die einzige Frau am Mikro ist vielleicht die Sängerin des Lobpreisteams. Gerne jung, hübsch, schüchtern und „anständig" angezogen. Und schon wissen wir instinktiv: Hier bist du als Frau nur richtig, wenn du wirklich guten Kuchen backen kannst und keinen Zweifel daran hast, dass der Mann der Frau übergeordnet ist.

Genauso ging es mir, als ich die vier Jahre bei meinem christlichen Arbeitgeber verbrachte. Die Geschlechterrollen wurden nie laut ausgesprochen. Es war ein stiller Konsens, ausgehend von einem jahrhundertelangen Unrechtssystem, das Frauen zum Teil bis heute in Gemeinden zu Randfiguren degradiert. Und dieses System funktioniert eben nur, wenn ein Geschlecht sich zurücknimmt.

Die Frauenstimme ist nicht nur zum Lobpreis da

Mein Mann und ich lebten nun schon eine Weile im schwäbischen Exil, und wir probierten eine ganze Palette von Integrationsversuchen aus. Dazu gehörte auch das Gemeindeleben. Sonntags fuhren wir mit der S-Bahn in die Stadtmitte zum Gottesdienst in die Gemeinde unserer Wahl. Uns gefiel der Prediger. Er besaß

Selbstironie. Uns gefiel auch vieles, was er sagte. Aber wir blieben Fremde, obwohl ich für meinen Teil Sonntag für Sonntag hinter der Kaffeebar stand. Manchmal verließen wir den Gottesdienst vorzeitig, um beim nahe gelegenen Spanier *Patatas Bravas* und *Gambas al Ajillo* zu essen, und wir fühlten uns fürchterlich schuldig, weil uns Tapas wichtiger waren als der Abschlusslobpreis. Wir fragten uns, ob wir je irgendwann in eine bestimmte Gemeindewelt oder in diese Stadt passen würden. Wir träumten von einer Gemeinschaft, in der alle willkommen waren.

Ich entfernte mich innerlich von der Gemeinde, als ich nach einigen Monaten erfuhr, dass in der Gemeindeleitung und bei den Ältesten keine Frauen zugelassen sind. Das konnte ich kaum fassen, aber ein Blick auf die Homepage bestätigte mir diese Aussage. Hier waren die Ältesten und die Herren der Gemeindeleitung mit ihren Ehefrauen abgebildet. *„Ältester xy mit Ehefrau. Gemeindeleiter xy mit Ehefrau"*. Wie bitte? Sind wir im 18. Jahrhundert gelandet? *Herr von und zu Wichtighausen mit Ehefrau bitten zum Tee?* Die Frau nur ein Anhängsel, degradiert zur Helferin und Dienerin als Folge der Glasdecke aus frommem Reaktionismus?

In solchen christlichen Settings kann es uns schnell passieren, dass wir ungerechte Strukturen als Normalität, Gemeindekultur oder biblische Korrektheit akzeptieren. Wir schlucken still, dass Frauen „weniger-sind-als …". Dass wir unseren klar umrissenen Aufgabenbereich aus Frauenfrühstück, Kinderstunde und Gemeindekaffee haben, aber bitte nicht mehr. Wo kämen wir denn hin, wenn Frauen plötzlich überall mitmischen würden? Wenn sie sich in theologische Debatten einklinken, predigen, leiten, widersprechen? Ich vermisse die Stimmen der Frauen so sehr in den großen Diskursen. Traut euch, Frauen! Und Männer: Fördert die weibliche

Stimme in eurem frommen Umfeld! Lasst die Frauenperspektive in Predigten, Diskussionen, Konferenzen und Schriften einfließen.

Wie soll der Traum Gottes seine volle Wirkkraft und Wucht entfalten, wenn mehr als die Hälfte der Christenheit gedeckelt und nicht für voll genommen wird? Wie können wir Einfluss nehmen, wenn wir Frauen uns oft so wenig zutrauen? Wie können wir mitarbeiten und mitgestalten, wenn *Mann* uns so wenig gestattet? Es ist wirklich eine Tragödie angesichts des vielen Potenzials, das ungenutzt in christlichen Gemeinden vor sich hinschlummert. Welche Möglichkeiten hat die Kirche durch ihr Patriarchat – sei es nun wohlwollend oder Hardcore – schon vergeudet!

Laut einer Studie der Universität Kalabrien erzielen frauengeführte Teams bessere Ergebnisse. Ein Ergebnis, das Management-Experten nicht verwundert, weil sie dies bereits seit Jahren vermuten. 430 Studenten meldeten sich freiwillig, um ihre Prüfung als Teamarbeit zu absolvieren. Sie wurden in unterschiedlich besetzte Dreierteams eingeteilt. Am besten schnitten tatsächlich die frauengeführten Teams ab. Gestützt wird dieses Ergebnis durch die Unternehmensberatung McKinsey. Sie untersuchten 1 000 Firmen in zwölf Ländern. Das Ergebnis: Sind besonders viele Frauen im Management, ist die Wahrscheinlichkeit, wirtschaftlich besonders gut abzuschneiden, um ein Fünftel höher.[17]

Ich will uns Frauen nicht in Konkurrenz zu Männern setzen, denn es geht nicht darum, wer besser ist. Dann wären wir nicht auf dem Weg zur Gleichheit, sondern fänden uns in der Spirale eines nicht enden wollenden Machtkampfes wieder, der unsere Zeit und Energie auffrisst. Es muss uns um den gemeinsamen Bau des Reiches Gottes gehen und nicht um die Aufrechterhaltung des Patriarchats.

Wenn wir in der Kirche und bei christlichen Werken Frauen aus bestimmten Positionen bewusst ausklammern, ergeht es uns wie der Wirtschaft. Wir fahren nur mit halber Power. Und es handelt sich hier nicht um die Optimierung von Wirtschaftsabläufen oder den Verkauf von Luxushandtaschen, sondern um das Heil der Menschheit. Das ist eine ganz andere Hausnummer. **Die Stühle im evangelikalen Stuhlkreis sind doch meist an Männer vergeben und unsere eigenen Stühle rücken wir ans Buffet eines Frauenfrühstücks, wo unsere Weltveränderungskraft verpufft.**

Hey, ich liebe Frauenfrühstücke und *Lady's Nights* – sie sind wichtig, vor allem dann, wenn sie zu heiligen Begegnungsorten werden und dort gut reflektierte Kraftnahrung und kritische Herausforderung statt einer Endlosschleife aus frommen Affirmationen in tausend Varianten geboten wird, die wir in unserer frommen Bubble eh schon von allen Seiten hören. Allzu oft sind diese Veranstaltungen jedoch eine „Spielecke", die uns in Gemeinden zugewiesen wird. Oder wie es Veronika Schmidt in ihrem Buch „Endlich Gleich" so treffend ausdrückt: das perlenbesetzte Abstellgleis.

Frauen haben in den Gemeinden ihren eigenen Raum geschaffen, in dem sie ihre Spiritualität ausdrücken können. Aber darin sollte sich unsere Kraft nicht erschöpfen. Die Stimme der Frau dringt immer noch viel zu leise bis gar nicht in entscheidende Diskurse vor. In der Gemeindeöffentlichkeit dominieren nach wie vor die Männer.

Darf ich dir eine meiner Beobachtungen schildern? Ich bin mit Herz und Seele Referentin mit einer Reihe an unterschiedlichen Themen, manche davon frauenspezifisch, andere nicht. Ich werde in 98 % der Fälle zu Frauenveranstaltungen eingeladen. Nur äußerst selten spreche ich vor gemischtem Publikum und dann habe ich Angst, ich könne den Ansprüchen der Männer nicht genügen, weil ich vieles durch meine weiblich geprägte Brille schildere. Ich drücke mir zitternd selbst die Daumen, dass meine theologischen Ansätze hieb- und stichfest sind und meine Gedankengänge kohärent und herausfordernd. Wenn ich mich bei diesen niederschmetternden Gedanken erwische, drehe ich den Spieß um und frage mich, ob Männer jemals diese Ängste haben, wenn sie vor gemischtem Publikum sprechen: *„Ach du meine Güte! Da sind Frauen im Publikum! Hoffentlich sind sie nicht überfordert von meiner männlichen Nüchternheit und meiner analytischen Herangehensweise!"*

Interessant auch das zweite Ergebnis meiner Beobachtung: Wenn ich zu einer „gemischten" Veranstaltung eingeladen werde, dann nur von progressiven, sehr offenen Gemeinden. Das mag vielleicht am konservativeren Umfeld des pietistisch geprägten Südwestens liegen, wo man der gesellschaftlichen Entwicklung ein wenig hinterherhinkt. Ich hätte einfach gerne mehr Ausgewogenheit und auch mehr Mut seitens der Gemeinden, Frauen mehr Raum zu geben.

Maria Magdalena wurde von Jesus am Morgen seiner Auferstehung beauftragt, die gute Nachricht den Männern zu bringen. Jesu Auftrag an sie lautete nicht: Erzähl dein Erlebnis mal beim nächsten Wohlfühlabend für Frauen in deiner Church!

So viele Frauen erreichen mit ihrer Stimme nur eine Hälfte ihrer Gemeinde. Obwohl wir genauso wie die Männer von Jesus beauftragt sind. Das ist immer noch ein weit verbreitetes Dilemma in unserer evangelikalen Subkultur. Ich frage mich: Wie kann das sein – etwa 2 000 Jahre nach dem ersten Verkündigungsauftrag an eine Frau?!

Viele Gemeinden versuchen sich in progressiveren Wegen, aber meiner Beobachtung nach immer noch halbherzig und viel zu verhalten. Viele von ihnen sind nach wie vor ins wohlwollende Patriarchat mit seinem strukturellen Sexismus verstrickt. Vor einiger Zeit fiel mir ein Flyer eines großen deutschen Gemeindeverbandes in die Hände. Viele Autoren hatten sich zusammengetan, um in der Corona-Pandemie ein Buch zum Thema „Glaube im Alltag" herauszubringen, welches dort beworben wurde. Gute Idee! Einen Haken hatte die Sache allerdings: Ausschließlich männliche, meist ältere Autoren hatten sich an diesem Buchprojekt beteiligt. Sie alle sind sicherlich ganz wunderbare Wortschmiede mit hilfreichen Gedanken. Aber eine Alltagsglauben-Anthologie ohne die weibliche Sicht ist, als würde man versuchen, nur mit einem Bein zu laufen. „Man hätte Frauen für das Projekt angefragt, aber nur Absagen erhalten", so hieß es, nachdem einige Frauen und ich im Netz diesen Missstand öffentlich gemacht hatten (leider hatten sich an unserem Vorstoß genau null Männer beteiligt). In meinen Ohren klang die Entschuldigung so halbgar wie die eines Kindes, das sich mit dem minimalsten Aufwand durch die Schule mogeln will. Dieses Land quillt über vor begabten, sprachfähigen, intelligenten und weisen christlichen Autorinnen, die eine ganze Menge zum Alltagsglauben beizutragen haben und nur darauf warten, gefördert und angefragt zu werden. Vielleicht – nein, sogar unbedingt – müssen wir Frauen hier forscher werden. Uns präsentieren (ja, ich weiß, ist nicht immer so unser Ding, kann man aber einüben). Unbequem werden, wenn sich das Gesicht des wohlwollenden Patriarchats zeigt. Strukturellen Sexismus benennen und sich nicht einschüchtern lassen von herrischen Bibelvers-Zitierern.

Aus der Reihe tanzen

Das allererste Missverständnis der Menschheit passierte kurz nach der Schöpfung. Gott schuf Eva nach Adam. Manch fröhlicher Glaubensgenosse nimmt das bereits als Grundlage dafür, dass der Mann „mehr-ist-als ...". Weil es ja so klingt, als wäre die Frau ein nachträglicher Einfall Gottes gewesen. Welcher kleine Junge jubelt nicht leise im Religionsunterricht, wenn er erfährt, dass Gott sein Geschlecht zuerst geschaffen hat? Kinder lieben es, die Ersten und Besten und Größten zu sein, und dieses Konkurrenzdenken ist gerade zwischen Mädchen und Jungs groß. Aber, bitteschön, irgendwann muss man aus diesen kindlichen Denkstrukturen herauswachsen, genauso wie man irgendwann einfach nicht mehr gerne Delfin-Eis isst und Fußballsammelkarten tauscht. (Wenn wir diese „Logik der Rangfolge" konsequent weiterverfolgten, müsste sich der Mann übrigens tief vor den Amöben verbeugen, denn diese wurden bekanntlich *vor* ihm erschaffen.)

Ich verstehe uns Christen ja. Ich verstehe, dass wir immer alles richtig machen wollen. Ich verstehe unsere Angst, wacklige Lehrmeinungen zu hinterfragen und über Bord zu werfen. Denn wir fürchten einen Dammbruch, wenn unser Glaubensgebäude aus gemeinsamen Narrativen Risse bekommt. Wir fürchten, aus der Gnade Gottes zu fallen, wenn wir uns kritisches Denken erlauben. Aber man könnte es auch so betrachten: Unsere Glaubensgebäude brauchen Risse und Löcher, damit der Heilige Geist hindurchwehen kann.

Wir müssen frauenfeindliche Lehrmeinungen als das betrachten, was sie sind: religiöse Gedankenkonstrukte und die Instrumentalisierung von Bibelstellen zur männlichen Machterhaltung.

Soll ich dir verraten, was passiert, wenn du sie über Bord schmeißt? Du wirst nicht in Flammen aufgehen. Versprochen. Deine Beziehung zu Jesus wird nicht erschüttert. Überraschung! Und du wirst eine neue Freiheit schmecken, ohne die du bald nicht mehr sein magst. Kein Weg mehr zurück ins religiöse Patriarchat!

Aber von dort wirst du Gegenwind bekommen, also wappne dich dagegen. Moralwächter werden dir vorwerfen, dass du „verwässerst" und „lau" bist und dem bösen „Zeitgeist" folgst. Man wird Angst um dich haben. Weil du nicht mehr der „rechten Lehre" treu bist. Was folgt als Nächstes? Dass du die Ehe brichst, Koks durch die Nase ziehst, dem Antichristen folgst? Dieser Gegenwind ist Angst vor dem Verlust von religiöser Korrektheit und von Kontrolle über Gemeindemitglieder. Und letztendlich auch vor Gott. Was sagt das denn über das Gottesbild von Gemeinden aus, die ihre Frauen an der kurzen Leine halten? Ist ihr Gott ein großzügiger, gnadenvoller, kreativer Gott, der Gerechtigkeit und Erbarmen liebt? Oder ist ihr Gott ein kleinkarierter, humorloser Beamter, der schnell beleidigt ist, wenn man den ungeschriebenen Gemeindegesetzen nicht gehorcht und aus der Reihe tanzt?

Oh, ich wünsche mir, dass du mit Gott zusammen aus der ordentlichen Reihe tanzt! Dass du strukturelle Ungerechtigkeit in deiner Gemeinde beim Namen nennst. Dass der Gegenwind Kraft in deinen Segeln wird. Tritt in einen ehrlichen Dialog und habe keine Angst, wenn er sich zum Konflikt auswächst. Ohne Bewegung und Konflikt können sich konservative Gemeindestrukturen nicht weiterentwickeln, werden keine Reformen auf den Weg gebracht.

In ihrem Buch „*Fierce, Free and Full of Fire*" nennt die Autorin Jen Hatmaker eine Liste von hilfreichen Aussagen und Fragen, die solch einen Dialog fördern können[18]:

- Ich arbeite noch daran, das alles selbst zu verstehen.
- Möchtest du eine Liste von Quellen, aus denen ich lerne?
- Ich stelle Fragen. Ich habe nicht alle Antworten.
- Hast du dir diese Fragen nicht auch schon selbst gestellt?
- Ich sehe deine Besorgnis. Ich verstehe, wie sich Veränderung anfühlt.
- Erzähl mir von deinem Unbehagen!
- Hast du schon einmal einen Entwicklungsschritt in deinem Glauben gemacht?
- Haben sich deine Gedanken über Gemeindestrukturen schon einmal weiterentwickelt?
- Ich glaube an deine guten Absichten. Bitte glaube du auch an meine!
- Ich bin immer noch dieselbe Person, die du liebst.

Der missverstandene Paulus

Ich bin keine Theologin. Manchmal wünschte ich mir, ich wäre eine und hätte immer meinen „Werkzeugkasten" dabei, um schwierige Bibelstellen zu entschlüsseln. Mühsam habe ich mir meinen eigenen kleinen Werkzeugkasten erarbeitet. Weise Theologinnen und Theologen leihen mir ihre Instrumente. Manche helfen mir, problematische Bibelstellen zu entschlüsseln und andere weisen mir den Weg zu geschichtlichen Hintergründen.

So mancher Schleifstein hat schmierige Schichten aus laienhaften und toxischen Lehrmeinungen weggeschmirgelt, wie zum Beispiel bei diesen beiden heiklen Bibelstellen:

„Die Frauen sollen in den Gemeindeversammlungen schweigen.

Es gehört sich nicht, dass sie sprechen. Sie sollen sich unterordnen, wie es im Gesetz steht. Wenn sie Fragen haben, sollen sie zu Hause ihre Ehemänner fragen, denn es steht ihnen nicht zu, in der Gemeindeversammlung zu sprechen." (1. Korinther 14, 34–35)

„Eine Frau soll in der Stille und in aller Unterordnung lernen. Ich erlaube der Frau nicht, zu lehren oder über den Mann zu herrschen; sie soll sich still zurückhalten." (1. Timotheus 2, 11–12)

Einmal tief durchamten, Ladies! Solche Bibelstellen sind wie peinliche Verwandte, die man vor der Welt verstecken möchte. Sie sind wie die alte Tante mit Mundgeruch und seltsamen politischen Ansichten oder der Cousin 2. Grades, der in unpassenden Momenten dreckige Witze erzählt. Ich selbst lese doch auch am liebsten erbauliche Verse aus der Bibel und ja, ich gebe es zu, ich bin eine Rosinen-Pickerin wie die meisten anderen auch. Nichtsdestotrotz gehören halt auch diese Verse dazu. Ob mir das nun passt oder nicht, tut hier gar nichts zur Sache. Also setzen wir uns zu ihnen, hören wir der riechenden Tante und dem peinlichen Cousin genauer zu, auch wenn wir uns winden und lieber weglaufen wollen. (Ich habe trotzdem tausend Fragen an Paulus, wenn ich ihm mal im Himmel begegnen werde!)

Ich glaube, dass der Heilige Geist durch das Wort Gottes in uns wirkt. Dass also auch diese Verse aus irgendeinem Grund dort stehen und für uns heute noch lesbar sind. Und wenn es nur dazu führt, dass wir unsere ganze Kraft und unseren ganzen Intellekt mit der Hilfe des Heiligen Geistes anstrengen, um sie zu verstehen.

Wenn ich vor einer Bibelstelle stehe, die tausend Fragen aufwirft, dann erforsche ich die Zeit und Kultur, aus der sie geboren wurde. Die Briefe von Paulus sind kein universales Regelwerk, sondern er schrieb sie an bestimmte Leute in bestimmten Städten, die mit bestimmten Problemen in ihren jungen Gemeinden zu kämpfen hatten. Zu jener Zeit bauten Frauen die Gemeinden mit auf. Sie lehrten, finanzierten, prophezeiten. In Apostelgeschichte 2,18 steht: Und auch auf sie, meine Diener und Dienerinnen, werde ich in jenen Tagen meinen Geist ausgießen, sodass sie prophetisch reden werden.

Frauen waren von Anfang an an der Front der neu entstehenden Gemeinden dabei – als Diakoninnen (Phoebe), Gastgeberinnen und Mäzeninnen (Lydia), Apostelinnen (Junia), Missionarinnen (Priska). Dass sie überhaupt erwähnt werden, deutet auf einen Paradigmenwechsel hin. Denn eigentlich waren Frauen zu jener Zeit nicht mehr wert als Gegenstände in einem Haushalt.

Zu der Zeit, als Paulus den Brief an Timotheus schrieb (und auch hier ist umstritten, ob er ihn überhaupt selbst verfasst hat oder ob es ein Schüler von ihm war), infiltrierte die gnostische Irrlehre die junge Gemeinde, für die vermutlich die Frauen besonders empfänglich waren. Der katholische Priester John Wijnsgaard schreibt dazu:

„In gnostischen Kreisen wurden Frauen als ‚bevorzugtes Instrument der Offenbarung‘ hochgehalten und verherrlicht. Die weibliche Vorstellungskraft galt uneingeschränkt für Gott und seine Ausstrahlung." Der Text über „Frauen schweigen in der Gemeinde" (1. Tim. 2, 11–15) sollte in diesem Zusammenhang gelesen werden.[19] Weiter erklärt Wijnsgaard, dass solche „Verbote" damals temporär und lokal beschränkt waren und keine globale, endgültige Aussage sind, die Frauen für immer auf die hinteren Ränge verweisen.

Auch der Text aus dem Brief an die Korinther muss in ähnlichem Zusammenhang gelesen werden. Denn nur wenige Verse vor der heiklen Stelle ermutigt Paulus die Frauen, zu prophezeien. Also gilt auch hier das Schweigegebot nur einigen Frauen, auf einen bestimmten Ort und eine bestimmte Zeit beschränkt. In die jungen Gemeinden strömten viele Frauen. Sie wurden sehr angezogen von einer neuen Lehre, die ihnen Wertschätzung und Würde verlieh und ihnen Raum gab, zu lernen. Diese Gemeinden waren wahre Magnete für Frauen. Die Gemeinde in Korinth erlebte einen Zustrom von begeisterten, frisch bekehrten Christinnen und Christen. Paulus musste nun ermahnende Worte an die Korinther schreiben, da dort Streit, Unordnung und Chaos ausgebrochen waren. Er versuchte die Ordnung wiederherzustellen und handelte in seinem Brief aus diesem Grund verschiedene Gruppierungen innerhalb der Gemeinde ab. Und dann musste er sich auch dem Phänomen „Überbegeisterte Frauen im Gottesdienst" zuwenden. Er spricht kein generelles Schweigegebot aus, welches Frauen für immer den Mund verbietet, sondern nur eine Anweisung für die Wiederherstellung einer Gottesdienst-Ordnung, die allen dient. Ich weiß nicht, ob im korinthischen Gottesdienst Geschlechtertrennung herrschte, wie sie in jüdischen Synagogen üblich war; aber wenn ja, dann ergibt diese Anweisung von Paulus für mich noch mehr Sinn.

Vor einigen Jahren nahm ich an einem Freitagabendgottesdienst in einer konservativen Synagoge in Israel teil. Die Männer feierten im Gottesdienstraum, lasen aus der Tora, sprachen und sangen Gebete. Die Frauen saßen in einem separaten Raum, von wo aus sie nur durch ein Fenster am Geschehen teilhaben konnten. Nun kannst du dir vorstellen, dass es in diesem Raum alles andere als ruhig zuging. Kinder flitzten zwischen den Müttern hin und her, es wurde sich lautstark begrüßt, Freundinnen steckten die Köpfe zusammen und der allgemeine orientalische Überschwang trug nicht zu einem „gesitteten" Ablauf bei, so wie ich das von Deutschland her gewohnt war.

Nun stelle ich mir dieses Szenario in der Korinther Gemeinde vor: Ein separater Raum voller Frauen, die auf einmal mit etwas völlig Neuem in Berührung gekommen waren. Da war der Stadttratsch plötzlich Nebensache. Sie wollten teilhaben, mehr erfahren, mehr über Jesus wissen und klebten mit den Ohren an dem offenen Fenster. Die Frauen konnten sich nicht mehr zurückhalten und riefen ihre Fragen und Kommentare in den Gottesdienstraum. Tumultartige Zustände! Paulus musste ein Machtwort sprechen – begrenzt auf eine konkrete Gemeinde, einen bestimmten Zeitpunkt, eine spezifische Situation –, aus welchem die Kirche bis heute einen Knebel für die Frauen geformt hat. In einer Kultur, in der einer Frau Bildung verweigert wurde, ermutigte Paulus hier die Frauen sogar, daheim von ihren Männern zu lernen! Langsam werde ich mit diesem Paulus warm, auch wenn es noch eine Weile dauern könnte, bis wir echte Freunde sind.

Entflechtung

Früher einmal stand die evangelikale Bewegung weniger für die Bewahrung von Lehrmeinungen, sondern für Beweglichkeit und Progressivität. Sie mischte ganz vorne mit bei der Abschaffung von Sklaverei, Einforderung von Frauenrechten und sozialer Gerechtigkeit. Mitten im Kampf für die Abschaffung der Sklaverei im 18. und 19. Jahrhundert standen Frauen. Mündige, fromme Frauen, die ihren Mund aufmachten, weil sie verstanden hatten, dass eine menschenfeindliche Praxis, untermauert von wenigen Bibelstellen, nicht von Gott gewollt war. Diese Frauen waren eine lebensspendende, befreiende, jesuszentrierte Kraft, die das Gesicht der Gesellschaft veränderte.

Eine der hervorstechenden Frontfrauen in diesem Kampf war Sojourner Truth, eine ehemalige Sklavin im Staat New York. Sie war Analphabetin, doch sie trat mit ihren glühenden Reden für Frauen- und Schwarzenrechte ein. Diplomatie war ein Fremdwort für sie. Bei einem ihrer Auftritte geriet sie in einen Disput mit einem Mann. Sojourner rückte niemals auch nur einen Millimeter zur Seite: „Dieser kleine Mann in schwarz dort drüben sagt, Frauen können nicht die gleichen Rechte haben wie Männer, weil Jesus Christus keine Frau war! Woher kommt dein Christus? Von Gott und einer Frau! Männer waren an seiner Entstehung nicht beteiligt." Die Männer in ihrer Umgebung lernten es mit der Zeit, sich mit dieser tiefgläubigen, streitbaren Frau besser nicht anzulegen.

Einige Jahrzehnte später waren es wieder viele fromme, aufgeweckte Frauen, die sich in der ersten feministischen Welle um die Gleichberechtigung des weiblichen Geschlechts mühten.

Letztens stieß ich beim Bibellesen auf fünf Feministinnen im Buch Mose. Ich dachte, ich hätte mich verlesen und habe beinahe meinen Morgenkaffee über die dünnen Blätter des Alten Testaments vergossen. Mädels, haltet eure Röcke fest! Fünf Frauen änderten auf einen Streich das jüdische Erbrecht, welches grundsätzlich die Söhne favorisierte. Einfach so. Machla, Noa, Hogla, Milka und Tirza hatten ihren Vater verloren. Sie waren unverheiratet und sie wussten, dass sie deshalb leer ausgehen würden. Das Erbrecht berücksichtigte sie als Töchter nicht. Gegen diese fest zementierte, frauenfeindliche Struktur und Tradition setzen sie sich zur Wehr. Was für eine Macht Frauen haben, wenn sie sich einig sind und miteinander wie eine geschlossene Wand vorwärtsgehen! Die Schwestern legten nicht die Hände in den Schoß oder warfen sie mit einem resignierten Aufruf in die Luft: *„Naja, das war halt schon immer so. Was können wir schon ändern?"* Nein, sie gehen zu Moses und den Stammesfürsten – allesamt Respekt einflößende Männer. Die Schwestern ducken sich nicht, drucksen nicht umständlich herum: *Wir fordern die Änderung des Erbrechts zugunsten von uns Frauen!* Was nun folgt, ist höchst ungewöhnlich. Die Schwestern werden nicht abgewimmelt wie lästige Fliegen. Mose diskutiert das Anliegen auch nicht mit den Entscheidungsträgern. Nein, er geht damit direkt zu Gott. Und der sagt: „Die Töchter Zelofhads haben recht. Gib ihnen ebenfalls Grundbesitz unter den Verwandten ihres Vaters und übertrag ihnen den Besitz, der ihrem Vater zugestanden hätte. Teile den Israeliten dann Folgendes mit: Wenn ein Mann stirbt und keinen Sohn hat, sollt ihr sein Erbe seinen Töchtern übertragen." (4. Mose 27, 7–8)

Welch eine subversive Bibelstelle! Sie steht dort nicht zufällig, sondern strahlt hinein in unsere Zeit. Überall, wo wir noch Überreste struktureller Ungerechtigkeiten sehen, können wir uns ein Beispiel an den fünf knallharten Hebräerinnen nehmen. Vielleicht bist du in patriarchalischen Strukturen und Traditionen aufgewachsen und du hast die Frauenfeindlichkeit bisher gehorsam hingenommen, weil sie sich als Gottes Willen tarnte. Es wäre dir im Traum nicht eingefallen, sie zu hinterfragen, denn sonst würdest du ja vielleicht Gott selbst infrage stellen. Auch Schuldgefühle können einen daran hindern, nach vorne zu gehen. *Darf ich das?* Du darfst dir selbst die Erlaubnis erteilen, diesen Strukturen einen kräftigen Tritt in den Allerwertesten zu verpassen.

Frauenfeindliche Gemeindestrukturen sind nicht gott-, sondern menschengemacht.

Wir müssen uns aus ihnen herausschälen wie aus einem Korsett. Damit Kirche, vor allem unsere konservativ-evangelikale, eine weibliche und männliche Kraft wird, die die Entwicklung der Gesellschaft mitgestaltet. Ein Impulsgeber, der wieder *vor* dem gesellschaftlichen Konsens und *vor* der Politik die Weichen stellt.

Wir wollen nicht mehr in irgendwelchen Gremien über die neue Sound-Anlage für unsere hippe Church diskutieren. Wir wollen nicht mehr an unseren Worship-Sessions feilen, bis sie zur perfekten Show werden. Wir wollen nicht mehr eingelullt werden von unserer Kuschelgemeinschaft und frommen Selbstbeschäftigung. Wir wollen auch nicht mehr diejenigen sein, die immer *gegen* etwas sind. **Wir wollen *für* etwas sein, *für* etwas kämpfen, Seite an Seite mit den Männern. Und wir können nur dann wieder zu dieser Kraft werden, wenn wir Frauen *gemeinsam* mit den Männern laut werden. Wenn wir endlich die Munition, mit der wir uns gegenseitig bewerfen und bedrohen, zu Boden legen.** Wenn wir nach außen zeigen: So muss und so soll eine veränderte, zugewandte Gesellschaft aussehen. *An ihrer Liebe werdet ihr sie erkennen* (Johannes 13, 35). Und nicht an der korrekten Einstellung zu Lehrmeinungen und ausgefeilten Worship-Sessions.

Kommst du aus einem konservativen Setting und in dir gärt es bereits seit Langem? Aber du hast Angst, dass man dich als „liberal" abwertet? Du hast Angst, dass dein Glaube verwässert? (Davor hat man dich ja immer gewarnt!) Vielleicht tut genau jetzt mal etwas Wasser gut, nachdem du zu lange in der Klebrigkeit des unerträglichen zuckersüßen Sirups geschwommen bist. Du hast keine Lust mehr, die „nette Frau" zu sein, weil du Anteile in deiner

Persönlichkeit hast, die sich nicht in das Schema des wohlwollenden Patriarchats einordnen lassen?

Aber vielleicht ist der Schritt aus einem frauenfeindlichen System ein sehr komplizierter für dich, weil du sonst deine Gemeinschaft, ja vielleicht sogar deine Familie verlierst. In dir drinnen rührt sich der Wunsch nach Veränderung, aber es liegt ein weiter Weg der Entflechtung aus Angst, Scham und Unsicherheit vor dir. Ich bin absolut keine Expertin für solche Situationen, und ich möchte dich nicht mit ein paar billigen Trostworten und nutzlosen Appellen abspeisen. Wenn du diesen Weg gehen willst, dann brauchst du Menschen, denen du dich mit deinen Fragen anvertrauen kannst. Die diesen Weg mit dir gemeinsam gehen. Das können Therapeuten sein und Frauen, die den Weg in die Freiheit vor dir gegangen sind. Eine erste Kontaktaufnahme kann der Schritt in ein selbstbestimmtes Leben werden. Ein erster Schritt hin zur Heilung. Wie ich schon zu Beginn dieses Buchabschnitts geschrieben habe: Es gibt Begegnungen, die lassen einen anders zurück. Sie wecken eine neue Sehnsucht, aber vor allem Hoffnung.

Wir wollen nicht mehr länger eine Kirche sein, die sich gegen die Welt abschottet, die sich gegen Veränderung wehrt, die sich in jahrelange Machtkämpfe verstrickt. Sondern wir wollen wieder eine Kraft sein, die die Menschen in Scharen anzieht. Eine Kraft, die mitten hineingeht in die Abgründe, und Wunden verbindet, statt sie zu verursachen. Eine Kraft, die skandalös und radikal gut ist. Eine Kraft, die hineinwirkt in Bordelle, Obdachlosenheime, Flüchtlingsunterkünfte und dysfunktionale Familien und direkt in unser eigenes Leben. Eine Kraft, für die man sich nicht in eine fromme Schablone pressen muss, sondern die diese Schablonen zerstört, weil wir in dieser Kirche – Mann

wie Frau – sein dürfen, wie wir sind. Eine Kraft, die alte Gedanken-
gebäude zerstört und aus den Trümmern etwas ganz Neues baut.
Eine Kraft, die nicht schon an der Ausgangstür der Kirche wieder
verpufft, weil wir uns dort die lähmende, ängstlich-fromme Frage
stellen, die alles im Keim erstickt: Darf ich das überhaupt? Eine
Kraft, die ein für alle Mal Schluss macht mit dem christlichen wohlwollenden Patriarchat.

In das eigene Leben hineinhorchen

Die meisten Frauen, die ich kenne, sind viel beschäftigt. Sie halten den Laden daheim am Laufen. Sie zerreißen sich zwischen Gemeinde, Erwerbstätigkeit und Familienarbeit. Vielleicht, ja sogar
ziemlich sicher, bist du solch ein Mensch. Und jetzt hörst du meinen Appell, *Kraft zu sein*. Wir Christinnen besitzen ein sehr feines
Appell-Ohr und manchmal kann uns das ganz schön zu schaffen
machen, nicht wahr? Die vielen gut gemeinten Aufforderungen,
Dinge zu verändern, machen uns im Grunde nur müde und lassen
uns an uns selbst zweifeln, weil wir heute niemanden zum Glauben
gebracht und keinen Obdachlosen versorgt haben und noch nicht
mal wirklich zum Beten gekommen sind.

Aber hier ist die gute Nachricht: **Kraft sein bedeutet nicht automatisch, noch eine weitere Anstrengung in dein Leben hinein-
packen zu müssen, das bereits zum Bersten gefüllt ist. Du musst
dich nicht schon wieder erneut verbiegen, um irgendeinem
neuen Frauenideal zu entsprechen. Kraft entwickelt sich dort,
wo wir ganz im Einklang mit unserer Persönlichkeit, mit unseren Überzeugungen leben.**

Wenn du eine stille Frau bist, musst du nun nicht zur stimmgewaltigen Kämpferin mutieren. Und wenn du eine müde Frau bist, musst du dich nicht gnadenlos antreiben.

Wie wäre es, wenn du dich erst mal in die Stille deines Lebens zurückziehst, um herauszufinden, wie du tickst? In dich hineinhorchst, was in dir Wut und Leidenschaft entfacht? Schau deine Geschichte an: Welche Schablonen legst du selbst an dein Leben an, welche Würgehalsbänder hat man dir angelegt, welche pressen dich in eine Form, in die du eigentlich nie gepasst hast? Welche Anteile in dir möchten endlich in die Freiheit? Welche Lieder musstest du auf der frommen Bühne deines Lebens singen, die du eigentlich gar nicht mochtest? Welche Weisen hast du brav einstudiert, aber nie von Herzen mitgesungen? Welche Melodien möchtest du stattdessen singen? In dir wohnt vielleicht ein Rockstar oder eine angenehme Altstimme oder eine Metal-Braut oder eine Folksängerin. Vielleicht singst du einfach nur gern in einem großen Chor, ganz hinten. Nein, die Kirche war nie als eine Gruppe homogen getrimmter Menschen gedacht mit klar zugeschnittenen Geschlechterrollen, die um Gottes willen nie vom traditionellen Liedgut abweichen dürfen.

Es tut sich was. Langsam und unaufhörlich werden wir dort hinter der frommen Lebensbühne immer mehr. Wir versammeln uns draußen, in der Wildnis, wo es vereinzelte Pfade gibt, die mutige Frauen vor uns geschlagen haben. Wir haben den breiten Weg verlassen und heißen jede mit Jubelrufen willkommen, die sich zu uns gesellt. Die müden Frauen, die frechen Frauen, die netten Frauen. Alle nehmen wir Platz hinter der Bühne, dort draußen in der Freiheit, und gestalten diese Welt – Seite an Seite mit den Männern.

Die neuen Frauen

Vor sechs Jahren erschien mein erstes Buch, mein Baby, mein Herzensprojekt: „Willkommen an meinem Tisch". All meine Liebe zum Essen, zum Leben rund um den Tisch und zur Gastfreundschaft habe ich dort hineingepackt, gewürzt mit einigen meiner Lieblingsrezepte und mit viel zu vielen Adjektiven. An einem goldenen Septembernachmittag trudelte das erste Paket mit den wunderschön gestalteten Büchern ein. Ehrfürchtig und fast ein bisschen ungläubig hielt ich sie in der Hand, roch an den druckfrischen Seiten und begann, eine kleine Party zu planen. Schreiben ist entgegen aller Romantisierung ein Knochenjob, und so wie man ein Haus nach monate- oder jahrelanger Drecksarbeit mit einer Einweihungsfeier krönt, sollte man auch (fast) jedes Buch feiern, welches das Licht der Welt erblickt.

Ich buchte unser Gemeindehaus, pflückte Arme voller Blumen in unserem Garten und kochte ein unfassbar gutes Gulasch, das mir auf dem Herd verbrannte, weil ich damit beschäftigt war, meine neuen Bücher im Arm hin- und herzuwiegen. Schnell improvisierte ich eine indische Linsensuppe, die im Auto meines Mannes auslief und uns deshalb noch heute an eine gelungene Party erinnert. Meine Eltern reisten an, Freunde trudelten ein und ich strahlte aus jedem Knopfloch meines mexikanisch inspirierten Kleides. Meine Mutter saß still neben meinem Vater. Sie beobachtete meine Freunde, meine Mini-Lesung und die anderen Darbietungen und nahm sich zweimal von der Linsensuppe. Sie studierte ganz genau die anwesenden Frauen. Ihr Lachen, ihre Aufmachung, ihre Eigenarten. Still strahlte sie vor sich hin. Wenn dein Kind ein Buch veröffentlicht, muss das ein eigenartiges Gefühl aus Ungläubigkeit und Stolz sein, und diese Gefühle sprangen aus ihrem Gesicht. Das Gemeindehaus war noch lange hell erleuchtet an diesem Abend und als die letzten Gäste gegangen waren, als wir den leeren Suppentopf ins currygeschwängerte Auto geladen hatten und daheim endlich die Füße hochlegten, ergriff meine Mutter das Wort. Wie ein hechelnder Welpe erwartete ich nun ein Lob für das Buch, die Deko, die Suppe, meine Frisur. „Diese Frauen!" Meine Mutter holte noch einmal Luft: „Diese neuen Frauen! Sie sind so ganz anders als wir früher. So viel selbstbewusster in ihrer Art und wie sie sich kleiden und geben und reden. Ist das schön, Kind! Ich mag diese neuen Frauen. Sie verstecken sich nicht."

Aus den *netten Frauen* werden sichtbare Frauen, die sich nicht farblos hinter ihren Männern verstecken, sondern Wege in die Wildnis schlagen. Frauen, die andere im Blick haben, aber sich selbst nicht verleugnen. Genau das hatte meine Mutter beobachtet. Und sie kann es schließlich besser beurteilen als ich, weil sie schon eine ganze Weile länger auf der Welt ist und aus einer Zeit kommt, in der man als Mädchen zum Gehorsam und zur Unterwürfigkeit erzogen wurde. Still feierte sie an diesem Abend mein Buch und die „neuen Frauen".

Ihre Worte sanken tief in mein Herz und ich gelobte mir, von außen auferlegte Schablonen immer mehr zu sprengen: In mexikanisch inspirierten Kleidern und mit dem, was ich schreibe. Als leidenschaftliche Hausfrau und Feministin, als Jesus-Nachfolgerin und Zweiflerin.

Das ärgerliche Ding mit der Unterordnung

Hätte man mir zu Anfang meiner Ehe doch mal gesagt, dass es auch hier einige „biblisch" getarnte Fallen gibt, in die ich mit Sicherheit hineintreten würde! Mein Mann und ich sind zwei starke – oder besser gesagt, sture – Charaktere, und es verwunderte nicht, dass es bei uns öfter knallte. Also lasen wir Eheratgeber um Eheratgeber. Wir saßen bei Freunden im Wohnzimmer, die uns „ehebeseelsorgten". Und dann kam es immer unweigerlich zu dieser Schlussfolgerung: Du, Veronika, bist eine Frau, die dominant und kontrollsüchtig ist. (Zum Teil hatten sie recht. Andererseits entwertete man viele meiner Stärken, indem man sie umdeklarierte.) Letztendlich wurde von mir gefordert: „Wenn du dich zurücknimmst, kann dein Mann seine gottgegebene Rolle einnehmen."

Ach ja, die Rolle des Mannes in einer christlichen Ehe. Entschuldigt Leute, ich muss kurz vor die Tür und einmal laut schreien.

So, ich bin wieder da. Lass mich dir meinen Frust kurz zusammengefasst erklären: In konservativ-christlichen Kreisen herrscht eine bestimmte Eheordnung. Der Mann ist das geistliche Oberhaupt, der das letzte Wort hat und seine Familie geistlich zu führen hat. Die Frau ordnet sich ihm unter.

Sicher. Ich habe mich meinem Mann einige Male untergeordnet. Immer dann, wenn es um Computer, Autos und Haustechnik geht. Reichlich klischeehaft, aber von diesen Dingen hat er einfach deutlich mehr Ahnung als ich. Und er ordnet sich mir unter, wenn ich zu Lesungen fahre, den Kochplan erstelle und 300 neue Blumenzwiebeln kaufe. Damit kenne ich mich deutlich besser aus.

Anfangs wollten wir dieses Ding mit der Ehe ganz korrekt machen, *biblisch korrekt*. Aber um auch nur in die Nähe dieses frommen Ehehimmels zu kommen, verbog ich mich so sehr, dass die Artisten des *Cirque du Soleil* mit ihrer Akrobatik dagegen wie Anfänger wirken. Es gab viel Frust und Vorwürfe, und wir mussten feststellen: Mein Mann führte geistlich nicht so, wie es von ihm verlangt wurde. Nicht, weil er es nicht *konnte*, sondern weil er es nicht *wollte*. Ihm war schon früher als mir klar, dass diese Sache mit der Ehe Teamarbeit ist und kein dogmatisches System. Und ich bin eben auch, wie ich bin: laut, launisch, überzeugt. Ich kann meinen Standpunkt mit Zähnen und Klauen verteidigen und gebe mich erst dann geschlagen, wenn man mir wirklich überzeugende Argumente liefert. Das mit der Unterordnung – wie gesagt – habe ich nicht oft hinbekommen. Aber ich übe das Zugeben von Fehlern und Irrtümern.

Rachel Held Evans schreibt in *A year in biblical Womanhood*: „Und wenn du feststellst, dass Glaube nicht statisch ist, sondern eine lebendige und sich entwickelnde Sache, dann brauchst du keinen sogenannten geistlichen Anführer, der dir sagt, wo es langgeht, sondern einen geistlichen Gefährten, mit dem du diese Reise unternimmst."[20]

Von Anfang an wollte mein Mann keine unterwürfige Frau, sondern eine Gefährtin. Und ich? Ich wollte meine geistlichen Häkchen an die richtige Stelle setzen und war sauer, dass mein Mann nicht auch so pflichtbewusst fromm war wie ich. Kein Wunder, dass unsere unterschiedlichen Erwartungen für eheliche Unruhen sorgten.

Dieses übergestülpte Ehe-Modell und die überfromme Selbstbeschäftigung hatten mir jahrelang nur geschadet. Aber das Leben entwickelte sich, und so auch unser Glaube. Wir erlaubten uns zunehmend, selbst zu denken und zu hinterfragen und so manche frommen Albernheiten auszusortieren. Wir sind erwachsen geworden und stellen fest: Ich bin nicht zu viel und mein Mann ist nicht zu wenig! Mein Mann ist mein Mann mit allen seinen Gaben und seinen Schwächen. Ich bin ich mit all meinen Gaben und all meinen Schwächen. Und wir lernen immer mehr, ein Team zu sein. Die Dinge gemeinsam anzugehen, anstatt uns – jeder für sich – am Ideal einer christlichen Ehe abzukämpfen. Dieses Ideal ist für die meisten Paare einfach nur toxisch, weil es uns in eine Schablone presst, die keine Rücksicht auf unsere Persönlichkeitsmerkmale nimmt. **Führung ist keine Männerqualität und Unterordnung keine Frauenqualität, sondern beides sind Menschenqualitäten.**

Manchmal bin ich in Internet-Foren unterwegs, weil ich eine vorzügliche Zeit-Totschlägerin bin. Vor allem, wenn ein Abgabetermin naht. Ich nenne es „Recherche". Vor einiger Zeit stieß ich in einem christlichen Ehe-Forum auf den Beitrag einer Frau, die wirklich dringend Rat suchte und ihrem Herzen Luft machen musste. Ihr Mann hatte ihr gebeichtet, er liebe sie nicht mehr und wisse nicht, ob er noch mit ihr zusammenbleiben wolle. Die Verzweiflung über diese Offenbarung sprang mir aus jeder ihrer Zeilen entgegen und am liebsten hätte ich diese junge Frau und Mutter fest in den Arm genommen. Hier die Antwort eines Mannes auf ihre verzweifelte Bitte um gute Ratschläge:

„Die einzige Lösung, die ich sehe, ist, das zu leben, wie es Gott in der Bibel vorschlägt:

Die Frau ordnet sich unter den Mann und respektiert ihn. Der Mann übernimmt die Führung und liebt die Frau. Glaube mir, das ist für beide schwer, aber das ist aus meiner Sicht der einzige Weg. Frage ihn, was Du für ihn kochen sollst, wenn er heimkommt. Lege ihm die Kleider bereit. Frage ihn, was Du anziehen sollst (ein Mann sieht gerne eine hübsche Frau).

Sage ihm, dass Du eine kleine Andacht von ihm wünschst (er soll etwas vorbereiten; er ist für die geistliche Nahrung verantwortlich). Rufe ihn nicht ständig an, wenn er abends weggeht und frage ihn, wann er heimkommt (es gibt fast nichts Nervigeres). Du sollst seine Ratgeberin sein; sprich, Du darfst ihm klar ins Gesicht sagen, wenn Dir was nicht passt (aber sag es bitte auf eine ruhige, gute Art und Weise). Lass ihn entscheiden, auch wenn Du meinst, die Entscheidung ist falsch. Schlussendlich ist er dafür verantwortlich. Und wenn Du ihm Gutes tust und er eine falsche Entscheidung trifft, dann wird es ihm wehtun und er wird darauf achten, was Du sagst. Wenn er abends heimkommt, quassle ihn nicht voll, sondern lass erst mal ihn reden. Glaube mir, wenn Du Dich so verhältst, dann wird er gerne um Dich herum sein. Das mag eine Weile dauern, bis sich etwas ändert. Aber er wird es bemerken. Und dann wird er sich auch verändern."

Hey, die 50er-Jahre haben angerufen, sie hätten gerne ihr Ehemodell wieder! Solche Ratschläge vertiefen nur noch die Not einer Ehekrise und lösen sie nicht. Hier braucht es eine fachkundige, behutsame Therapie, keine frommen Hobby-Psychologen, die noch mehr Porzellan zerschlagen.

Aber es gibt nicht nur bei uns Christen solche „Erfolgsrezepte für gelingende Ehen", sondern auch im Netz eine Bewegung, die für genau dieses weiblich-unterwürfige Verhalten wirbt. Sie nennen sich *Tradwives* (englisch für traditionelle Ehefrauen). Sie propagieren die klassische Rollenverteilung und ein Frauenbild, das die Emanzipation mit Füßen tritt. *Tradwives* fordern die Unterordnung unter den Mann und die Rückkehr an den Herd. Alles gewürzt mit einem Hauch Fetisch und Sehnsucht nach den „guten alten Ordnungen". Die *Tradwives*-Bewegung zeigt unter anderem eine beunruhigende Schnittstelle zum Rechtsradikalismus auf. Einige *Tradwives* in den

USA gehören tatsächlich den *White Supremacists* (Bewegung in den USA, die die Überlegenheit der weißen Rasse propagiert) an und fordern die „Produktion" möglichst vieler weißer Babys.

Wenn du mich kennst, dann musst du jetzt schmunzeln, bin ich doch dem Ideal des *Tradwife* nahe, ohne die Philosophie dahinter auch nur annähernd zu stützen. Ich stehe viel am Herd und hüte Kinder und backe Brot und stricke. Weil ich ruhige, kontemplative Aktivitäten liebe und mein introvertierter Anteil nichts Schöneres kennt, als in meiner häuslichen Umgebung aufzugehen. Ohne fromm-dogmatischen Überbau oder Hashtag-Hype. Aber wir werden tagtäglich damit bombardiert, wie wir als Frauen zu sein hätten. Egal, ob aus der frommen oder der weltlichen Ecke. Entweder sind wir zu viel oder zu wenig. Eine Frau kann selten ihren Lebensentwurf leben, ohne aus irgendeiner Ecke Kritik zu hören. Egal, ob wir uns der Care-Arbeit daheim widmen oder außer Haus arbeiten gehen. Egal, ob wir kinderlos, Single, alleinerziehend oder kinderreich sind. Egal, ob wir laut oder leise sind. Irgendwo posaunt immer jemand ein neues Frauen-Ideal in die Welt hinaus und lässt uns vergessen, was wir eigentlich einmal wollten und wozu wir geschaffen wurden. Wenn es deinem innigsten Herzenswunsch entspricht, Hausfrau und Mutter zu sein, dann tu genau das und lass dich nicht von deinem Umfeld entmutigen, das dir zuraunt: „Und wann gehst du wieder *arbeiten*?" (Als wären Windelwechseln und Kloputzen ein Spaziergang im Frühling.) Mach dein Ding. Setz dich mit deinem Partner zusammen und plant, wie *euer* Familienmodell funktionieren kann. Und wenn du deine Erwerbstätigkeit liebst, lange für sie gekämpft hast, dann überlegt euch, wie ihr Familie und Arbeit partnerschaftlich aufteilen könnt. Es kann auch passieren, dass du überfordert zusammenbrichst, weil du zu viele Bälle in der Luft hältst. **Unser Leben ist kein festgeschriebener Plan, den wir auf Biegen und Brechen erfüllen müssen, sondern ein verschlungener Weg mit vielen Haltestellen und Sackgassen. Du wirst immer wieder flexibel dein Leben anpassen müssen.** Eine Kur beantragen. Abschied nehmen von sozialen Medien. Eine Eheberatung in Anspruch nehmen. Alte Ideale auf den Prüfstand stellen. Deine Arbeitsstelle kündigen und mit deinen Kindern auf den Spielplatz gehen. Finanzen ordnen. Nach der Babypause in ein neues Berufsleben starten. Dich coachen lassen. In eine Single-WG ziehen. Hilfe in Form einer Seelsorgerin, einer Putzfrau, einer guten Seele holen.

Das christlich-konservative Ehemodell basiert auf biblischen Texten, die an eine ganz bestimmte Gesellschaftsstruktur zu einer ganz bestimmten Zeit gerichtet waren und die deshalb zu einer modernen Ehe in der heutigen Kultur nicht mehr passen. Und es basiert auf biblischen Personen, die wir gerne romantisch verklären. Yep, Esther war eine von vielen *Hundert* Frauen, die in den Harem des Königs gezwungen wurden. Liebesgefühle spielten in Eheschließungen bis vor ca. 200 Jahren absolut keine Rolle.

Selbst zu Jesu Zeiten nicht. Wenn wir glauben, dass die Bibelstellen, in denen Petrus und Paulus zur Unterordnung der Frau aufrufen, biblische Prinzipien für eine gelingende Ehe seien, dann sollten wir mal einen gründlichen Blick darauf werfen. Die beiden schufen hier nämlich keine neue biblische Ordnung, sondern stellten in der bereits bestehenden griechisch-römischen Haushaltsordnung die jeweiligen Beziehungen in das Licht Jesu. Sie stürzten keine alten Strukturen, sondern kommentierten diese auf eine subversiv-radikale Art. Hören wir mal genau hin:

„Ordnet euch aus Achtung vor Christus bereitwillig *einander* unter. Ihr Ehefrauen sollt euch euren Männern unterordnen, so wie ihr euch dem Herrn unterordnet. Denn der Mann ist das Haupt seiner Frau, wie Christus das Haupt seines Leibes – der Gemeinde – ist, für die er sein Leben gab, um sie zu retten. So wie die Gemeinde sich Christus unterordnet, sollt ihr Ehefrauen euch auch euren Männern in allem unterordnen. Und ihr Ehemänner, liebt eure Frauen mit derselben Liebe, mit der auch Christus die Gemeinde geliebt hat." (Epheser 5, 21–26)

Versetzen wir uns in die Lage der Zuhörerinnen und Zuhörer damals. In Menschen aus dem 1. Jahrhundert nach Christus, die von einer Kultur geprägt sind, in der die Frau nichts gilt. Was ist für sie an diesen Worten neu? Was kennen sie noch nicht? Paulus gelingt es hier nämlich ganz hervorragend mit einem rhetorischen Kniff quasi durch die Hintertür die Gleichstellung zwischen den Geschlechtern voranzutreiben.

Was sie kennen, ist die griechisch-römische Haushaltsordnung mit dem Mann an der Spitze, dem alle anderen im Haus Gehorsam und Unterwürfigkeit zollen müssen. Ein Sklave oder eine Frau waren kaum mehr als ein Haushaltsgegenstand. Der griechisch-römische Haushalt war die kleinste Zelle der Gesellschaft und imitierte damals einen Mini-Staat. Er war grundlegend für die römische Gesellschaft und unterlag daher strikten Ordnungen. An der Spitze stand der Mann als Herrscher, dann kamen die Kinder und die Frau, am Ende die Sklaven. Alle waren dem Mann untertan. Einer musste ja sagen, wo es langging.

Was die Zuhörerinnen und Zuhörer bislang nicht kennen: Die Forderung sich *einander* unterzuordnen, egal ob Mann oder Frau. Der Appell an die Männer, ihre Frauen nicht wie einen Haushaltsgegenstand zu benutzen, sondern ihnen mit Liebe und auf

Augenhöhe zu begegnen. Das sind schockierende, befreiende Nachrichten.

Die Worte aus diesem Brief klangen für die frischgebackenen Christinnen in Ephesus wie Musik! In ihren Haushalten sollte die Liebe Jesu die Beziehungen prägen, nicht der männliche Befehlston. Der Haushalt sollte nicht mehr auf Rom und seine Machtstrukturen hinweisen, sondern auf Jesus. Mit seinem einleitenden Satz führt Paulus die Hausordnung bereits ad absurdum: *„Ordnet euch aus Achtung vor Christus bereitwillig einander unter."* (Epheser 5, 21)

Vielleicht kennst du auch dieses in christlichen Kreisen kursierende Narrativ, dass Paulus an dieser Stelle auf die Schwächen des jeweiligen Geschlechts abzielt: Männer können schlecht lieben, Frauen können sich schlecht unterordnen und wollen dominieren. An wie vielen Hauskreisabenden haben wir genau dieses stereotype Bild gezeichnet und durchgekaut wie Kühe, die brav das Gras fressen, das man ihnen zuwirft. Natürlich gibt es Männer, die ihre Gefühle schlecht ausdrücken können. Aber fragt meinen Mann, wie oft ich ihm sage, dass ich ihn liebe. *Ahem ...* Genau! Und natürlich gibt es Frauen, die versuchen zu dominieren. Aber 2 000 Jahre christliches Patriarchat? Hallo? Muss ich noch mehr dazu sagen?

Wenn Paulus überhaupt eine christusgemäße Regel für das Zusammenleben von Menschen aufgestellt hat, dann genau diese: Ordnet euch *einander* unter.

Niemand soll über den anderen herrschen. Weder der Mann über die Frau noch die Frau über den Mann. Genau dann erfüllen wir das Gebot Christi. Und nicht, wenn wir uns in ein künstliches Konstrukt fügen, nur weil uns das ein Eheratgeber, „die Kirche", ein angesagter Pastor oder ein frommer Hobby-Psychologe im Netz um die Ohren haut.

Ich glaube, dass alle Bemühungen um Gleichberechtigung in der Ehe fruchtlos sind, solange wir versuchen, unsere eigene Agenda durchzuboxen. Es bedarf immer wieder neuer Anpassungen. Es bedarf von beiden Seiten Demut und Gebet, was genau jetzt dran ist.

Es kommen Zeiten, in denen wir unsere Pläne und unseren Aktivismus zu Grabe tragen müssen. Vielleicht wird ein Familienmitglied krank und du musst deswegen deinen Job an den Nagel hängen. Oder du wirst zum ersten Mal Mutter und ordnest deine Bedürfnisse einem anderen Leben unter. Oder dein Mann stellt seine Pläne hinten an, bleibt daheim und du gehst wieder arbeiten. Vielleicht legst du eine Karrierepause ein, weil sonst deine Familie oder deine Gesundheit leiden. Nicht, weil dich jemand dazu zwingt, sondern weil du spürst: Das ist der Jesusweg. Der Weg der freiwilligen Unterordnung. Das gilt für Mann und Frau. Der Weg der Liebe, die nicht das eigene sucht, nicht die Machterhaltung, nicht die korrekte Bibelauslegung, nicht das biblische Ehemodell, sondern das Menschenwohl. Und Menschenwohl ist Gleichberechtigung. Das ist der Kern des Evangeliums: nicht das Ich, sondern das Du.

Planänderungen

Wie ich ja schon erwähnt habe, schreibe ich dieses Buch während der Corona-Pandemie, und hättest du mir Anfang Januar 2020 die Schließung von Schulen, leere Klopapierregale, volle Krankenhäuser und die tägliche Maskenparade im Supermarkt prophezeit, hätte ich dir schallend ins Gesicht gelacht. Aber so ist das Leben. Es nimmt Wendungen, die wir nie für möglich gehalten hätten. Damals, als meine Kinder und mein Mann noch regelmäßig aus dem

Haus gingen und diese kostbaren Vormittage ganz allein mir gehörten, schrieb ich die ersten Seiten dieses Buches und vertiefte mich stundenlang in Recherchen und Sekundärliteratur.

Wie hätte ich ahnen können, was auf uns zukommt? Zunächst nahm ich die Pandemie nicht ernst und glaubte wahrhaftig, sie würde mit den Frühlingstemperaturen wieder abflauen oder irgendwo auf dem Weg von Italien nach Deutschland an den Alpen hängen bleiben. Nun, sie machte einen kurzen Zwischenstopp in Ischgl und reiste dann wie eine klettige Partybekanntschaft weiter mit nach Deutschland. Am Donnerstagmorgen bekamen meine Kinder ihre Schulbücher und -hefte mit nach Hause. Am Freitag ahnte ich langsam, dass es ernst war. Am Montag schob ich meine Arbeit zur Seite, um mit meinen Kindern zu lernen. Am Dienstag sagten die ersten Veranstalter meine Lesungen und Vorträge ab. Am Mittwoch entschied ich mich, mein Buchprojekt vorerst auf Eis zu legen, wenn ich mich nicht durch den Fleischwolf drehen wollte. Ich wurde an anderer Front gebraucht.

Die aufmerksame Leserin, der aufmerksame Leser, der du vermutlich bist (sonst hättest du nicht bis hierher durchgehalten), räuspert sich nun lautstark und fragt: „Ja, und was ist mit deinem Mann? Warum musste er *seine* Pläne nicht aufgeben?" Mit einem Satz: Er ist der Hauptverdiener. Ich bin die Nebenverdienerin. Aufgrund unserer Rollenverteilung war ich die flexiblere von uns beiden und konnte darum den Pausenknopf drücken. Das Leben wird uns immer wieder – manchmal sanft, manchmal grausam – Karriere- und sonstige Pläne aus der Hand nehmen. Die Namen der Gründe sind austauschbar: Corona, Krankheit, Kündigung, Scheidung.

Ich ordnete mich den besonderen Gegebenheiten eines Lebens

im Lockdown unter, weil es wichtiger war, für meine Kinder als für mein Buch da zu sein. Weil der Jesusweg nicht den eigenen Vorteil sucht. Morgens um halb sechs klingelte mein Wecker, ich schälte mich müde aus den Laken, und mit fast geschlossenen Augen tippte ich ein paar halbgare Sätze, bevor ich die Kinder weckte und den Rest des Tages in Angriff nahm. Ich war eine müde Frau. Eine, die zu viele Bälle in der Luft halten wollte, denn so bin ich. Unter Strom. Der gereizte „Ich-mach-mehr-als-du"-Vorwurf gegenüber meinem Mann hing in dieser Zeit oft in der Luft. Wer gerade wie viel gibt und wer auf was verzichten muss, war dauernd Thema, und überhaupt waren wir beide so unendlich müde und urlaubsreif. (Ach ja, übrigens, der geplante Urlaub in Frankreich? Ausgefallen!) Dann brachte mein Mann den Müll raus, wählte sich in die nächste Telefonkonferenz ein und ich buk das Brot zu Ende und entfernte Zecken von Kinderarmen. An den Abenden saß ich oft allein auf der Couch, weil mein Mann in Telefonkonferenz Nr. 14 des Tages hing. Ich kann nicht sagen, dass dies eine besondere Glanzzeit in unserer Familie war, aber auf jeden Fall eine Lernzeit für uns beide.

Am Fundament rütteln

Wir leben in umwälzenden Zeiten und auch die Gemeindelandschaft ändert sich stark. Die letzten fünf Jahre haben das Fundament der evangelikalen Welt ordentlich ins Wanken gebracht und ich begrüße das. Viele Strukturen sind schrottreif, vor allem diejenigen, in denen die Frau immer noch „weniger-ist-als ..." Dort, wo noch immer das Patriarchat herrscht. Dort, wo Lehrmeinungen und Systeme immer noch wichtiger sind als der Mensch selbst.

Dort, wo es wichtiger ist, die Häkchen an die richtige Stelle zu setzen, statt radikale Barmherzigkeit zu praktizieren.

Ich hoffe, wir nehmen die Bruchstücke und bauen daraus etwas Neues. Ich hoffe, wir werden zu einer neuen Kraft, die einen barmherzigen, aufrüttelnden Jesus verkündet, der diejenigen in die Mitte rückt, die am Rande stehen. Und ich hoffe, dass wir eine prägende Wirkung mitten in unserer Gesellschaft entfalten. Unsere Bausteine für einen zukunftsfähigen, tragenden, heilenden Glauben müssen heißen: Versöhnung, Demut, Vergebung, Barmherzigkeit, Aufarbeitung und – endlich – Geschlechtergerechtigkeit.

Auch die ersten christlichen Gemeinden waren immer wieder Erschütterungen ausgesetzt, die dringende Kurskorrektur benötigten. In einem besonders dringlichen Brief wendet sich Paulus an die Gemeinde in Galatien. Das neue Leben, die ersten guten Entwicklungen wurden im Keim erstickt durch aufblühende Gesetzlichkeiten. Dort, wo Lehrmeinungen auf einen Thron gehoben werden, verabschiedet sich die Gnade, die wir in Jesus haben, leise durch die Hintertür. Da findet Paulus klare Worte und schreibt:

„Denn ihr alle, die ihr auf Christus getauft worden seid, gehört nun zu Christus. Nun gibt es nicht mehr Juden oder Nichtjuden, Sklaven oder Freie, Männer oder Frauen. Denn ihr seid alle gleich – ihr seid eins in Jesus Christus." (Galater 3, 27–28)

Mich packt die Sehnsucht! Die Sehnsucht nach Gemeinschaften, in denen genau das Wirklichkeit ist. Nach Gemeinschaften aus Menschen, die frei denken und fühlen und handeln. Und in denen wir zuerst den Menschen sehen – Jesus im Gesicht des anderen – und erst dann das Geschlecht, die Hautfarbe, das Alter. Menschen, die nicht erst um Erlaubnis bitten müssen, wenn sie ihre Berufung mit beiden Händen anpacken.

Das sind übrigens die gleichen Hände, die manchmal Pläne und Lebensentwürfe loslassen müssen, um dem anderen die Füße zu waschen. Männern wie Frauen gleichermaßen.

SEELE

Mehr als auf alles gib acht auf dein Herz,
denn aus ihm strömt das Leben.
(Sprüche 4,23)

Mein Herz ist mein treuer Kumpel; bisher schlägt es zuverlässig seit 46 Jahren. Ich habe ein bisschen Angst vor dem Alter, denn meine Vorfahren haben eine Menge Herz- und Krebsgeschichten vor meine Haustür gekippt. Herzinfarkte, Tumore, zahlreiche Stents, Vorhofflimmern und Herzrasen. Die Zivilisationskrankheiten Nr. 1 lassen grüßen. Ich habe mich nun ganz bestimmt nicht an jedem Tag meines Lebens vernünftig ernährt und genügend Sport getrieben. An die zahlreichen durchgetanzten Nächte möchte ich gar nicht denken. Aber andererseits fallen manchmal auch topfitte Leute beim Joggen tot um, weil ihr Herz versagt hat. Ich bewege mich in der Mitte, trinke eine Menge grüner Smoothies, vermeide Zigaretten und hoffe, dass es mich nicht so hart treffen wird. Bisher war ich zu jung, um mir groß Gedanken um mein Herz zu machen. Älterwerden ist was für später. Aber später ist jetzt auf einmal da. Das merke ich daran, dass ich mich zum Sockenanziehen hinsetzen muss. Aber noch bin ich quicklebendig und erfreue mich meines Lebens und hoffe, das wird noch mindestens 40 Jahre so sein.

Ich bin tatsächlich etwas vernünftiger geworden und bemühe mich um regelmäßige Bewegung. Und ich esse auch mehr Äpfel und Grünkohl. Verzichte auf Fleisch. In jungen Jahren verzeiht uns der Körper so manche Nachlässigkeiten. Aber nun will ich mich der Wissenschaft beugen, die bestätigt, dass der Verzehr von Fleisch das Risiko von Krebs- und Herz-Kreislauferkrankungen erhöht[21]. Mein Herz ist die Quelle meines Lebens. Und deshalb will ich besser darauf achten. Wir wissen erst zu schätzen, was wir hatten, wenn es nicht mehr funktioniert.

Es gab Zeiten, in denen ich nicht nur meinen Körper stiefmütterlich behandelt habe, sondern auch meine Seele. Den physischen Hunger hängte ich mir um wie eine Trophäe, und die Seele sperrte ich in einen kleinen dunklen Kasten. Ihr Rufen war ein dumpfes, fernes Echo. Vielleicht können wir uns tatsächlich erst gut um unsere Seele kümmern, wenn der Körper bekommen hat, was er braucht, wenn er zur Ruhe und zum Essen kommt. Vielleicht kann uns dann unsere Seele einholen. Zumindest war das bei mir so. Als ich meinem Körper erlaubte zu essen, was er brauchte, faltete sich meine Seele auseinander und kroch aus ihrem kleinen Kasten.

Um meine Seele zu hören und zu pflegen, musste ich zunächst lernen, wie sie tickt, was sie braucht und was sie aus dem Takt bringt. Das war zuweilen schmerzhaft, weil ich mir eingestehen musste, dass ich in vielen Dingen gar nicht so war, wie ich mich präsentiert hatte.

Die Eigenwahrnehmung entzerren und Lebensmuster umkrempeln sind wohl Prozesse, in die wir uns immer wieder hineinbegeben müssen, wenn wir unser Herz und unser Innenleben sorgsam pflegen wollen.

Deshalb will ich mit dir zusammen kräftig unsere Seelen auslüften, ein bisschen Licht in dunkle Nischen bringen und vielleicht etwas neue Wandfarbe für sie aussuchen. Unsere Seele, unser Herz ist der Ort, an dem Jesus mit uns wohnen möchte. Für ihn musst du nicht erst ein extra teures Sofa anschaffen. Er setzt sich sehr gerne auf dein abgewetztes. Jesus fühlt sich dort wohl, wo wir echt sind. Hinter der Bühne. **Der beste Ort zum Leben ist der, wo wir ganz wir selbst und ganz zu Hause sind. Aber wir brauchen Zeit und Klugheit und Heilung, um ganz nach Hause zu finden. Es dauert, zu diesem Zuhause, so wie es *ist*, ein Ja zu finden. Nicht wie es sein sollte oder könnte.**

Vielleicht ist das etwas, was man erst nach ein paar Lebensjahrzehnten lernt. Mit zehn tickte ich, wie ich tickte. Es wäre mir auch gar nicht in den Sinn gekommen, anders ticken zu wollen. Ich lag in den Ferien tagelang im Bett, las Bücher und schrieb Briefe, während meine Freunde draußen mit ihren brandneuen Rollschuhen Wettrennen fuhren und sich die Knie aufschürften. Es störte mich nicht, dass ich etwas verpasste. Wie auch, wenn sich die schönsten Abenteuer auf den Seiten meiner Bücher entfalteten und ich in meinen Tagträumen die Heldin war. Ich war so sehr in meiner Seele zu Hause, dass mich seltsame Dinge wie alte Märchen, Briefmarken aus fernen Ländern, Geschichtsbücher, meine Bibel und eisige Winterabende verzückten. Und an anderen Tagen warf ich mich mitten hinein in die Kinderbanden. Wir bauten Hütten und gruben nach Schätzen. Meine Eltern ließen mich sein. Heute würde man sagen, sie haben mich geschlechtssensibel erzogen. Mich nicht in ein Mädchenklischee gepresst.

Mädchen, die geschlechtssensibel erzogen werden, sind mit zehn meist noch ganz sie selbst. Sie kosten die ganze Bandbreite des Menschseins aus.

Ich kenne Mädchen, die mit Begeisterung in ihrem Garten Spinnen einsammeln und mit ihnen Studien durchführen (fragt nicht!), Mädchen, die sich stundenlang wilde Geschichten ausdenken und diese nachspielen. Die sich begeistern fürs Schreinern und Kuchenbacken, für Schach, Fußball, Puppen, Bienen, Harry Potter, Islandpferde. Die ihre Interessen wöchentlich austauschen. Die mit ihren Freunden losziehen und Müll aufsammeln. Die Tag und Nacht Reithosen tragen. (Es könnte sich hier um meine Kinder handeln. Oder auch nicht ...)

Die kindliche Leidenschaft, dieses hemmungslose Ausleben der verrücktesten Interessen, ist eine Zeit, die wir Erwachsenen so wenig wie möglich stören sollten (Auch wenn das bedeutet, dass ich ein zweites Set Reithosen besorgen muss). Sie ist eine Zeit, die die Seele, die Identität, die Sicht auf die eigene Geschlechtlichkeit prägt und formt.

Wenn das Beliebtheits-Ranking in der weiterführenden Schule ins Spiel kommt und wir uns so sehr danach sehnen, dazuzugehören, kann es schnell passieren, dass wir unsere Seele gegen die Regeln der jeweiligen Subkultur eintauschen, in der wir uns bewegen. Das kann uns in Schul-Cliquen, Vereinen, Gemeinden oder auch in der Online-Welt passieren. Wir verdrängen unsere Leidenschaften und wundersamen Eigenheiten, weil sie oft nicht mehr zu den Erwartungen passen, die unsere Peergroup an uns hat. Unser Innerstes stellen wir auf stumm und drehen das auf, was von uns erwartet wird. Und wenn wir dann endlich groß sind – und das Erwachsenwerden dauert in unseren Generationen bis in die 30er – kommen wir langsam wieder zu uns. Die einen schneller, die anderen langsamer, manche auch nie. **Manche Frauen sind so überfrachtet mit Erwartungen – von sich selbst und anderen –, dass sie nicht mehr wissen, wer sie sind und was sie eigentlich wollen. Du hast dich vielleicht so lange selbst mit Ideal-Bildern impfen lassen, dass dein wahrer Kern völlig verschüttet ist.**

In deinen Zwanzigern musst du dich ausprobieren und deinen Platz in der Welt finden. Du wirst vermutlich einige wirklich blöde Fehler machen und die Welt wird ein paar Mal einstürzen, aber du wirst danach wie Phönix aus der Asche auferstehen. Es ist im Zeitalter der Trillionen Möglichkeiten leichter, für fünf Minuten ein Youtube-Star zu werden, als zu wissen, wohin man gehören möchte. In deinen Dreißigern wachst du vielleicht mit einem enormen Kater auf, kratzt dich am Kopf, machst dir Kamillentee und schwörst, dass du dir ab jetzt treuer sein wirst. Es kann passieren, dass du dich in dieser Zeit niederlässt und mehr in dich hineinhorchst. Wenn es gut läuft, interessiert dich in deinen Vierzigern die Meinung anderer über dich ungefähr so brennend wie der Satz des Pythagoras. Du weißt, wer du bist und wer du nicht bist. Es ist ein glorreiches Jahrzehnt und ich stehe schon hier bereit, wedele mit meinen Cheerleader-Pompons und mache ein Fass auf, wenn du die 40 knackst.

Ich habe mit 30 geheiratet und meinte, ich hätte das Leben nun in trockene Tücher gepackt. Ahnungsloses, süßes Ich! Mein Idealismus zu jener Zeit trampelte über meine Seele hinweg und schrie: *Ich rette die Welt! Ich habe Führungsqualitäten! Ich bringe Leute zu Jesus!* Und mein Mann, der zwar deutlich weniger enthusiastisch veranlagt ist als ich, aber neue Ideen liebt, plante mit mir ein offenes Haus zu führen. Wir wollten mit vielen Menschen in Kontakt sein, missionarisch leben, voll *für Jesus brennen*! Das war unsere Vision am Tage unserer Hochzeit. Denn in unserer christlichen Bubble war es nicht genug, einfach nur das eigene Leben zu leben, sondern Menschen zu Jesus zu führen, geistlich zu wachsen und zu dienen, wo immer sich Möglichkeiten auftaten. Eigene Befindlichkeiten, die dem im Wege standen, wurden weggebetet. Und wenn sie dann immer noch im Wege standen, wurden sie als Schuld bekannt. Denn in der Rangordnung der schlimmsten Sünden folgte direkt auf die sexuellen Verfehlungen (Platz 1) die Eigensucht (Platz 2).

Wir luden Leute ein, immer wieder – auch wenn wir selbst so müde waren und uns eigentlich nur nach Ruhe sehnten. Wir feierten Partys und nahmen psychisch angeknackste Freunde für unbestimmte Zeit bei uns auf, telefonierten Stunden über Stunden, und der Hamster in meinem Hamsterrad machte unermüdlich Überstunden. Ich hielt genau vier Monate durch. Nicht vier Jahre oder vier Jahrzehnte. Nur vier Monate. Dann überschlug sich der Hamster und ich brach vor einer vollen Spülmaschine heulend zusammen. Ich konnte keinen Finger mehr rühren. Dabei wollte ich doch *alles* für den Herrn geben und jetzt konnte ich noch nicht mal mehr ein dämliches Glas in den dämlichen Schrank stellen? *Reiß dich zusammen! Josua hat auch nicht rumgeheult und ist mit einem Beinahe-Burnout zum nächsten Heilpraktiker gerannt, sondern hat seinen Auftrag ausgeführt und marschierte ins Gelobte Land ein.*

Ich musste mich wohl verhört haben, als Jesus mir die Idee mit dem offenen Haus einflüsterte. Diese Vorstellung entsprang den Idealen, die ich mit der Muttermilch meiner christlichen Kultur eingesogen hatte. Jesus hatte damit weniger zu tun. Ich kannte meine Seele nicht mehr, wusste nicht, unter welchen Bedingungen sie leidet und welche Bedingungen sie zum Blühen bringen. Eisern war ich einem christlichen Lebensentwurf gefolgt, der meine Seele außer Acht ließ. Sie musste sich über meinen Körper Gehör verschaffen, und erst als ich nicht mehr schlafen und kein einziges Glas mehr in den Schrank räumen konnte, stellte ich diese Lebensart infrage. Als Folge meines Zusammenbruchs musste ich meine Arbeitszeit reduzieren und selbst Jahre später versetzte mich das Klingeln unseres Telefons immer noch so sehr in Panik, dass ich ins Klo rannte, mich einsperrte und das Telefon herzklopfend ignorierte. (Sorry an alle, die mich in dieser Zeit so selten erreichten!)

Erst mit Ende 30 ging mir ein Licht auf (nein, nicht ein armseliges Teelicht, sondern ein Fußballstadion-Flutlicht), als mir meine Therapeutin sagte: „Frau Smoor, wissen Sie eigentlich, dass Sie im hochsensiblen und introvertierten Spektrum angesiedelt sind?"

Ich: Hä? Echt? Kann nicht sein!

Das Flutlicht sprang surrend an. „Bringe ich deshalb gerne zu Partys ein Buch mit?" „Ja." „Und winde ich mich deshalb innerlich so sehr bei Smalltalk?" „Ja." „Fühle ich mich deshalb nach sozialen Interaktionen erschöpft?" „Ja." „Sauge ich deshalb die Atmosphäre in einem Raum auf wie ein Schwamm?" „Ja."

Aha. Oho!

Es ist ein radikaler und lebenserhaltender Akt, die Schichten sozialen und eigenen Erwartungsdrucks und angelernter Frömmigkeit zu durchdringen, unserer Seele „Willkommen" zu sagen und zu lernen, was sie zum Leben braucht und was nicht. Das kann für dich heißen, dass du deine Stille Zeit über Bord schmeißen musst und stattdessen christliche Meditation lernst und genau darin neues Leben findest. Das kann für dich heißen, dass du deinem Fitnessstudio kündigst und lieber ein paar Mal die Woche durch den Wald läufst. Dass du deine lieben süßen Kleinen zu einer Mittagspause verdonnerst – ohne schlechtes Gewissen bitte – und dir einen Rückzugsort schaffst. Das kann für dich heißen, in deiner Gemeinde nach anderen Aufgaben zu suchen. Oder die Aufgaben ruhen zu lassen. Das kann für dich bedeuten, euren Wochenplan zu entrümpeln und damit zu riskieren, dass deine Kinder ohne Frühförderung ihr Leben meistern müssen. Das kann für dich heißen, dass du endlich den Töpferkurs machst, einen Garten anlegst oder einem Chor beitrittst. Es kann für dich heißen, deiner Sexualität ehrlich auf die Spur zu kommen. Es kann bedeuten, dass du dich von Menschen, die dir schaden, distanzieren musst.

Versteh mich nicht falsch. Ich propagiere kein Lust-und-Laune-Prinzip. Sondern ein Ehrlichwerden vor dir selbst. Ein Forschen und Graben nach der Person, die du mit zehn Jahren warst und die noch irgendwo in dir lebt. Denn eine Seele kann nur dann lebendig sein und Leben hervorbringen, wenn sie nicht verschüttet ist. Und ja, es kommen Zeiten, in denen wir tatsächlich einfach nur funktionieren müssen und uns keine Wahl bleibt und wir keine Zeit und Kraft haben, danach zu suchen, was uns lebendig macht. Aber umso dringlicher müssen wir die guten Zeiten nutzen, um unser wahres Selbst zutage zu fördern, damit es uns durch die schlechten Zeiten tragen kann. **Gott hat nicht nur deinen Körper geschaffen, sondern auch deine Seele. Und die hat er nicht mit einer Einheits-Ausstechform als austauschbare Massenware produziert, sondern sie mit individuellen Wesensmerkmalen und Leidenschaften verziert.**

Er hat mich mit einer gehörigen Portion Introvertiertheit geschaffen. (Und glaube mir, ich kann legendäre Partys schmeißen, aber danach brauche ich eine Woche Erholung.) Er hat mir den

Stempel einer unbändigen Liebe zur Literatur, zur Natur, zu fremden Kulturen, zum Essen, zum Abenteuer aufgedrückt. Er hat mir einen schrägen Sinn für Humor und ein rebellisches, hinterfragendes Wesen geschenkt. Vieles davon habe ich früher versteckt und weggedrängt. Mich sogar schuldig gefühlt. Dafür, dass ich bin, wie ich bin. Wie ein Bildhauer meißelte ich die Seiten an mir weg, die eckig und kantig herausstanden, die nicht zu der Form einer „richtigen Frau" passten. Ich habe das Gefühl, Gott hat mir den Meißel mittlerweile behutsam aus der Hand genommen. Wir sollten aufhören, sein Werk zu verunstalten, zu verzerren und glatt zu schleifen.

Auf den nächsten Seiten möchte ich mit dir zusammen auf Seelenerforschungstour gehen. Wir werden uns durch den ganzen Erwartungs- und Prägungsmüll wühlen, entdecken welche Ecken und Kanten zu uns gehören und Platz schaffen, sodass Jesus nicht im hintersten Winkel auf einem Klappstuhl ausharren muss, sondern mit uns auf der großen, abgewetzten Couch abhängen kann. Leben soll aus deiner Seele, aus deinem Herzen hervorsprudeln. Pralles, saftiges und kraftvolles Leben, nach dem du dir die Finger leckst.

Hunger nach Anerkennung

Ich packte meine angebrochenen Kekspackungen und eine armselige Zimmerpflanze ein, verabschiedete mich von meinen Kolleginnen und Kollegen und fuhr endlich meiner glorreichen Zukunft als Hausfrau und Mutter entgegen. Mein Bauch drückte gegen das Lenkrad, ich sang aus vollem Halse. In wenigen Wochen würde ich

Mutter werden, und ich hatte beschlossen, meine Arbeitsstelle für immer hinter mir zu lassen. Ich gratulierte mir selbst zu diesem unpopulären Schritt.

Meine neue Karriere als Stubenhockerin wartete auf mich. Darin bin ich besonders gut. Ich liebe jeden Regentag, der verhindert, dass ich nach draußen muss. Ich war quasi geboren fürs Muttersein! Fürs Kochen und Backen, Stricken und vor dem Ofen hocken. Das zeigt bereits meine ganze Ambivalenz, weil es mich nämlich ebenso begeistert, um die Welt zu reisen, zu tauchen und tagelang durch die Wildnis zu wandern. Beide Seiten – der Stubenhocker und die Abenteurerin – drücken meinen Hang zur Selbstbestimmung und Freiheit aus. Ich fühle mich existenziell bedroht, wenn ich acht oder neun Stunden am Tag an einem Ort verweilen muss, an dem ich gar nicht sein will, und Arbeit verrichten muss, die mir im Grunde meines Herzens zuwider ist.

Der Moment, in dem der Schwangerschaftstest positiv ausfiel, war der beste Augenblick meines Lebens. Ja, wir bekommen ein Kind. Und noch besser: Ich kann endlich den ganzen Tag daheim sein! Daheim! Ich muss meinen müden Hintern nicht mehr jeden Morgen in ein Büro schleppen! Ich wusste nicht, worüber ich mehr jubelte. Über die kleine Erbse in meinem Bauch oder über die Aussicht auf meine neue Karriere als Mutter und Hausfrau.

Ich bereue diesen Schritt bis heute nicht, auch wenn ich ihn nicht ideologisieren möchte.

Ich hatte ja keine Ahnung, was auf mich zukam! Ein zuckersüßes Baby und Glückshormone, eine verschworene Müttergemeinschaft und ein Umzug aufs Land. Ein absoluter Mangel an Schlaf, Ausgewogenheit, Geduld und Lob.

Uns widerfuhr ein Phänomen, das viele junge Eltern erleben: Mit uns wurden plötzlich viele andere befreundete Paare schwanger. An einem Wintertag kam mich eine Freundin mit ihrem Säugling besuchen. Unsere Babys lagen auf der Krabbeldecke; sie untersuchten gurrend ihre Finger und Füße und Bauklötze. Stolz und verliebt beobachteten wir unseren Nachwuchs und hofften auch ein bisschen, dass diese Kinder später einmal Freundschaft schließen würden. (Spoiler: Das ist nicht passiert!) Mit einem dringend benötigten Kaffee in der Hand wandte sich die Freundin mir zu und schüttete mir ihr Herz aus. Das Mütter-Ding sei echt total schwierig. Nein, sie bereue nicht, ein Kind bekommen zu haben. Aber ihr fehle das Lob und die Anerkennung, die sie immer auf Arbeit erhalten hatte. Ihr Mann gebe ihr kaum positives Feedback. Sie verhungere. Ich stimmte ihr zu: „Amen, Schwester."

Wochenlang verfolgte mich dieses eine Gespräch, und ich fragte mich, warum wir so abhängig sind von der Anerkennung anderer. Weshalb es uns nie genug ist. Warum wir trotz allem, was wir haben, immer noch nach mehr dürsten. Wie es sein kann, dass auf der anderen Seite Europas Mütter mit ihren Kindern beim Versuch, das Mittelmeer zu überqueren, ertrinken und wir bereits in eine Sinnkrise geraten, weil uns unser Liebster heute nicht bewundernd über den Kopf gestrichen hat?!

Wir wissen um die Notwendigkeit von Lob und Anerkennung für ein gesundes Gedeihen des Menschen. Aber etwas, das genauso wichtig ist, vergessen wir leicht: Der Mensch muss auch lernen, seinen Wert aus sich selbst schöpfen zu können. Denn unser kostbarer, verwöhnter Nachwuchs wird zwangsläufig in ein Anerkennungs-Vakuum geraten. In der Schule klebt ihnen der Lehrer irgendwann kein Sternchen mehr ins Heft. Die Professorin an der Uni interessiert es nicht, wenn sie täglich dreizehn Stunden lernen.

Der Ausbilder wirft mit dem Hammer um sich, wenn die Azubis nicht die Leistung bringen, die er erwartet.

Wir besitzen ein inneres Konto, auf das ein unterschiedliches Maß an Anerkennung eingezahlt wird. Gibt es viel, fühlen wir uns reich. Gibt es wenig, fühlen wir uns arm und hungrig. Aber ein Reicher hat es schwer. Er ist in unserer Lob-Kultur immer auf die Einzahlung von außen angewiesen und kennt nicht die Kunst der Selbstaufrichtung.

Er lernt nicht, selbst auf sein Konto einzuzahlen.

Gerade Mädchen sammeln häufig über gutes Benehmen, Klugheit und Fleiß eine Menge Pluspunkte. Und dann fallen sie in ein Loch, wenn irgendwann das Lob nicht mehr sprudelt, sondern nur noch tröpfelt oder gar versiegt. Das kann passieren, wenn wir uns während der Elternzeit in die Häuslichkeit zurückziehen oder wenn wir keinen Partner haben, der uns emotional stützt, oder wenn unsere Leistungen im Job zur Selbstverständlichkeit geworden sind.

Wir folgen freiwillig der Sucht nach Anerkennung, suchen sie an allen möglichen und unmöglichen Orten und werden doch nur hungriger. Die Seele hat irgendwo ein verstecktes Loch, durch das alle menschlichen Bemühungen, sie zu füllen, wieder herausrieseln.

Wahrscheinlich können wir unsere Töchter besser auf das Leben vorbereiten, wenn wir sie nicht nur loben, sondern indem wir sie in die Aktion locken. Sie müssen sich selbst auf die Spur kommen und wir helfen ihnen dabei, wenn wir Fragen stellen, wie zum Beispiel: „Was hast du heute gut gemacht?" „Was kannst du?" „Was gefällt dir besonders gut an dir?" „Wer liebt dich?"

Niemand schuldet uns Lob. Ein Lob ist immer ein Geschenk,

aber niemals eine Schuldeinforderung. Ich glaube, wir müssen mal ganz dringend von unserer Anspruchshaltung runter.

Ich kenne meine eigenen Klagen und die Klagen von Freundinnen. Wir werden Opfer unserer eigenen Anspruchshaltung. *„Uns wurde doch immer so viel auf unser Anerkennungs-Konto eingezahlt. Und jetzt auf einmal nichts mehr!"* Wir verwechseln unseren Wert mit unserem Konto-Guthaben. Ohne dieses Guthaben verfallen wir in eine Kompetenzstarre, in der wir klagen, jammern und fordern. Das stelle ich jetzt etwas überspitzt dar, aber ich selbst tappe immer wieder in diese Falle und habe dies auch im Freundeskreis erlebt. Ich mutiere zum weinerlichen Wesen und stelle meinen Mann an den Pranger, weil er in meiner Wahrnehmung dafür zuständig ist, mir täglich zu bestätigen, wie unfassbar toll ich bin.

Solange wir damit beschäftig sind, auf unser leeres Konto hinzuweisen, bleiben wir unmündig und ohne Kraft zur Selbstaufrichtung.

Einerseits drängt sich mir die Frage auf, welchen Wert wir aus der Arbeit schöpfen, die wir leisten. Das können wir tatsächlich – selbst, wenn wir z. B. „nur Mutter" sind. Jeden Abend könnten wir uns leise erzählen, als ob ein staunender Zuhörer neben uns säße, dass wir es an diesem Tag wieder geschafft haben, ein menschliches Wesen am Leben zu erhalten, es zu fördern und mit *Milch aus unserem eigenen Körper* zu nähren – und das ganz ohne eigenen Schlaf! Wenn es kein anderer tut, dann klopf dir einfach selbst auf deine Schulter und sag dir, was für eine unfassbare Superheldin du bist.

Auf der anderen Seite stellt sich die Frage: Welchen Wert habe ich? Was bleibt, wenn ich ihn nicht aus meinen Aufgaben, meinem Status oder meiner Beliebtheit ziehen kann? Wenn ich im schlimmsten Fall gerade eine Depression durchmache, arbeitslos bin, eine Scheidung erlebe, ans Bett oder an den Rollstuhl gefesselt bin. Was dann?!

Ihr wisst, dass ich jetzt die Gottkarte ziehen werde, nicht wahr? Richtig getippt. Ein zufälliges Leben, entstanden ohne größeren Kontext, hat nur den Wert des Nutzens, das es seinem Ökosystem bringt. Es ist nur eine Ansammlung von Zellen, die sich ihr Leben lang erneuern, bis sie sterben und ins Nichts übergehen. Das wirft existentielle Fragen auf, deren Antworten wir nicht in der Wissenschaft oder den Systemen der Welt finden können, sondern nur in einem göttlichen Gegenüber. Die Ärztin Dr. Ruth Pfau drückte es so aus: „Die Antwort auf meine existentiellen Fragen gibt mir kein System, sondern ein Du."[22]

Wir werden unweigerlich auf Gott zurückgeworfen, wenn unsere menschengemachten Systeme aus Wertzusprechung und Wertverweigerung zusammenbrechen. Er ist mein Du, mein Halt, mein Hier und Jetzt, mein Schöpfer, der mich ins Leben gerufen hat. Zugegeben, es ist schon manchmal ein kurioses und hartes Leben, aber er hat meine Beine, meinen Bauch, meine Arme, meinen Kopf, meine Augen, meine Seele und meinen Geist mit Liebe geformt. Vor Gott gibt es keine Unterschiede in Bezug auf den Wert eines Menschen. Der schwerst mehrfach Behinderte, der Flüchtlingsjunge in Moria, der junge afrikanische Handtaschenhändler, die amerikanische Trump-Anhängerin, die deutsche Durchschnittshausfrau – alle sind sie ihm gleich viel wert. Denn er macht unseren Wert nicht an Leistung und Kapital oder korrekter Lebensführung fest wie unser menschliches System, sondern an unserer Ebenbildlichkeit mit ihm. Und sein Ebenbild ist so vielfältig, wie die Menschheit selbst: Mann, Frau, Kind, Baby. Afrikaner, Europäer, Asiate, Inuit. Armer, Gefangener, Reicher, Nackter, Tänzer,

Gelähmter, Überwinder, Sieger. Jesus ist immer im Gesicht des anderen zu sehen. Und auch in deinem, wenn du – hungriger Mensch – in den Spiegel siehst. „Ich danke dir dafür, dass ich wunderbar gemacht bin; wunderbar sind deine Werke; das erkennt meine Seele" (Psalm 139,14).

Es mag eine Weile oder ein Leben lang dauern, bis wir diese Wahrheit verinnerlichen, und es werden Zeiten kommen, in denen wir wieder hungrig werden. In denen sich unsere Seele wund anfühlt. Leer. Nach Nahrung weint. Das bedeutet nicht, dass wir in unserem Glaubensleben irgendetwas falsch gemacht haben, sondern dass wir bedürftige Menschen bleiben – bis ins hohe Alter hinein. Warum sehnen sich manche alten Menschen noch immer nach ihrer Mutter zurück, die vielleicht schon seit Jahrzehnten tot ist? Es ist der Ausdruck einer tiefen Bedürftigkeit nach einem Ort der Geborgenheit, nach absoluter Annahme. Unsere Bedürftigkeit kann nur im Du gestillt werden. Indem wir in die Arme eines liebenden Gottes, der unserer nicht müde wird, sinken.

Gott möchte uns in eine Mündigkeit hineinführen, in der wir Glaube, Leben, Nächstenliebe und Selbstliebe eigenverantwortlich gestalten. Eine Mündigkeit, die uns erlaubt, hinauszutreten aus ängstlichem Abwarten („Ist das jetzt auch wirklich Gottes Wille??"), die Fehler machen darf, die immer wieder nach Gottes Gnade sucht und diese auch empfängt.

Wenn wir die Verantwortung für unser Sattwerden in unsere eigenen Hände nehmen, dann lernen wir, uns immer wieder selbst aufzurichten. Wir lernen, selbst an die Quelle zu gehen. Das Du zu suchen. Das Hungrigwerden auszuhalten. Unsere Bedürftigkeit nicht zu überhöhen, aber auch nicht zu verstecken. Dann übernehmen wir Verantwortung für unsere verletzten Seelen und tragen sie zu einem Therapeuten oder zu einem Seelsorger und lassen Luft an die Wunden, sodass sie langsam heilen können.

Lasst uns das innere Anerkennungs-Konto kündigen. Am Ende zahlen wir nur Zinsen.

Ein Hoch auf die Mittelmäßigkeit

„Wer möchte noch ein Stück Torte?" Keine von uns hält sich vornehm zurück und wir greifen zum zweiten Stück des Honig-Rosmarin-Kuchens mit Zitronen-Frosting. Inmitten von blühenden Linden und sommersatten Rosen feiert unser Book Club den Geburtstag einer Freundin. Wir sind nicht für Zurückhaltung bekannt; das bekommen auch die Anwohner zu hören, denn wir feuern Lachsalve um Lachsalve ab. Aber wir können auch ernst. Sehr ernst sogar. Wir haben uns bisher durch Bücher gekämpft, die wir vielleicht normalerweise gar nicht lesen würden. Die Lektüre von Poesie, Wissenschaft, Klassik und Zeitgenössischem streckte und dehnte unseren Geist. Manchmal bis über die Schmerzgrenze. Momentan beschäftigen wir uns mit Rassismus. Dieser Book Club ist meine Gemeinde, weil diese Frauen mehr von mir wissen als mein Hauskreis. Hier bin ich ganz Mensch inmitten anderer Menschen, deren Abgründe, Fragen, Zweifel und Nöte ich ebenso kenne, wie sie meine. Ich weiß, dass ich damit ungeheuer gesegnet bin. Wir sind diese Art von Freundinnenkreis, der es im Alltag oft nicht schafft, sich zu treffen, und wenn es dann doch passiert, können wir sofort wieder aneinander anknüpfen ohne Aufwärmphase. Und meistens backt eine von uns Kuchen.

Eine aus unserer Runde stellt ihren Teller zur Seite und erzählt, dass es in ihrem Umfeld so viele junge Frauen gibt (jawohl, junge Frauen sind für uns mittlerweile alle unter 45), die unter der Last des Lebens zusammenbrechen. Bei der einen zeigt sich das als handfester Burnout, bei der anderen als Depression. „Und das Verwunderliche: Sie sind alle eigentlich erfolgreiche Frauen, die mitten im Leben stehen. Aber sie geraten so sehr unter diesen Druck, alles sofort auf Anhieb richtig machen zu müssen. Im Studium und Beruf, wie auch im geistlichen Leben. Ich habe den Eindruck, dass viele Frauen immer noch in Mustern feststecken, in denen keine Fehler erlaubt sind. Es darf kein Ausprobieren und Scheitern geben. Da geht heute mit Mittelmaß gar nichts mehr. Man muss sich hier und dort engagieren, plastikfrei leben, ein vitales Gebetsleben haben, vegan werden, auf Demos gehen usw. Da herrscht so ein Druck, unter dem gerade so viele junge Frauen zerbrechen."

Ich lecke gerade die letzten Krümel von der Gabel, einige sind auf meinem runden Bäuchlein gelandet, und stimme ihr nickend zu. In Gedanken sehe ich die kompetenten, gut gekleideten, jungen, atemlosen Frauen vor mir und mein Herz blutet. *Wer hat euch beigebracht, mit angehaltenem Atem tausend Bälle in der Luft zu halten?*

Der Tag neigt sich dem Ende zu. Wir wischen den Lindenblütenstaub vom Tisch, stellen den Geschirrspüler an und fahren nach Hause. Vor dem Schlafengehen scrolle ich im Halbschlaf noch kurz durch meinen Insta-Account und bleibe bei einem christlichen Instagramer mit viel Reichweite hängen: *„Gib dich nicht mit Mittelmäßigkeit zufrieden. Wo lebst du gerade eine Mittelmäßigkeit, die dich unrund macht? Wo weißt du: Da wäre so viel mehr drin!"*

Mit einem Schlag bin ich wieder wach. Aber nicht aus neu entfachter Begeisterung für ein rundum optimiertes Leben, sondern aus Wut. Solche Aufforderungen sind es, die unseren tausend

Bällen in der Luft noch einige mehr hinzufügen. Und dann dürfen wir um Himmels willen keinen Ball fallen lassen oder weglegen. Wir leben in einem Zeitalter, in dem wir von allen Seiten angeplärrt werden, dass das, was wir bereits geben, nicht genug ist. *Denn es muss noch mehr drin sein! Dein bestes Selbst wartet auf dich!* Junge Menschen lesen diese fromm gewürzte Sauce, die übermächtig nach amerikanischen *Selfhelp*-Gurus schmeckt. Und ihr Leben reduziert sich auf ein dauerhaftes Schuldgefühl, weil sie der geforderten Exzellenz nicht genügen, den Hype um ätherische Öle verpasst haben oder gestern vergessen haben zu beten.

Einerseits werden wir überflutet von einer frommen Merchandising-Maschinerie aus „Gottes-Prinzessinnen-Du-Bist-So-Geliebt-Königstochter"-Artikeln. Andererseits bekommen wir immer wieder suggeriert, dass wir so, wie wir jetzt sind, doch noch verbesserungsbedürftig sind. Wir könnten *noch mehr* glauben, *noch mehr* beten, *noch mehr* lobpreisen, *noch mehr* dienen, *noch mehr* in der Bibel lesen ... Wir fühlen ständig unseren eigenen Puls, um herauszufinden, ob wir gerade unser bestes Selbst sind! Und dann machen wir unser Wohlergehen, Weiterkommen und unseren Wert zu einer eigenen Ideologie, die uns lähmt und uns aussaugt.

Diese Art der frommen Selbstbeschäftigung ist genau das Gegenteil unseres ursprünglichen Zustandes: Der der Selbstvergessenheit. In der Selbstvergessenheit ist es uns herzlich egal, ob wir unterdurchschnittlich, Mittelmaß oder überdurchschnittlich sind. In der Selbstvergessenheit schweigt der innere Zensor und Antreiber, und wir probieren uns nach Herzenslust aus. In der Selbstvergessenheit spielen wir, formen wir, schreiben wir, scheitern wir und fangen wieder von vorne an. Oder wir wenden uns einfach etwas anderem zu. In der Selbstvergessenheit ist Platz für Träume und

Fragen und Scheitern. In der Selbstvergessenheit fragen wir nicht: Was müsste ich noch tun? In der Selbstvergessenheit wenden wir uns viel leichter dem Du zu.

Weißt du, wer selbstvergessen war? Adam und Eva im Paradies. Und weißt du, wer heute selbstvergessen ist? Unsere Kinder. Solange sie noch nicht völlig verplant sind und montags zum Kids-Yoga, dienstags zum Mathenachhilfekurs, mittwochs zum Fußball, donnerstags zum Musikgarten und freitags zum Ballett müssen. Wir sind unfassbar gut darin, unseren Kindern ihre Räume der Selbstvergessenheit wegzunehmen und mit etwas „Sinnvollem" zu füllen, aus Angst, sie könnten den Anschluss verlieren und nur *huch!* Mittelmaß werden. Diese Tendenz beobachte ich auch bei uns Erwachsenen. Wir nehmen uns die Räume der Selbstvergessenheit und damit des Ausprobierens und Misslingens. Stattdessen sind wir davon beseelt, dass alle unsere Aktivitäten unbedingt zielführend sein müssen.

Wir wollen keine mittelmäßige Wohnung, keinen mittelmäßigen Körper, keine mittelmäßige Karriere und Arbeitsstelle, keine mittelmäßigen Kinder und – um Gottes willen – keinen mittelmäßigen Glauben. **Mittelmäßigkeit ist das neue Versagen. Und auf der Jagd nach der eigenen Bedeutung und nach Selbstoptimierung verpassen wir unser wunderbares, unvollkommenes, schräges, mittelmäßiges Leben.**

Das Schreiben konfrontierte mich in den letzten Jahren mehr als alles andere mit meiner Mittelmäßigkeit. Erzielte jemand bessere Verkaufszahlen als ich, empfand ich das als persönliche Beleidigung. Schrieb jemand einen ausgefeilten Blogpost, bildete sich eine steile Falte auf meiner Stirn. Hatte jemand mehr Follower als ich, stürzte mich dies in eine fünfminütige Sinnkrise. Und warum satteln jetzt alle um auf Podcasts? Sollte ich das auch? Aber ich kann das nicht! Mein Neid beweist, dass ich einfach nur Mittelmaß und ein erlösungsbedürftiger Mensch bin. Und es ist doch eigentlich eine feine Sache, das zu erkennen.

Und in anderen Bereichen ist es oft ähnlich: Wann immer jemand eine Gebetserhörung erlebte, empfand ich persönliche Enttäuschung und strengte mich erst recht an, meine Gebete auf die „richtige" Art und Weise zum Himmel steigen zu lassen. Vielleicht hatte ich einfach nur falsch gebetet und/oder nicht genügend geglaubt? Wann immer ich während der Lobpreiszeit in einer Gemeinde kein geistliches Hochgefühl erlebte (was eigentlich immer so war), während um mich herum alle verzückt die Hände zum Himmel hoben, glaubte ich, es läge an mir und meiner mittelmäßigen geistlichen Hingabe. Wenn ich auf Insta und in Zeitschriften unablässig mit Bildern von idealen Körpern konfrontiert wurde, mochte ich meinen mittelmäßigen Körper nicht mehr.

Lass mich dir von einem meiner geistlichen Vorbilder erzählen, der eine Traumkarriere hinlegte: Erst lehrte er an der Yale University, später dann in Harvard. Es handelt sich um Henri Nouwen, niederländischer Priester und Psychologe. Unendlich viele Bücher hat er veröffentlicht, beliebt war er – ja, fast schon ein frommer Popstar – und er litt unter Überproduktivität und Einsamkeit. Eines Tages lud ihn sein alter Freund Jean Vanier in die *Arche* in Trosly-Breuil in Frankreich ein – ein kleines Haus, in dem Vanier zusammen mit behinderten Menschen lebte. Er war der Gründer der *Arche*-Gemeinschaften, in denen Behinderte und Nichtbehinderte zusammenleben, und bald gab es diese Gemeinschaften auch in Belgien, Kanada, Italien, Spanien, Mexiko, Indien, Haiti, Honduras, Deutschland und der Elfenbeinküste. Vanier hatte nie mit solch einer internationalen Ausbreitung gerechnet. Er wollte nur „arm sein mit den Armen".[23]

Henri blieb sechs Wochen in Trosly-Breuil und reiste danach mehrmals dorthin. Er war hin- und hergerissen. Sollte er sein Lehramt niederlegen und sich mit Haut und Haaren diesen Armen widmen? Alles andere schien vernünftiger und nützlicher zu sein als ein Eintritt in die *Arche*. „Und doch ... Jean Vanier, meine Freunde in der *Arche* und vor allem die Behinderten selbst sagten immer wieder leise, aber beharrlich: ‚Hier ist dein Zuhause; vielleicht brauchst du uns.' All mein Verlangen, nützlich, erfolgreich und produktiv zu sein, lehnte sich jedoch dagegen auf."[24]

Am Ende sagte Henri Ja, gab seinen Beruf und den damit verbundenen Ruhm auf und zog für ein Jahr nach Trosly-Breuil. Später dann wurde er Leiter der *Arche*-Gemeinschaft *Daybreak* in Toronto und widmete sich bis an sein Lebensende ganz und gar den Schwer- und Schwerstbehinderten. Seine erste „Aufgabe" dort war Adam, ein stark beeinträchtigter 25-jähriger, das schwächste Mitglied von *Daybreak*. Henri hatte Lehrsaal und Status eingetauscht gegen einen hilflosen jungen Mann, dem er beim Anziehen, Essen und Waschen, beim Klogang und Rasieren helfen musste.

„Die *Arche*, das sah er klar, würde ihn mit eigenen Lebenslügen konfrontieren, würde Schwachstellen seines Selbst ans Tageslicht befördern – aber sie würde ihn auch frei machen. Das Ja, das er am Ende sagte, konnte nur ein widerspenstiges Ja unter schrillem Protest sein."[25]

Henri Nouwen stieg freiwillig in die Mittelmäßigkeit hinab und wurde ein Lernender. Er lernte von der Selbstvergessenheit und Liebe seiner behinderten Mitbewohner. Er wurde nicht sein bestes Selbst, sondern schenkte sein Selbst dem Gegenüber.

Wir sperren uns dagegen, weniger zu sein, als wir sein könnten. **Schriller Protest lauert in der Brust, wenn wir uns in der Mittelmäßigkeit des Lebens einrichten. Aber dann, eines Tages, wirst du vielleicht früh bei einer Tasse Kaffee oder während eines Abendspaziergangs einen seltsamen Frieden spüren, ein „Hier-darf-ich-sein". Und dieses „Sein-dürfen" findest du nur selten in einem Hochgeschwindigkeitsleben oder in geistlichen Optimierungsappellen. Sondern im Ja, mit dem du deine Mittelmäßigkeit erkennst, akzeptierst und in die Arme schließt wie ein lang verpöntes, zerfleddertes Kuscheltier.**

Ich höre den leisen Widerspruch: Aber man darf sich doch selbst nicht aufgeben! Nein, natürlich möchte ich ganz und gar nicht, dass du dich aufgibst. Aber die Mittelmäßigkeit akzeptieren und sich in ihr einrichten ist nicht gleichbedeutend mit Selbstaufgabe. Ganz im Gegenteil! Es ist tiefe Freundlichkeit mit sich selbst. Und mit dieser neuen Selbstfreundlichkeit lassen sich Lebensthemen sehr viel leichter angehen als mit einer Hauruck- und Selbstverdammungshaltung. Dann kalkulieren wir Scheitern mit ein, und wenn es dann passiert, zucken wir mit den Schultern und fangen wieder von vorne an. Der wunderbare Nebeneffekt: Wir werden diese Selbstfreundlichkeit auch auf andere anwenden. Wir kalkulieren auch ihr Scheitern mit ein und sind darüber nicht erschrocken. Ein anderes Wort für Selbstfreundlichkeit ist Gnade.

Das ist die fette Überschrift, die du über dein Leben setzen musst: Gnade. Nur Gnade. Ich erlebe es immer wieder, dass Menschen unbarmherzig werden, wenn sie in der Selbstoptimierungsmaschinerie gefangen sind. Unbarmherzig mit dem Aussehen anderer und mit deren Art zu leben, zu lieben und zu handeln.

In der Gesellschaft gnadenloser Menschen spüren wir körperliche Anspannung, justieren angestrengt unsere Glanzseiten, fühlen uns eigenartig fremd. Wie kann man dann überhaupt bei sich selbst zu Hause sein, wenn man diese Gnadenlosigkeit gegen sich selbst anwendet, sich seine eigene Mittelmäßigkeit nicht erlaubt?

Gnade und Selbstoptimierungszwang können nicht gleichzeitig in unserer Seele wohnen. Ich habe letzterem Mitbewohner fristlos gekündigt, und nun kann ich mich doch meist in Frieden meinem mittelmäßigen Schreiben, meiner mittelmäßigen Ehe, meinem mittelmäßigen Haushalt, meinem mittelmäßigen Körper und meinen mittelmäßigen Freundschaften widmen.

Die Stimmen da draußen – egal ob „fromm" oder „weltlich" – und die in unserem Kopf verführen uns dazu, ständig an uns zu arbeiten und nie mit uns zufrieden zu sein, sodass wir Gefahr laufen, unsere Seele zu verlieren. **Nur eine Versöhnung mit unserer Mittelmäßigkeit schafft Raum für Frieden. Es ist fast schon zu einfach, der Gegenwart Gottes in unserem Leben zu vertrauen, die uns frei macht vom „Tun-wollen" und „Sein-müssen". Denn wenn wir unter dem Druck stehen, alles aus diesem einen Leben herausholen zu wollen, immer unser bestes Selbst sein zu müssen, dann bleibt nicht mehr viel übrig für später. Für danach. Dann vertrauen wir nicht unserer Jenseitshoffnung. Es ist ja doch nur ein holpriger Anfang, den wir hier in unserem Leben hinlegen.**

Das hat auch Henri Nouwen im Zusammenleben mit den behinderten Menschen erlebt: „Mit den Behinderten in der *Arche* zu leben, öffnete mir die Augen für diesen Frieden, der nicht von dieser Welt ist, aber bereits hier gefunden werden kann. Dieser Friede muss unsere höchste Priorität sein. Wenn wir den Frieden Christi ausstrahlen, dann sind wir Friedensstifter und unsere Aktionen spiegeln unseren inneren Frieden wider. Aber ohne diesen inneren Frieden werden unsere Aktionen leicht das Instrument von Krieg und Zerstörung."

Vielleicht muss das unsere Lebensübung bis zu unserem letzten Atemzug sein. Zumindest ist es meine. Am Morgen verzweifle ich über dieses Manuskript und möchte alles löschen und von vorne anfangen – vor allem, wenn ich den Abend davor ein wirklich gelungenes Buch eines anderen Autors gelesen habe. Und dann schreibe ich doch. Und lösche alles, was ich von anderen kopiert habe. Dann nehme ich meine Walkingstöcke – wissend, dass ich bis an mein Lebensende in einem mittelmäßigen Körper lebe, der altert und seufzt und nicht das „rechte" Maß hat. Ich atme tief ein und akzeptiere diesen menschlichen Zustand, auch wenn sich ein Teil von mir immer noch dagegen auflehnt. Am Mittag besteht unsere Tischgemeinschaft aus bunten Emotionen und am Abend denke ich über einen weiteren ereignislosen Tag nach, an dem ich nicht die Welt gerettet habe. Und dann lege ich all das in Gottes Hand und er gibt mir zum Tausch seinen Frieden. Ich kann nicht meine Unzufriedenheit an mich reißen, mich in ihr suhlen und gleichzeitig erwarten, dass Gott mir einen Frieden schenkt, der höher ist als alle Vernunft.

Diesen einen Platz habe ich im bunten Garten Gottes und hier darf ich meine Wurzeln tief ins Erdreich ausstrecken. Manchmal herrscht Dürre und ich muss tiefer graben, um an Wasser zu kommen. Im Winter dümpele ich ereignislos und grau vor mich hin. Und dann kommt wieder die Wachstums- und Erntezeit. Meine Blüten und Früchte sehen ganz anders aus als die der anderen, und sie variieren sogar von Saison zu Saison. Und in manchen Jahren wächst einfach nichts. Wie gut, dass unser Gärtner uns nicht frustriert ausreißt und auf den Komposthaufen wirft. Er lässt uns wachsen, auch wenn wir nach menschlichen Maßstäben keinen Nutzen haben. Die Behinderten von der *Arche* sind vielleicht die schönsten Pflanzen in Gottes Garten.

Manchmal schmecke ich etwas von diesem Frieden. Es sind Fetzen davon, aber die sind ein Vorgeschmack und machen mir Lust auf mehr. Je öfter ich davon koste, desto mehr prallen alle weltlichen und frommen Appelle an mir ab. Mein mittelmäßiges Leben bringe ich jeden Tag vor Gott ohne den Anspruch, dass ich besser werden muss, sondern ich halte es ihm hin wie einen kleinen verwundeten Vogel. Hier. Nimm. Heile. Vergib. Und dann denke ich an die Bibelstelle im Philipperbrief, die in meiner kleinen Bibel mit Kugelschreiber, Bleistift und Leuchtstift markiert ist, sodass sie kaum mehr zu lesen ist: „Sorgt euch um nichts, sondern betet um alles. Sagt Gott, was ihr braucht, und dankt ihm. Ihr werdet Gottes Frieden erfahren, der größer ist, als unser menschlicher Verstand es je begreifen kann. Sein Friede wird eure Herzen und Gedanken im Glauben an Jesus Christus bewahren." (Philipper 4, 6–7).

Ich bete für dich, dass du nicht nur Krümel dieses Friedens findest, sondern dass du herzhaft zugreifst und dir sogar noch ein zweites Stück gönnst. Dass dieser Friede dich mit deiner Mittelmäßigkeit, deinen krummen Lebenszeilen, deiner Krankheit, deinem Körper und deinen Sorgen versöhnt. Ein Friede, der dir die Sicherheit gibt, dass du aus der himmlischen Umarmung niemals herausfallen kannst. Ein Friede, der dir neue Hoffnung und Strahlkraft und Freude für unseren Jesus schenkt. Ein Friede, der die Pandemie, die Klimaerwärmung und hässliche

Facebook-Diskussionen übersteigt. Ein Friede, der sich fröhlich bei dir unterhakt und mitzieht auf deiner Lebensreise, die doch erst der Anfang ist.

Perfektionismus

In unserem Keller staubt ein alter Rucksack vor sich hin. Letztens schleppten ihn die Kinder an und wunderten sich über die Flaggenaufnäher auf seiner Klappe. Australien neben Israel und Kanada neben Kambodscha. Mein alter Trekkingrucksack, in dessen Rückenpolster ein Dutzend Liter persönlicher Schweiß gespeichert ist. Ich habe ihn auf vielen Reisen mit mir herumgeschleppt, ihm einiges zugemutet, ihn manchmal verwünscht, und doch war er mein treuester Freund. Minimalistisch musste ich auf Reisen leben, denn das Füllvolumen des Rucksacks war begrenzt. (Was gut war, sonst hätte ich irgendwann 40 Kilo auf meinem Rücken herumgeschleppt.) Aber so mussten es ein paar T-Shirts und Shorts, ein Handtuch, mein Kulturbeutel, Unterwäsche, Tagebuch, Lesebuch, Medikamente und Wanderschuhe tun. Nur das Nötigste, null Extras. Es war an sich schon eine Kunst, am Tag der Weiterreise den Rucksack so zu packen, dass er sich schließen ließ. Ich stopfte verschwitzte Schmutzwäsche und löchrige Socken so platzsparend wie möglich hinein und doch quoll am Ende immer etwas irgendwo heraus. Die Reißverschlüsse ließen sich nur mit roher Gewalt zuziehen, und die Höhenverstellbarkeit reizte ich bis zum Maximum aus. Trotzdem rissen die Kordelstopper und der Plastikdeckel an mehreren Stellen, und dann musste ich mein kleines Billignähset auspacken und die Löcher stopfen. Mein ganzes Leben waren 70 Liter Packvolumen, die nicht überquellen und unter keinen Umständen auf die Straße fallen durften.

Und sehr, sehr oft ist es nicht nur ein Rucksack-Inhalt, sondern unser Leben, das um Himmels willen nicht auf die Straße fallen darf. Wir strengen uns an, alle losen Enden, Fetzen, Bruchstücke und alles Unvollständige so geschickt zu verpacken, dass es von außen nicht sichtbar ist. Perfektionismus kommt dem gewaltsamen Packen eines Rucksacks ziemlich nahe. Wir glauben, wenn wir uns nur genug anstrengen, die Schmutzwäsche ganz nach unten stopfen und unsere Risse perfekt zunähen, können wir dem Urteil der anderen entgehen.

Genau das ist die Definition von Perfektionismus, wie sie die amerikanische Professorin Brené Brown so ausgezeichnet in ihrem Buch *Daring Greatly* beschreibt: „Perfektionismus ist eine Verteidigungshaltung. Ihm liegt der Glaube zugrunde, dass wir Schmerz, Schuld, Verurteilung und Scham vermeiden können, wenn wir Dinge perfekt tun und perfekt aussehen. (...) Gesundes Streben ist selbstzentriert: Wie kann ich mich verbessern? Perfektionismus ist auf die anderen fokussiert: Was werden sie denken?"

Als beinahe geheilte Perfektionistin (mit gelegentlichen Rückfällen) kann ich hinzufügen: Das Perfide am Perfektionismus ist, dass es nie genug ist, egal wie viel ich gebe. Er ist ein hungriges Monster, das mich nicht zur Ruhe kommen lässt. Wenn ich alles wirklich gut mache, wird mich das vor Versagen und der damit verbundenen Scham schützen, so rede ich mir von Zeit zu Zeit ein. Aber egal, wie sehr ich mich auch anstrenge: Am Ende des Tages habe ich nicht alle Punkte auf meiner To-Do-Liste geschafft. Da, wo ich Staub gewischt habe, grüßen bereits die neuen Staubflusen. Habe ich das eine Ende meines Lebens mühsam unter Kontrolle gebracht, quillt auf der anderen Seite etwas anderes über.

Perfektionismus ist das Gegenteil von Gnade. Perfektionismus ist ein unbarmherziges Korsett, das uns daran hindert, befreite und aufrechte Menschen zu sein. Ein Kennzeichen wirklich reifer und erwachsener Frauen ist innere und äußere Gelassenheit. Und glaubt mir, davon bin ich noch weit entfernt, aber ich mache kleine Fortschritte. Mit jedem Loslassen bekommt mein Leben mehr Raum. Mit jedem Schritt bekommt Gott mehr Raum, der sich still und lächelnd dort breitmacht, wo ich meinen Klammergriff gelöst habe. Und dann raunt er mir seufzend zu: „Siehst du, die Welt zerbricht nicht in Einzelteile, wenn du die Brösel unter dem Tisch mal einen Tag lang liegen lässt."

Unsere Katze freut sich, leckt die Brösel auf und legt sich schnurrend neben mich aufs Sofa, wo ich neuerdings öfters sitze. Ja, auch wenn noch nicht alles erledigt ist!

Wenn Gnade also die Medizin gegen die Krankheit des Perfektionismus ist, dann will ich diese in großen, tiefen Schlucken zu mir nehmen. Sie schmeckt noch nicht mal bitter, sondern nach Hoffnung, nach täglichen guten Neuanfängen, nach erleichterndem Lachen über sich selbst.

Irgendwann infizieren sich viele von uns mit der Krankheit des Perfektionismus. Meistens schon in jungen Jahren. Wenn z. B. junge Mädchen begreifen, dass nur bestimmte Wesensmerkmale und Körperformen von unserer Gesellschaft akzeptiert und positiv mit Weiblichkeit in Verbindung gebracht werden. Manche Gemeindeformen verschärfen die Problematik mit ihren starren Rollenzuweisungen und Erwartungen.

Vielleicht waren es zuerst dein Aussehen oder deine Art, die bemängelt wurden. Von Freundinnen oder Elternhaus oder unbedachten Erwachsenen. Dann hast du durchschaut, dass allzu vorlaute und kluge Mädchen bei Jungs weniger Chancen haben. Also hast du dich angepasst. Mädchen lernen schnell, so zu sein, wie man es von ihnen erwartet. (Jungs auch, aber das ist eine andere Geschichte, die hoffentlich auch vermehrt erzählt werden wird).

Mädchen sollen vernünftig, gepflegt, fleißig, adrett, freundlich, zurückhaltend, süß und höflich sein. Wesensmerkmale, die uns Frauen einfach in unser Skript hineingeschrieben werden, ob wir wollen oder nicht. Es bedarf einer enormen Charakterstärke in jungen Jahren, seinen eigenen, vielleicht ganz „unweiblichen" Weg zu gehen. (Greta Thunberg, die Leitfigur von *Fridays for Future*, ist ein typisches Beispiel. Die Häme, die über diesem Mädchen ausgegossen wird, lässt mich an der Menschheit verzweifeln.)

Ich treffe so viele junge Frauen und junge Mütter, die – trotz Jesus – an ihrem Leben verzweifeln. Frauen, die den unrealistischen Maßstab, den Gesellschaft, Gemeinde und Elternhaus an sie angelegt haben, übernommen und nun selbst ihrem Leben übergestülpt haben. Sie laufen mit einem fremden Rucksack herum und denken, es wäre ihr eigener. Sie spüren, dass sie nie fromm, schön und erfolgreich genug sein werden. Und dann legen sie aber genau diesen Maßstab an andere Frauen an, und deren Scheitern nehmen sie als Trittstein, um sich selbst zu erhöhen, um sich selbst ein Stück heiliger zu fühlen. Ich selbst kann das auch ziemlich gut. Wir sind selten ausschließlich nur Opfer, sondern eben auch Täterinnen.

Ich möchte jede einzelne in den Arm nehmen, vor allem die, über die ich mich erhöht habe (und die, die mehr Bücher als ich verkaufen), ihr einen bunten, üppigen Cocktail in die Hand drücken und ihr *Eshet Chayil* zurufen.

Letztens traf ich mich mit einer ehemaligen Kollegin. Auch wenn wir uns nur selten sprechen und sehen, erhalten wir den Kontakt aufrecht. Nun hatten wir uns seit zehn Jahren nicht mehr gesehen. Sie war immer noch dieselbe. Das Leben ist nicht spurlos an uns vorübergegangen. Falten sind tiefer geworden. Der Haaransatz zeigt graue Spuren. Wir brachten uns nach einer Aufwärmphase – dazu gehörte natürlich ein bunter Cocktail – auf den neuesten Stand. Gemeinsame Erinnerungen verbinden uns und wir holten sie heraus wie alte wertvolle Familienstücke und schauten sie an. „Weißt du noch?" (Wir haben viele „Weißtdunochs".) „Du hast früher im Büro immer so viel gelacht. Vor allem über dich selbst. Hast du dein Lachen verlernt oder nicht?", konfrontierte mich meine Freundin. Ich musste kurz überlegen. Fühlte mich ertappt. Ja, es gab Zeiten, in denen hatte ich deutlich weniger gelacht, weil das Leben mich in die Mangel genommen hatte. Weil ich nie fertig wurde. Weil ich zu funktionieren hatte. Weil ich dachte, alle anderen schaffen es doch auch. Weil mein Leben nie so aussah, wie das von erfolgreichen Bloggern und Instagramern. Weil andere mehr Bücher verkauften. Weil ich es nicht draufhatte, meine Kinder so zu kleiden, als seien sie direkt aus einem Hipster-Katalog auf den Spielplatz gefallen. Weil ich es nicht schaffte, mein Leben zusammenzuhalten. Irgendwas purzelte immer aus meinem Rucksack heraus und ich hatte verlernt, darüber zu lachen. Und dann bestrafte ich mich selbst, indem ich mir noch mehr auflud.

Aber nach dieser anstrengenden Phase meines Lebens habe ich den engen Rucksack eingetauscht gegen einen bequemen Rollkoffer, denn ich habe festgestellt: Das Leben zusammenhalten zu müssen, ist eine überaus anstrengende Art des Seins. Es braucht mehr Raum für Gelassenheit, mehr Abstinenz vom allgemeinen

Höher-Schneller-Weiter, mehr Nischen des zweckfreien Nichts-tuns im vollgepackten Alltag. **Ich brauche Abstand von kämpferi-schen Aufrufen zur Glaubensoptimierung. Das einfache Sein in Gegenwart Gottes. Die realistische Betrachtung meiner Fehler. Das Einüben von Angstfreiheit gegenüber dem Urteil anderer. Ein Hineinwachsen in Eigenverantwortung und Mündigkeit. Und das macht Raum für ein weites Herz, das auch die „Unper-fektheit" anderer Frauen miteinkalkuliert.**

„Gut, dass du fragst. Ich habe eine Weile echt weniger gelacht. Mich hat mein Perfektionismus plattgemacht. Aber in letzter Zeit lockert sich etwas in mir," antwortete ich meiner Freundin. Und schickte zum Beweis gleich ein eingerostetes Lachen hinterher. Es hatte auf dem Grund meines Herzens gelegen.

Born this way

„Gott hat dir diese Schuhe gegeben, also zieh sie an und trage sie.
Sei du selbst, sei stolz darauf, wer du bist. Obwohl es abgedroschen
klingt: Lass dir von niemandem einreden, du seist nicht wunderbar."
(Eminem)

Um noch mal auf meine Freundin Sally zu sprechen zu kommen. Sie ist in den USA aufgewachsen, dann über Umwege in Deutschland gelandet, und wir haben uns erst mit Anfang 40 kennengelernt. Aus einer Schnapsidee heraus haben sich unsere Konzertlesungen entwickelt. Sally: „Wir könnten doch gemeinsam auftreten. Du liest aus deinen Büchern und ich singe. Nicht gleichzeitig. Ist klar, oder?" Ich: „Ja, sicher. Du spinnst."

Zwei Monate später standen wir zum ersten Mal gemeinsam auf der Bühne und warfen uns die Worte gegenseitig zu wie Bälle und mein Herz raste, und ich wusste nicht, wohin mit meinen Händen und Augen. Es blieb nicht bei einer Konzertlesung. Und ich lernte, mein Lampenfieber zu zähmen. Die Buchstützen unserer Auftritte waren die Hin- und Rückfahrt. Wir zwei, losgelöst von familiären Pflichten und Querelen, allein im Auto. Manchmal kann man Wahrheiten besser aussprechen, wenn man sich nicht gegenseitig ansieht, sondern in die gleiche Richtung. Die Fahrten waren Beichtstuhl, Therapiecouch, Konzertsaal, Erzählstunden, Standup-Comedy. Aber wirklich vor allem Erzählstunden. Wir erzählten uns unsere peinlichsten Erlebnisse und Verrücktheiten aus unserer Kindheit, von unseren Eltern und Geschwistern, von unseren Träumen und Reisen, von unserem Glauben und unserer Glaubens-Dekonstruktion. Und natürlich vom Singen. Von der Kunst. Vom Schreiben.

Was ich in diesen Zeiten über meine Freundin Sally lernte: Sie war ihr Leben lang einer Spur gefolgt, einem inneren Ziehen, einem Traumpfad. Das Singen, ihre Kunst, war Magnet. Und egal, wie weit sie sich von ihm entfernte, er zog sie immer wieder zurück. Über alle Hindernisse hinweg. Wie sie selbst sagt: „Ich kann nicht *nicht* singen."

Ich kann nicht *nicht* singen.

Wir alle haben solche Magnete. Markante Merkmale unserer Identität. Wenn sie zu uns Frauen passen, in unsere Gemeindekultur, zu unserem Selbstbild, dann heißen wir sie herzlich willkommen. Wenn nicht, dann versuchen wir, sie wegzudrücken. Aber du weißt ja, wie diese Versuche mit Magneten enden.

Ich kann nicht *nicht* singen. Sich selbst treu werden. Über alle Hindernisse hinweg.

Keiner von uns ist von der Stange. Gott kennt nur äußerst eigenwillige Maßanfertigungen, die wir etikettieren, sobald sie den Mutterleib verlassen haben. Seine wilde, verwirrende Schöpfung muss katalogisiert, schubladisiert, verbogen und genormt werden, denn wo kämen wir denn hin, wenn Frauen kein Rosa mögen und keine Lust auf Kinder haben, zu laut oder zu leise sind und Männeranzüge tragen oder am liebsten am Herd stehen?

Es hat doch einige Jahrzehnte gebraucht, um meine Identität herauszufiltern. Und nun bin ich auf ein weiteres Fragment meines Wesens gestoßen, das ich immer als „nicht richtig" empfunden hatte.

Gestern telefonierte ich mit einer Freundin, die mich zurzeit coacht. Ja, du hast richtig gelesen. Ich mache ein Coaching. *Ich!* Normalerweise bin ich die, die sich über neumodischen Kram wie TikTok Challenges, den Thermomix, elektrische Tücherwärmer für den Wickeltisch und Coachings lustig macht. Es braucht immer eine Weile, bis ich meinen Sarkasmus hinunterschlucke und mir ein TikTok-Video ohne dumme Bemerkung ansehe oder die Nummer eines Coaches wähle. Es hilft, dass sie meine Freundin ist und mich und meinen Blödsinn kennt.

Ich brauchte dringend Hilfe bei einigen Zukunftsentscheidungen. Soll ich Geld über einen Insta-Account verdienen? Weiterhin Bücher schreiben? Meine Referenten-Tätigkeit ausbauen? Eine Community hier zu Hause aufbauen? Eine Berufstätigkeit außer Haus aufnehmen? Du siehst, mein Problem ist nicht, überhaupt einen Zukunftsentwurf zu finden, sondern zwischen vielen Möglichkeiten die beste für mich und uns als Familie auszuwählen. Ich habe einfach zu viele Interessen, und das Leben ist zu kurz und aufregend, um mich nur einer Sache zu widmen. Dieses Dilemma kannte ich bereits als 10-jährige. Meine Hobbies waren so zahlreich, dass der Platz dafür in den Freundebüchern nicht ausreichte, sie alle aufzuzählen. Sie reichten von Briefeschreiben, Lesen und Reiten über Federn- und Briefmarkensammeln bis hin zu Botanik und Geologie. Ich hätte auch fürchterlich gerne noch Geige spielen gelernt und wie man Tierpräparate herstellt. Der Gedanke, mich für einen Beruf entscheiden zu müssen, war mir unerträglich. Ich sah, wie in meinem Umfeld Leute von der Fabrik, den Verwaltungsbüros und Universitäten verschluckt wurden. Und ich fragte mich, was an mir verkehrt war, dass sich in mir alles dagegen sträubte. Warum konnte ich nicht einfach einen kerzengeraden Karriereweg verfolgen? Warum stolperte ich ohne Abitur aus dem Gymnasium und „verplemperte" meine Zeit mit Reisen und Jobs? Warum blieb ich nie länger als drei bis vier Jahre an einer Arbeitsstelle? Warum konnte ich nicht einfach eine ganz normale Durchschnittsfrau sein?

Natürlich ist das ein Luxusproblem, und wäre ich vor hundert Jahren auf die Welt gekommen, wäre mein Lebensweg von vorneherein festgeschrieben gewesen. Nichts mit Reiten, Tiere präparieren oder Reisen! Ob ich mich dem damals gefügt hätte?

Nun stehe ich also mal wieder vor meinen vielen Interessen und Lebensmöglichkeiten und muss mich für eine entscheiden. Meine Freundin fordert mich heraus: „Musst du das denn? Denkst du, du musst dich für eines entscheiden, weil das die übliche Norm ist? Du bist anders verdrahtet. Steh dazu und mach mehrere Dinge." Und in dem Moment fiel es mir wie Schuppen von den Augen: *Mein Selbst ist anders verdrahtet. Das habe ich immer zu unterdrücken versucht und weil es mir nicht gelang, dachte ich jahrzehntelang, ich sei verkehrt.*

Ich kann nicht *nicht* vielen Abenteuern folgen.

Ich darf mehrere Paar Schuhe anziehen. Ich möchte gern wieder außer Haus arbeiten. Ich möchte weiterhin schreiben. Ich möchte die harte, befriedigende Arbeit machen, eine Community aufzubauen. Daheim und im Netz. Ich möchte weiterhin Hausfrau und Gärtnerin sein. Ich bin so gemacht: begeisterungsfähig, initiativ, naturverbunden, interessiert, impulsiv, engagiert und zuweilen sprunghaft. Wenn man mich als Kind gefragt hat, was ich einmal werden möchte, sprudelte es aus mir heraus: Bäuerin und Künstlerin. Daran hat sich nichts geändert. Ich bin am lebendigsten, wenn ich im Garten, in der Küche, am Schreibtisch und auf der Bühne bin.

Ich kann nicht *nicht* ich selbst sein.

Das Label „verkehrt", das dich wie ein Stein im Schuh stört, ist doch meist gesellschaftlich und/oder religiös geprägten Ursprungs. Vielleicht passen dir die Schuhe, die du trägst, aber auch einfach nicht. Hast du sie selbst ausgesucht? In fremden Schuhen herumzulaufen kann auf Dauer sehr schmerzhaft sein, weil du keine eigenen Spuren hinterlässt. Oder du wächst aus deinen Schuhen heraus. Vielleicht brauchst du mehrere Paare? Eines zum Tanzen, eines zum Gärtnern, eines zum Wandern. Weil wir in uns selbst so vielfältig sein können. Die Geschichte unserer Schuhe ist auch immer die Geschichte unseres Lebens.

Wenn du mit Leidenschaft Hausfrau und Mutter bist, dann sei genau das. Du bist nicht verkehrt, wenn du es liebst, für deine Familie zu kochen und dich um ihre Wäsche zu kümmern. Wenn es deine Leidenschaft ist, leise hinter den Kulissen zu dienen, dann tu genau das. Du bist nicht verkehrt, weil du lieber zurückhaltend bist. Du bist nicht verkehrt, weil du eher Nestwärme als Individualismus brauchst.

Wenn es deine Leidenschaft ist, lautstarke Advokatin zu sein, dann tu genau das. Du bist nicht verkehrt, weil du ein brennendes Herz für das Anliegen anderer hast. Du bist nicht verkehrt, weil dich Hausfrauentätigkeiten nicht ausfüllen. Du bist nicht verkehrt, wenn du mit der „höchsten Berufung" für uns Frauen nichts anfangen kannst.

Wir haben zu viele Botschaften gehört, wie wir als Frauen zu sein haben, und sie sind schlichtweg verwirrend. Wir fühlen uns wie in einem weiten Ozean und wissen nicht, welche Insel wir ansteuern sollen. Und wenn wir dann auf einer Insel ankommen, haben wir Angst, wir könnten am falschen Ort gelandet sein. Vielleicht wäre die andere Insel doch besser gewesen? Nehmen wir viel Platz ein, dann sind wir zu viel. Nehmen wir wenig Platz ein, ist das auch nicht richtig. Wollen wir einfach nur Mittelmaß sein, dann schreit uns irgendein Buchtitel an: „Sei dein bestes Selbst!"

Ihr Hausfrauen, Vollzeitmütter und ihr zurückhaltenden Frauen, die ihr mit einem ruhigen Leben zufrieden seid: Euch wird eingeredet, ihr seid rückständig, schwach, macht nicht das Beste aus euch? Ihr steht unter permanentem Rechtfertigungszwang und müsst euch „Heimchen am Herd" nennen lassen? Manchmal – oder oft sogar – von euren eigenen Geschlechtsgenossinnen? Was für eine Doppelmoral, denn häufig kommt aus den gleichen Mündern Gehässigkeit gegenüber Frauen, die viel Platz einnehmen. Wo wäre unsere Gesellschaft ohne eure ruhige, stetige, nährende Unterstützung! Familien und Gemeinden würden kollabieren, wenn ihr euch einem Gruppenzwang fügen würdet. Wir verwechseln „emanzipiert" mit „einflussnehmend". Aber den Einfluss dieser stillen Frauen in unserem Leben können wir gar nicht groß genug schätzen; er reicht von einem zum anderen Ende der Erde.

Ihr lauten Frauen, Karriereleiter-Erklimmerinnen, Hinterfragerinnen, Advokatinnen, Frontfrauen, Predigerinnen: Ihr fühlt Beklemmung, weil ihr Gender-Normen ausdehnt? Dürfen wir das, können wir das, halten wir das auf Dauer aus? Wird euch eure Forschheit als Aggressivität ausgelegt, eure Lautstärke als schrill tituliert, eure Führungsqualität als herrisch? Müsst ihr euch rechtfertigen, weil ihr versucht, Kinder und Beruf unter einen Hut zu bringen? Oder müsst ihr euch rechtfertigen, weil ihr keine Familie habt? Bekommt ihr Mitleid, wenn ihr Single seid? Fühlt ihr euch schuldig, weil ihr als Frau zu viel Platz einnehmt? Platz, von dem ihr immer noch heimlich denkt, er steht euch nicht zu, weil es irgendein Mann am Ende doch besser könnte? Oh, ihr seid dafür geboren. Geboren, um zu leiten, herauszufordern, neue Maßstäbe zu setzen. Wo wären wir ohne euch? Wie würde denn unsere Welt ohne eine Frau Curie, ohne eine Frau Scholl, ohne eine Malala, ohne eine Frau Parks, ohne eine Frau de Beauvoir, ohne eine Frau Lindgren, ohne eine Frau Ginsburg aussehen?

Ihr wunderbaren Durchschnittsfrauen! Die, die ihr einfach mit beiden Beinen in eurem Alltag steht und euch das völlig genügt: Bekommt ihr das Gefühl suggeriert, dass ihr nie genug seid? Dass ihr noch mehr geben könntet? Dass ihr euer Potenzial nicht völlig ausgeschöpft habt? Seid ihr müde, weil ihr mehr Platz einnehmen solltet, aber es einfach nicht schafft? Hört zu: Ihr seid diejenigen, die Brücken bauen, die verlässlich sind, weil ihr tiefe Wurzeln habt. Ihr leitet und gestaltet und nehmt Einfluss, aber unsichtbarer als die lauten Frontfrauen. Und daran ist absolut gar nichts verkehrt! Ich habe fast ausschließlich Durchschnittsfrauen in meinem

239

Freundeskreis und glaubt mir: Keiner kann besser Wärme und Zuverlässigkeit und Loyalität schenken. Ohne sie wäre mein Leben armselig, und ich lerne so unglaublich viel von ihnen, was Zufriedenheit und Treue anbelangt.

Egal ob Front-, Durchschnitts- oder Hintergrundfrau. Egal ob laut oder leise. Wenn du anfängst, nach außen das zu leben, was du in deinem Inneren bist, dann wird das Folgen haben. Dann genau ruhst du nämlich in deiner Identität. Du wirst authentisch sein und das befreit dich und andere um dich herum. Du wirst dich nicht rechtfertigen für dein authentisches Selbst, niemals! Du wirst Widerstand bekommen. Du wirst Zuspruch erhalten. Aber mach dich von beidem unabhängig und folge der leisen Stimme in dir, dem Pochen in deiner Brust, dort wo der Heilige Geist wohnt und dich schon immer lockt: an den Herd oder auf die Kanzel. An deinen Schreibtisch. In die weite Welt und an den Wickeltisch.

Gott hält keinen Moment still. Wie ein Weber am Webstuhl ist er in Aktion, schafft immer neue Muster, repariert, führt zusammen. Er webt uns Frauen und Männer und Kinder zusammen, und mit jedem von uns fügt er der Welt ein ganz neues Muster hinzu. Gott hat einen exklusiven Geschmack, der unsere Vorstellung von „richtig" und „verkehrt" ausdehnt und sprengt. Er hat dich vielleicht so gewebt:

Als lautes und selbstbewusstes Selbst.

Als vielseitig interessiertes Selbst.

Als lustiges und extrovertiertes Selbst.

Als empfindsames, zurückhaltendes Selbst.

Als ruhiges, zufriedenes und zurückgezogenes Selbst.

Als wildes und rebellisches Selbst.

Als kritisches und hinterfragendes Selbst.

Als nüchternes, intellektuelles Selbst.

Als stilles, vorsichtiges Selbst.

Identität bedeutet nichts anderes als die Echtheit einer Person. Identität ist die Übereinstimmung mit dem, was und wer ich bin. Meistens formt sie sich erst in den Zwanzigern oder Dreißigern so langsam heraus, nach einer langen Zeit des Ausprobierens und der *Fashion Fauxpas*. Es fällt uns Frauen schwer, unserem eigenen Wesen fröhlich zuzustimmen, ohne den Retuschier-Stift zu zücken und an uns herumzubasteln. Weil wir verlernt haben, auf die Stimme unseres Gottes zu hören, der uns gut gemacht hat, bis uns unsere Kultur einflüsterte, dass dem ja gar nicht so sein kann, weil unsere Oberschenkel zu dick sind und unsere Persönlichkeit zu laut ist.

Wenn du Mühe hast, herauszufinden, wie du tickst, dann mach dich auf eine innere Zeitreise zurück in deine Kindheit. Auch wenn sie schon 50 oder 60 Jahre zurückliegt.

Was hat dir mit zehn Jahren Freude gemacht? Was hat dich angespornt? Was hat dich in Rage versetzt? In welcher Umgebung bist du zum Leben erblüht? Welche Hobbys hattest du? Welche Zukunftsvorstellungen hattest du? Hast du gerne getanzt, gelesen, mit Puppen gespielt? Bist du auf Bäume geklettert, hast Käfer erforscht, gerne Matheaufgaben gelöst oder eine Straßengang angeführt? Warst du verträumt? Hast du gerne anderen geholfen? Oder ständig gesungen? Hast du Tagebuch geschrieben, dich für Computer interessiert, deinem Vater bei Autoreparaturen geholfen? Fandest du Gottesdienste langweilig oder taten sie dir gut? Mochtest du Farben? Hast du Kröten über die Straße getragen oder Geschichten geschrieben?

Stellt euch vor, was passieren könnte, wenn wir dem, was in uns pocht, endlich zuhören würden. Wenn wir Konventionen und Erwartungen und Prägungen und Dogmen zur Seite schieben und Gottes Stimme dahinter vernehmen: Eine Stimme, die wir mit zehn Jahren so viel besser hören konnten als mit 20, 30 oder 40.

Nein, wir sind keine Prinzessinnen, die gerettet werden müssen. Wir sind geliebte Wesen, die ihr inneres Selbst und ihre Kräfte kennenlernen und frei entfalten wollen – ganz egal, ob sie in ein frommes Schema passen oder nicht. Ganz egal, ob du die Welt erobern willst oder eigentlich gerade sehr zufrieden bist mit deinen Aufgaben in deinen vier Wänden. In Gottes Welt gibt es für uns Frauen kein „zu laut" oder „zu leise", sondern nur ein Heimfinden zu der Person, die wir schon immer waren.

Wenn wir unserer Kultur Glauben schenkten, dann wäre unsere Lebensbühne ziemlich eindimensional. Aber wenn wir uns von unserem Schöpfer zum Tanz auffordern lassen, wenn wir der Stimme des Heiligen Geistes in uns, der schon seit unserer Kindheit anklopft, auftun, dann wird es lebendig und zuweilen auch mal chaotisch auf der Bühne. Dann wird unsere Frömmigkeit mit unserer Wildheit und unseren Zweifeln, mit unserer Zerbrechlichkeit und unseren Interessen tanzen.

Wir können nicht *nicht* wir selbst sein.

Dann werden die lauten und leisen Frauen sich gegenseitig feiern. Und Gott lacht aus vollem Herzen dazu.

Um gut tanzen zu können – mit dir oder auch sonst,
Braucht man nicht zu wissen,
Wohin der Tanz führt.
Man muss ihm nur folgen,
Darauf gestimmt sein,
Schwerelos sein,
Und vor allem: Man darf sich nicht versteifen.
Man soll dir keine Erklärungen abverlangen,
Über die Schritte, die du zu tun beliebst,
Sondern ganz mit dir eins sein – und lebendig pulsierend
Einschwingen in den Takt des Orchesters, den du auf uns
überträgst.
Man darf nicht um jeden Preis vorwärtskommen wollen.
Manchmal muss man sich drehen oder seitwärts gehen.
Und man muss auch innehalten können
Oder gleiten, anstatt zu marschieren.
Und das alles wären ganz sinnlose Schritte,
Wenn die Musik nicht eine Harmonie daraus machte.
Wir aber, wir vergessen so oft die Musik deines Geistes.
Wir haben aus unserem Leben eine Turnübung gemacht.
Wir vergessen, dass es in deinen Armen getanzt sein will,
Dass dein heiliger Wille von unerschöpflicher Phantasie ist.
Und dass es monoton und langweilig
Nur für grämliche Seelen zugeht,
Die als Mauerblümchen sitzen am Rand
Des fröhlichen Balls deiner Liebe.
(Auszug aus „Der Ball des Gehorsams" von Madeleine Delbrêl)

Parfüm und Zerbruch

Bethanien, 23 Uhr, kurz vor der Sperrstunde. In „Shlomos Weinstube" stellt der Wirt bereits die Stühle hoch. Die drei verbliebenen Gäste sitzen im Schein der kleinen Öllampe und ignorieren den Wink mit dem Zaunpfahl. „Noch eine Runde auf mich!" ruft Yakov, der junge Mann, der beim Pharisäer Simon als Diener arbeitet und seinen Lohn gerne bei Shlomo lässt. Seufzend holt Shlomo einen neuen Weinschlauch und gießt nach. „Setz dich zu uns, so schnell gehen wir noch nicht", lachen die anderen beiden, Aviel und Ronen. Natürlich. Gleich und gleich gesellt sich gerne. Tagelöhner sind sie. Noch ärmer dran als Yakov, der sich gebärdet, als hätte er mit seiner Stellung bei Simon im Lotto gewonnen. Shlomo reibt sich über seine Glatze, zuckt mit den Schultern, gießt sich ebenfalls ein Glas Roten ein und setzt sich dazu. Seine Gelenke knacken. Es wird Zeit, die Weinstube zu schließen und zu seiner Schwester ins mildere Jaffa zu ziehen.

Yakovs Gesicht verzieht sich. „Shlomo, was ist das für ein saurer Essig? Der muss noch aus König Davids Zeiten stammen!"

Aviel haut Yakov freundschaftlich auf die Schultern: „Du bist echt verweichlicht, seit du bei Simon arbeitest. Ich wette, du nippst dort heimlich an Weinen, die du hier nie bekommen würdest."

„Hey!", protestiert Shlomo beleidigt.

„Nicht nur die teuersten Weine hat er, sondern auch die teuersten Huren!", lacht Yakov.

Er blickt in drei verständnislose Gesichter. Der Wein hat Yakovs Zunge gelöst. Und seinen Hang zur maßlosen Übertreibung. „Ja,

244

heute war eine der Damen in Simons Haus. Am helllichten Tag."
Die Augen der Männer am Tisch weiten sich. Es ist so wenig los im
verschlafenen Bethanien, dass man nach pikanten Geschichten
giert. Vor allem, wenn sie aus den vornehmeren Häusern nach
draußen sickern. Man stochert gerne im Dreck der anderen.

„Und dieser Jesus war auch da."

Niemand muss erst erklärt bekommen, wen Yakov mit Jesus
meint. Denn in letzter Zeit war jener junge Mann aus dem dre-
ckigen Nazareth in einige Skandale verwickelt gewesen.

Yakov kostet die Verblüffung aus, die die Bombe ausgelöst hat,
die er soeben platzen ließ. Alle Geräusche und Gerüche scheinen
sich in der Dunkelheit plötzlich zu verdichten. Der zirpende Zika-
dengesang, Schafdung, saurer Wein, ein ferner Klagelaut aus den
Bergen. Aviel, Ronen und Shlomo schauen ihn mit aufgerissenen
Augen an, Shlomo hustet und Yakov erzählt mit süffisantem Grin-
sen:

„Heute hätte ich eigentlich frei gehabt, aber Simon hat es sich
mal wieder anders überlegt. Er nervt mit seinen spontanen Feiern. Alle paar Tage ruft er uns, weil er ein Festessen für seinen
Cousin Itzik oder den Geburtstag eines Neffen oder die Durchrei-
se eines Rabbis veranstalten muss. Demnächst wird er sogar die
Geburt eines Esels feiern wollen." Die anderen quittieren seine
Bemerkung mit Gelächter. Yakov fährt ungerührt fort:

„Als er aber sagte, dass Jesus zu Besuch kommt, war ich sofort auf den Beinen. Den wollte ich mir nicht entgehen lassen."

Ronen unterbricht ihn: „Er hat doch letzte Woche in Nain
einen toten jungen Mann wieder lebendig gemacht. Ich glaube
ja sowas erst, wenn ich es tatsächlich sehe. Wenn das nicht mal
wieder Fake News aus dem galiläischen Westen sind. Von dort

kommt nichts Gutes außer Tante Hannas Shakshuka-Rezept."
Die anderen kennen Ronens Vorliebe für gutes Essen und achten
nicht weiter auf seine Bemerkung.

„Also, wir haben Sitzpolster herangeschleppt, den Tisch gedeckt, sind zum Markt gerannt und unsere beiden Köchinnen haben Wachteln gebraten und …" „Und welche Beilagen gab es?",
fragt Ronen gierig.

„Kein Shakshuka, wenn du es genau wissen willst," erwidert
Yakov trocken und er fährt fort: „Ihr hättet mal den arroganten
Simon und seine noch hochnäsigeren Freunde sehen sollen. Du
meine Güte, die wurden ganz meschugge, als Jesus zum Hof
hereinkam. Um ihn herumgeschwirrt sind sie wie die Schmeiß-
fliegen. Ich hab ihm dann erst mal Wasser eingeschenkt. Eigentlich war er ganz normal. Nicht so gestört wie sein Cousin, dieser
merkwürdige Johannes. Höflich war er. Aber auch irgendwie ständig abgelenkt, als wäre er in Gedanken gar nicht richtig da. Die
Männer saßen also gerade beim Essen, das Gespräch ging um
König Herodes. Um wen auch sonst? Der Typ ist ja wohl der pein-
lichste Staatslenker aller Zeiten – so einen wird es kein zweites
Mal geben. Und als ich gerade die Wasserkaraffe in die Küche
zurückbrachte, nahm ich aus den Augenwinkeln eine Bewegung
im Eingang wahr. Oi! Ihr werdet nie erraten, wer da plötzlich hereinkam!"

Die Männer hängen an Yakovs Lippen. „Keine Ahnung! Na, sag
schon! Mann, mach's doch nicht so spannend! Königin Esther?"

„Haha, ja genau, Esther! Aber nicht die Königin. Ihr wisst
schon. Die aus der krummen Gasse. Die Tochter von Avi," verrät
Yakov.

„Die macht's dir angeblich für einen halben Shekel. Mehr

bekommt die auch nicht mit ihrer hässlichen Nase. Von wegen: die teuersten Huren!", spottet Shlomo.

Yakov ignoriert den Einwurf. „Ihr hättet die Gesichter der Männer sehen sollen. Sie sind ihnen vor Schreck fast in ihren Hummus gefallen. Ha! Aber die hat sich gar nicht aus der Ruhe bringen lassen und ist direkt zu Jesus gelaufen, bevor sie jemand aufhalten konnte."

„Soso, der Jesus. Ein Schwerenöter also. Da sieht man es mal wieder. Selbst die tollsten Rabbis haben sich nicht im Griff. Sie hat wohl Ort und Uhrzeit für ihr kleines Stelldichein verwechselt!" Ronen lacht dröhnend und haut sich vor Vergnügen auf seine Schenkel.

„Nee, pass auf: Die wollte gar nicht *das* von ihm oder von den anderen Männern, wenn ihr wisst, was ich meine. Achtung: jetzt kommt's! Die hat geheult wie ein kleines Mädchen. Was gibt das denn?, hab ich gedacht. Was will die denn nur? So ein peinlicher Auftritt – zum Fremdschämen. Und dann hab ich erst gemerkt, dass sie ein kleines Fläschchen in der Hand hielt. So eines, wie man es bei einem Luxus-Händler in Jerusalem bekommt. Wisst ihr, so ganz teure Alabasterfläschchen mit Parfüm. Ich kann mir schon vorstellen, warum so eine Schickse sich das leisten kann. Dann hat sie sich vor Jesus hingesetzt, auf den Boden, hat ihre Tränen auf seine Füße tropfen lassen, sie mit ihren Haaren ab-getrocknet und dann auch noch das ganze teure Parfüm-Öl auf seine Füße gekippt und sie damit eingerieben. Mein Chef ist knallrot im Gesicht geworden, als hätte er direkt in eine Chi-lischote gebissen. So viel Emotionalität verträgt der überhaupt nicht, schon gar nicht von einer Frau. Und ich hab mich gefragt, wann Jesus denn endlich diese Esther wegschickt und dieser peinlichen Vorstellung ein Ende macht. Der hat aber gar nichts gemacht. Saß einfach nur da. Und hatte immer noch diesen seltsamen Ausdruck im Gesicht, als wäre er gar nicht hier. Dann hat er endlich den Mund aufgemacht und irgendwas erzählt von zwei Schuldnern, die einem Gläubiger unterschiedlich hohe Summen Geld schuldeten. Und dass ihnen beiden die Schulden erlassen wurden und natürlich der mit der hohen Schuld sich viel mehr gefreut hat. Irgendwo hab ich den Faden verloren, weil ich in die Küche musste, um den Nachtisch zu holen. Ich hab dann nur noch mitbekommen, wie Jesus der Frau aufgeholfen hat und ihr direkt ins Gesicht gesagt hat: Dir sind deine Sünden vergeben, geh hin in Shalom."

„Er hat *was* gesagt??! Alter, nicht dein Ernst! Du übertreibst mal wieder!"

„Doch. Ich hab es mit meinen eigenen Ohren gehört."

Irgendwo schreit ein Esel in der Ferne. Ein warmer Wind aus der Wüste treibt Staub durch die dunklen Gassen. Die kleine Öllampe flackert.

Die Welt und ihre Geschäftigkeit und Gleichgültigkeit muss sich unterbrechen lassen von zerbrochenen Menschen, die sagen: „Hier bin ich!" Emotionen und Hingabe und rohe Echtheit schütteln uns ordentlich durch. Sie kehren das Unterste ganz nach oben, ans Licht, sichtbar für jeden, frei zum Abschuss. Wir wollen uns so ungern ablenken lassen von einem reibungslosen, planmäßigen Ablauf der Dinge. Keiner von uns braucht einen Gefühlsausbruch seiner Kinder fünf Minuten vor der Abfahrt zu einem wichtigen Termin.

Und natürlich ist es eine hohe Hürde, sich vor den Augen anderer

Menschen verletzlich zu machen. Menschen, die uns mit Spott oder Gleichgültigkeit und Überforderung begegnen, aber uns auch mit Zuspruch und Trost und Gnade überraschen könnten. Unsere schützende Haut um unsere Seele legen wir nicht gerne blank.

Ich zucke heute noch zusammen, wenn ich an den Moment denke, als ich hyperventilierend auf dem Boden unseres Rathauses lag. Mein Mann stand daneben, völlig hilflos. Ja, was soll man auch mit einer Frau machen, die geringfügig emotional auf die bevorstehende Unterzeichnung eines Kaufvertrags für ein Haus reagiert? Ihr eine Tüte reichen, um den Kohlendioxyd-Haushalt wieder auszugleichen? Ihr eine Ohrfeige verpassen? Neugierige Zuschauer ablenken? (*Hahaha, meine Frau übt gerade für ein Theaterstück!*)

Es passiert uns Frauen des Öfteren, dass unsere Wut und unsere Traurigkeit auf irrationale Emotionalität reduziert werden. (Und Männer werden umgekehrt auf Rationalität reduziert, was genauso verkürzt gedacht ist). Wer schon mal von euch Ladies in einer Power-Männer-Runde in Tränen ausgebrochen ist, weiß, wovon ich rede. Die „männliche Rationalität" ist gesellschaftlicher Standard. Die weibliche Emotionalität ist eine Variante des Standards, die mitleidig belächelt und nicht für voll genommen wird. Ruhig argumentieren und reden können meist nur die, die sich in einer machtvolleren Position befinden. Weibliche Emotionalität ist wie Knitterfalten, die man schnellstmöglich auszubügeln versucht und dann der hyperventilierenden Frau erst die Tüte in die Hand drückt und anschließend den Stift zur Unterzeichnung.

Gefühle sind ja zunächst geschlechtsneutral, aber tatsächlich werden weibliche Gefühle anders bewertet und wahrgenommen: „Du bist zu emotional." „Sei nicht so hysterisch!" (Interessant, dass Wut bei Männern als Stärke gewertet wird und bei Frauen als Hysterie.) „Heulsuse!" „Hast du deine Tage?" Weibliche Emotionalität wird wegerklärt mit Hormonen, verniedlicht, vor die Tür geschickt, nicht ernst genommen oder mit einem herablassenden Label etikettiert. Wir fühlen uns dumm und schämen uns und misstrauen unseren Instinkten. Unser Menschsein bewegt sich leichter in einem männlichen als in einem weiblichen Rahmen. Die US-amerikanische Feministin und Autorin Soraya Chemaly beschreibt in ihrem Buch „Speak out! Die Kraft weiblicher Wut" das *Self-Silencing:* „Als Mädchen wird uns nicht beigebracht, wie wir unserer Wut einen Raum geben oder wie wir mit ihr umgehen sollen. Wir lernen vielmehr von klein auf, sie zu fürchten, zu ignorieren, zu verbergen und in andere Gefühle umzuwandeln."[26] Und dann wundern wir uns, warum gerade junge Mädchen in manchen Fällen zu selbstverletzendem Verhalten übergehen, weil sich ihre Wut nach innen richtet (Mädchen zwischen zehn und 16 Jahren neigen zwei- bis neunmal häufiger zu Selbstverletzungen als Jungs[27]).

Meine Gefühle auf dem Boden des Rathauses waren Angst vor einem Schritt, der mir in dem Moment zu groß vorkam, und Wut darüber, dass ich nicht mehr Zeit zum Nachdenken hatte. Mein Mann sah die Zahlen, ich sah die Risiken. Vor mir lag eine Entscheidung, deren Tragweite ich nicht überblicken konnte. Und das zwang mich echt in die Knie. (Spoiler: Ich habe den Vertrag trotzdem unterzeichnet, und mein Mann weiß nun, was er im Falle einer Hyperventilation zu tun hat. Die Bank hat uns bisher nicht aus dem Haus geworfen. Alles ist gut!)

Apropos Knie. Wer erinnert sich noch an den Kniefall Willy Brandts vor dem Ghetto-Mahnmal in Warschau? Eine Geste, die mehr bewegt hat als Verträge. Wer erinnert sich an die Rede Malalas vor den Vereinten Nationen – dieses junge Mädchen mit dem zerschossenen Gesicht, als es sagte: „Mein Dank geht an Gott, vor dem wir alle gleich sind. Danke an jeden, der für meine Genesung gebetet hat. Ich kann es kaum glauben, wie viel Liebe mir Menschen gegeben haben." Es sind Momente der Demut, der Schwachheit, der leisen Versöhnung, des Eingestehens von Fehlern, die etwas in uns berühren und sogar die Kraft haben, unsere Geschichte zu verändern. Die globale und die persönliche. Es ist das Zusammentreffen von Zerbruch und Parfüm.

Aber genauso braucht diese Welt die Wut der Ohnmächtigen, eine Wut, die menschenfeindliche Systeme anprangert und zerbricht. Frauen, die sich nicht den Mund verbieten lassen. Eine müde Rosa Parks, die es satthatte – so satt! – von den Weißen gegängelt zu werden. Ich sehe immer noch die Bilder des vorletzten Sommers vor mir: Schwarze und weiße *Black-Lives-Matter*-Demonstranten in US-amerikanischen Städten, die in die Knie gingen, das Haupt senkten und eine Faust in den Himmel streckten.

Jesus dreht das weltliche System immer auf den Kopf. Er demütigt die Mächtigen und erhebt die Schwachen. Auf unseren Knien können wir etwas bewegen. Eine „zweifelhafte" Frau sprengt ein hochrangiges Männermeeting, weil sie weinend vor Jesus auf den Boden sinkt. Er begegnet ihr weder mit Herablassung noch mit Fremdschämen oder überheblichen „Herrklärungen". In seinem Blick ist Mitgefühl, in seinen Gesten Liebe. Er wahrt nicht die Etikette. Er will es seinem Gastgeber nicht recht machen. Er gibt der Frau Daseinsberechtigung und Würde.

Es liegt eine merkwürdige Kraft darin, wenn wir uns verletzlich machen, und ich glaube, wir brauchen auf dieser Welt Frauen wie in der Geschichte mit Jesus. Frauen (und Männer!), die ihren Schmerz, ihre Schwäche, ihre Wut, ihre Gefühle, ihre Fragen nicht hinter einer Mauer aus Angst, kühler Professionalität oder Bitterkeit verbergen, sondern diese ehrlich zeigen. Keiner kann sich mit Menschen identifizieren, die glatt durchs Leben segeln und keinerlei Brüche vorzuweisen haben.

Wenn wir uns mit Jesus an einen Tisch setzen, dann setzen sich unsere Schwächen immer mit dazu. Parken wir sie aber vor der (Kirchen)-Tür, dann sind wir in einem religiösen System zu Hause. Nicht in einer Gemeinschaft aus Sündern und Stolpernden und Bedürftigen und Heiligen. Ich mag uns Christen und die Gemeinden so manches Mal kritisieren. Aber es gibt eines, was ich an der Gemeinschaft, aus der ich komme, schätze. (Leider trifft das auf viele Gemeinden nicht zu.) Wir reden ehrlich über eigene Schwächen, Zweifel und Versagen. Wir bitten einander und Gott um Vergebung. Wir flüstern Unaussprechliches. Wir haben keine Angst, weil wir wissen, dass wir nichts leisten müssen, um von Jesus geliebt zu sein. Meine Freunde, alle die mit Jesus gehen, sind Hinkende. Ich habe keine *Happy-Clappy-Supershiny*-Christencommunity. Da ist die Freundin, die gerade eine schmerzhafte Scheidung durchlebt und ihre Not mit uns teilt. Wir beten oft am Telefon miteinander und ich weiß nicht, was ich ihr sagen soll. Eine andere Freundin lebt immer am Rande des Burnouts, aber in der Gemeinschaft kommt sie zur Ruhe und spricht sich aus. Da ist eine Freundin, die gerade ihren Glauben verliert und offen darüber redet. Und noch eine andere Freundin gibt ihr Versagen als Mutter zu und weint bittere Tränen.

Wo, liebe Schwestern, haben wir eine solche Gemeinschaft von Menschen, von Frauen, die Räume schaffen, in denen wir ehrlich werden können? Wo wir nicht das Gefühl haben, eine Wand von verurteilenden Menschen vor uns zu haben? Wo wir nicht Angst haben müssen, unser Gesicht zu verlieren? Wo wir Wut und Fragen Raum geben können?

Es ist die *Sisterhood* von uns Jesus-Nachfolgerinnen, die alles andere als Glaubens-Superheldinnen sind, die ernüchtert am Anfang, in der Mitte oder am Ende ihres Lebens stehen. Die von Glaubenskrisen und Verlusten und Alltagssorgen geschüttelt sind und trotzdem immer wieder bei Jesus hineinplatzen mit den Scherben ihres Zerbruchs. Das kostbare Öl rinnt uns durch die Finger. Direkt auf die Füße Jesu. Es ist ihm ein Wohlgeruch.

Was früher Brieffreundschaften waren, sind heute WhatsApp-Freundschaften. Ich habe eine Freundin in der Schweiz, mit der ich mich per Sprachnachrichten austausche. Gott sei gepriesen für Menschen, die die Geduld besitzen, 15-minütige Sprachnachrichten anzuhören und bedacht zu beantworten! Sie hört mir zu, wenn ich von meinen Kindern erzähle, vom Schreiben, von Zweifeln. Wir beide kennen dunkle Zeiten und erzählen uns davon. Und dabei hat sie in vielen Dingen noch nicht mal die gleichen Ansichten wie ich. Eine gute Übung in einer Zeit, in der unsere Gesellschaft und unsere Kirchen gespaltener sind als sonst: Wir parken unsere wohlpolierten Argumente vor der Tür, wenn wir hineinplatzen in das Leben anderer mit zitternder Ehrlichkeit. Und wenn es eines gibt, das uns verbindet, dann unsere gemeinsamen Erfahrungen von Schwäche und Zerbruch. Brücken zum anderen bauen wir mit Beichte und Demut. Mit dem Eingeständnis: „Letztendlich bin ich mir auch nicht sicher." Nicht mit Rechthabenwollen.

Wir segnen einander mit den Geschichten, die wir uns erzählen, mit den Tränen, die wir voreinander zu weinen wagen, mit der Wut, die wir endlich aussprechen dürfen, mit den Bekenntnissen, die wir einander sagen. Wir sind in Gottes Nase nicht erst ein Wohlgeruch, wenn wir unser Leben auf die Reihe bekommen, unsere Häkchen an die richtige Stelle gesetzt haben, unsere Kinder nicht mehr anschreien, die Finger vom Alkohol lassen und uns eine fromme Sprache und Aura verpassen.

Lasst uns Schutzräume schaffen, in denen die ganze Bandbreite an weiblichen Emotionen Platz nehmen darf. Räume, vor deren Türen wir nicht erst ein gezwungenes Lächeln aufsetzen müssen, uns die Tränen verschämt wegwischen, die Wut hinunterschlucken. Das mag vielleicht eine Whatsapp-Freundschaft sein. Oder dein Wohnzimmer, in das du einlädst. Oder ein Ort, an dem du vor Jesus auf die Knie fallen kannst.

Dieses eine Leben, das du lebst, bringst du vor Gott mit all seinen Scherben und Glanzseiten – egal ob auf emotionale oder rationale Weise – und die Worte „Bitte", „Danke" und „Vergib mir!" drängen sich alle gleichzeitig aus deinem Mund. Sie steigen auf wie Wohlgeruch, wie teures Parfum.

Und Jesus sagt dir: „Geh in Shalom, meine Tochter, geh in Shalom. Dir ist vergeben."

Das Herz von der Leine lassen

„Wenn du aber dort den Herrn, deinen Gott, suchen wirst, so wirst du ihn finden, wenn du ihn von ganzem Herzen und von ganzer Seele suchen wirst."
(5. Mose 4, 29)

Ich habe mal ein Buch über das Heilige im Alltag geschrieben. Und ich glaube mehr denn je, dass Gott uns viel mehr im Profanen begegnen möchte, als wir meinen. Es kann nämlich durchaus sein, dass Gott mit uns viel lieber auf unserer abgewetzten Couch abhängt, als in repräsentativen Räumen wie ein wertvolles Ausstellungsstück hinter Vitrinenglas gepackt zu werden.

Unsere Seele sehnt sich nach transzendenten Erfahrungen, und es mag ihr zu simpel erscheinen, dass diese greifbar nahe sein könnten. An einem Bahnsteig. Am Esstisch. In einer Kneipe. Im Auto. Nicht jeder Moment ist geistlich besetzt – aber Gott wird nicht müde, um unsere Seelen zu werben. Und warum denn nicht auch mit einfachen Dingen, von denen wir glauben, sie können unmöglich von Gott kommen, weil sie viel zu „weltlich" sind und außerhalb geistlich aufgeladener Gottesdienste passieren?

Ich höre in dieser Pandemie warnende Worte von Pastoren. Wir verhungerten angeblich geistlich. Und ich frage mich, wie das sein kann. Wo doch die Köstlichkeiten direkt vor unserer Nase sind. Aber ich muss schon selbst hingehen, sie pflücken und essen. Natürlich verhungere ich, wenn ich das simple Brot verachte, weil es mich nach der Sahnetorte verlangt. Natürlich verhungere ich, wenn ich erwarte, dass andere mich satt machen, anstatt mich selbst auf den Weg zu machen. Mein Alltag ist prall gefüllt, und es ist schon fast ein Akt frecher Aufsässigkeit, Zufriedenheit einzuüben anstatt geistlichen Highlights nachzujagen. Ja, auch geistlich kann man unersättlich werden.

Abends vor dem Einschlafen purzeln mir Worte und Bilder durch den Kopf. Ungeordnete Gute-Nacht-Gebete, die Gott mühsam entwirren muss und hoffentlich daraus lesen kann, dass ich ihn gespürt habe. Als ich mit dem Auto durch den Wald fuhr und mein

Herz vor Freude mit dem Lied im Radio um die Wette gesungen hat. Als am Esstisch aus einer Meinungsverschiedenheit eine angeregte Diskussion wurde. Als ich mit Roggenmehl, Sauerteig, Wasser und Salz meine Familie satt bekommen habe. Als ich für eine Millisekunde begriff, was für ein unbegreifliches Wunder dieses Leben ist, während ich mit der Einkaufstasche auf dem Supermarktparkplatz stand. Als ich vor den Blumen in meinem Garten stand und zehn Minuten nichts weiter tat, als die Bienen zu beobachten.

Wenn dich ein extrem christlicher Fundamentalismus, eine Verbotskultur geprägt hat, dann kann es dir mitunter schwerfallen, die sich entfaltenden Lebensmomente einfach nur zu genießen, weil doch immer auch ein schlechtes Gewissen mitschwingt. *Darf ich das jetzt?* Die Frau als „Pflichtenerfüllerin" darf sich nicht gehen lassen, nicht ihren eigenen Bedürfnissen nachgehen, keine Lust verspüren. Sie ist christlich engagiert, eine gute Mutter, eine pflichtbewusste Ehefrau. Aber darüber kann es schnell passieren, dass sie geistlich abstumpft, weil sie das Gespür für ihr Selbst verloren hat. In all dem Tun und Schaffen verliert sie die pralle Lust am Leben.

Die Autorin Cheryl Bridges John schreibt: „Tatsächlich führt der christliche Aktivismus dazu, dass wir taub gegenüber unserer tieferen geistlichen Seite werden."[28]

Richard Rohr beschreibt unsere westliche Christenheit als eine, die sich hauptsächlich „mit Ordnung, Kontrolle, Sicherheit (...) und Gewissheit beschäftigt"[29]. Und das trifft es doch ganz gut, nicht wahr? Wir sind mit Dogmatiken und perfekten Gottesdienstabläufen beschäftigt. Wir haben Zugang zu allen Informationen und Büchern über alle nur erdenklichen Themen. Es macht uns Angst, die sicheren Pfade unseres Glaubens zu verlassen und uns mit unseren tieferen geistlichen Sehnsüchten und Fragen in die Wildnis zu begeben. Dorthin, wo uns keine christlichen Klischee-Antworten gegeben werden und wo wir diese auch nicht mehr wollen. Wo keine Sinnsprüche die Wände zieren. Wo wir Spannungen spüren, die sich durch unsere Fragen aufwerfen und wo wir uns nur noch still neben sie setzen. Weil wir dort Schweigen und Fragen und stilles Staunen zulassen.

Und dieses stille Staunen bringt mich zurück in meinen Alltag, in meine ureigene Wildnis. Aus meinem Alltags-Boden wachsen dicke Bäume, die mir Halt geben. Nahrhaftes, das mich stärkt. Unscheinbare Blumen, die reichhaltigen Nektar in sich bergen und mir den Tag versüßen, wenn ich anhalte und an ihnen rieche. Dornenbüsche, die mich zum Anhalten und Schuhe-Ausziehen zwingen. Ich wandle auf Gottes heiligem Boden.

Und überall, überall entdecke ich Leben. Auferstehung. Neuanfänge. Meine müde Seele wird immer wieder neu aus dem fruchtbaren Boden des Alltags gespeist.

Frühmorgens wabert Nebel über die Wiesen hinter dem Haus. Es soll ein warmer Tag werden, aber noch beißt die Kälte in meine nackten Füße, mit denen ich im Gras stehe. Nur kurz husche ich hinaus, um die Kaninchen zu füttern. Die Tierchen strecken sich so weit wie sie können, um den Löwenzahn zu erreichen, den ich für sie gepflückt habe. Ich bücke mich nach nachlässig hingeworfenen Hausschuhen und räume sie aus dem Weg. Kann man sich an alten Hausschuhen freuen? An Wäsche, die an der Wäscheleine trocknet? An Brotteig, der in der warmen Küche geht? An einem kurzen Plausch mit Nachbarn? An einem Kind, das sich über seine Hausaufgaben beugt? Manchmal komme ich mir fast dumm vor. Meine Hand streicht über brüchiges Leder.

Es sind die vielen kleinen Dinge, die mir Leben schenken. Die wie Champagnerbläschen im Glas unablässig nach oben steigen. Es ist die Suppe, die wir gemeinsam zu Mittag essen. Die Aufgaben, die wir auf übermorgen verschieben, weil wir lieber noch eine Runde durch den Wald gehen. Ein kleiner Gruß, der mich per WhatsApp erreicht. Kastanien auf dem Boden. Hagebutten am Wegesrand. Schlaf. Eine Verkleidungsparty mit meinen Kindern.

Unser Alltag mit seinen Sachzwängen lässt uns vermeintlich wenig Raum für Lebenslust. Pflichten-Erfüllerinnen sind wir, müssen wir auch oft sein. Aber doch auch Menschen, die so viel mehr zum Leben brauchen als nur das Abhaken von Listen. Unser Glaube sollte nicht ein weiterer Ort der sturen Pflichterfüllung sein. Sondern ein Ort, an dem die Seele aufblühen und sein darf und vor Freude jubiliert.

Umgeben wir uns also nicht nur mit Pflichten, sondern mit Schönheit und Leben. Wie wäre es, wenn wir neben unseren To-Do-Listen eine Lebenslust-Liste führen? Du kannst sie auch Dankbarkeits- oder Segens- oder Gottesmomentliste nennen. Fühl dich frei! Notiere alles, was dir Leben schenkt. Und das sieht für jede von uns anders aus.

Mein Blumengarten vor dem Haus ist nicht nur ein Tummelplatz für Bienen, sondern auch meine persönliche Augenweide. Ich habe ihn vor drei Jahren angelegt, und das ganze Dorf schmunzelte über meine alternativen Anbautechniken. Wo tiefe Reifenspuren das Erdreich zerwühlt hatten, blüht nun ein fröhlicher Teppich, in dem es summt und brummt. Ich habe den Blumengarten so konzipiert, dass ich ihn beim Abspülen vom Küchenfenster aus sehen kann. Die Spülarbeit ist mir zur Lust geworden, weil ich das Wunder vor meinem Fenster jeden Tag auskosten kann. Ich will, dass

Vorübergehende stehen bleiben und lächeln und sich ebenfalls so verrückt darüber freuen können wie ich.

Wenn das Leben über dir zusammenschlägt und dein Alltag sich anfühlt wie ein kalter grauer Klumpen, dann frage dich, was dir neues Leben schenkt. Lege einen Augenblick deine Pflichten zur Seite. Es mag nicht so leicht sein, denn manchmal verwachsen sie mit uns und wir müssen sie sehr sorgfältig wie Kletten aus einem Wollpullover zupfen. Und dann lass dein Herz von der Leine. Meistens findet es einen Weg. Meistens deutet es dich auf das hin, was dir genau hier und heute Leben schenken könnte. Und wenn es einfach nur Blumen sind oder Brot oder der Lichtstreif am Horizont.

Disney-Prinzessinnen-Theologie

Letztens las ich auf Facebook eine interessante These (ernsthaft: Wer ist im Jahr 2021 eigentlich noch auf Facebook unterwegs? Anscheinend nur noch ich und eine Handvoll Verschwörungsfans). Diese These besagt, dass manche Christen sich mit den Helden der Bibel überidentifizieren. Aber natürlich nur mit den „Guten", nie mit den Bösewichten und Verlierern wie Judas, Jona, den Pharisäern, Herodes, Xerxes oder dem Volk Ägypten. Nein, wir sind lieber Petrus, Esther, Daniel oder Josua. Die amerikanische Bloggerin Erna Kim Hackett nennt dies die Disney-Prinzessinnen-Theologie, mit der sie auf die *Black-Lives-Matter*-Bewegung verweist. Die USA hat ihrer Meinung nach ein verzerrtes Selbstbild. Hacketts Heimatland, das sich selbstgefällig als *„God's own country"* tituliert, sei in Wirklichkeit das Täterland Ägypten.

Die Bloggerin beschreibt ein Phänomen, das sich auf unsere weibliche Gemeindefrömmigkeit ausweiten lässt. Wir wollen die Heldinnen in Gottes Geschichte sein und merken dabei nicht, dass wir doch immer auch etwas vom Pharao, von Judas, Jona und Isebel in uns tragen. Dass wir auch immer etwas von den vielen namenlosen, nebensächlichen Gestalten der Bibel verkörpern.

Ich bin mit der Bibel aufgewachsen. Mein erstes Exemplar habe ich mit zehn Jahren bekommen und ich schleppte sie überall mit hin wie einen Talisman, der mich beschützen sollte vor der rauen Welt. Ich unterstrich Verse, und die besonders hoffnungsvollen Verheißungen unterstrich ich nicht mit schnödem Kugelschreiber, sondern mit neongelbem Textmarker. Jede Verheißung galt natürlich immer mir ganz persönlich und in meiner christlichen Gemeinschaft wurden wir nicht müde, uns mit biblischen Versprechungen zu segnen. Und wenn mir das Leben kalt und dunkel entgegenschlug, kniff ich die Augen zusammen, schlug die Bibel wahllos auf, legte meinen Finger auf eine beliebige Stelle und erhoffte mir göttliche Wegweisung. Nicht selten landete mein Zeigefinger auf Ahnenaufzählung oder Fluch-Psalmen. Ich behandelte die Bibel wie ein magisches Buch und las sie durch den Filter meiner eigenen Bedürfnisse und meiner eigenen Befindlichkeiten. Ich wollte die Heldin meiner eigenen Geschichte sein. Und eine Heldin zu sein bedeutete, Großes für Gott zu tun. Und nicht die Ablage für den Chef zu sortieren oder das Katzenklo sauber zu machen. Einmal wurde mir prophezeit, ich würde „Juden zurück ins Gelobte Land führen". Nun, ich warte noch heute auf die Erfüllung dieser Prophezeiung, und wenn ich mir beim Israeli in der Stadt eine Hummus-Bowl kaufe, muss ich meinen Reflex unterdrücken, ihm ein *One-Way-Ticket* nach Tel Aviv in die Hand zu drücken.

Was die wenigsten beim Lesen der Bibel erkennen, sind die großen Zeitsprünge. Zeiten, in denen nichts geschah. Keine Heldentaten. Keine göttlichen Interventionen. Generationen, in denen Frauen und Männer ihrer Arbeit nachgingen, Felder bestellten, Kinder aufzogen, Handel trieben, Opfer brachten. Es wurde geboren und gestorben. In der Bibel lesen wir die großen Geschichten komprimiert und können dem Trugschluss erliegen, dass das Leben mit Gott eine Reihe von geistlichen Highlights und großen Berufungen ist. Aber wie viele Monis, Claudias und Tamaras sind ernüchtert worden, weil aus ihnen keine Prinzessinnen und Heldinnen wurden, sondern sie immer noch Frauen sind, die einfach nur ihren Alltag und ihr Leben zu bewältigen haben? So, wie auch die Menschen in den vielen nicht erzählten Geschichten der Bibel einfach nur ihren Alltag lebten. Wir überhöhen uns und unsere Wichtigkeit. Natürlich bringen wir uns mit unseren Gaben ein und manche von uns sind wahre Frontfrauen, aber unsere Gesellschaft würde zerbröseln ohne unsere Alltagstreue. Die Tanjas, Mias und Naomis hängen sich blumenumrankte Bibelverse an die Wand und trinken ihren Kaffee aus Bechern, die mit Mutmach-Sprüchen für Frauen bedruckt sind. Ich selbst habe vor einiger Zeit einen Becher mit der Aufschrift „Geliebt" bekommen. Sosehr ich das Sentiment dahinter verstehe und gutheiße, frage ich mich, warum Frauen immer und immer wieder die Bestätigung brauchen, dass sie „geliebt", „gewollt", „begabt" und „gesegnet" sind. Ich muss mich doch auch nicht der Liebe meines Mannes oder meiner Eltern jeden Tag neu vergewissern. Mein Mann hat nur *ein* Foto von mir auf seinem Schreibtisch, aber Gott trägt bestimmt mehrere Fotos von mir in seinem Geldbeutel herum, die bereits so abgegriffen sind, weil er sie immer wieder hervorzieht und damit angibt, wie ein stolzer Vater.

Es ist ganz wunderbar, befreiend, berauschend, wenn wir diese Erkenntnis einfach mal bei uns lassen und sie nicht immer wieder einfordern, als hätte Gott uns gegenüber eine Bringschuld. Aber manchmal beschleicht mich das Gefühl, dass wir in dieser Hinsicht unersättlich sind und dem Braten nicht so recht trauen, weil sich – gefühlt – jede christliche Frauenveranstaltung um diese Themen dreht. Diese kommen mir oft vor wie spirituelle Eigentherapie, die uns nicht in eine Mündigkeit führt, sondern in die Abhängigkeit von Zuspruch und Bestätigung. Wir rennen von Veranstaltung zu Veranstaltung, lesen Buch um Buch und Blogpost um Blogpost und können doch nicht das innere Verlangen nach Bestätigung – dieses Biest! – stillen. Dieses Verhalten ebnet den Weg in einen spirituellen Burnout, weil wir auf der Jagd nach dem Gefühl des Geliebtwerdens nur kurzzeitig satt werden und wir die Dosis stetig erhöhen müssen. Ich kenne und verstehe diese Sehnsüchte zutiefst, denn wir leben in einer stark fragmentierten Welt, wo wir Einsamkeit und Hyper-Indiviualismus ausgesetzt sind. Aber haben wir einmal das Fundament gefunden, dann lassen wir uns doch davon nicht immer wieder von den Widrigkeiten des Lebens verjagen, sondern beanspruchen Gottes Liebe für uns wie eine Selbstverständlichkeit; wie die Luft, die wir atmen, wie den Boden, auf dem wir stehen.

Prinzessinnen brauchen Verhätschelung und machen sich nicht die Füße dreckig. Sie wollen all das Gute und Schöne ohne das Schreckliche und Hässliche. Sie wollen den Prinzen, nicht den Frosch. Sie wollen ein erfülltes Leben, aber kein Risiko. Sie wollen versorgt sein, ohne sich die Hände blutig zu arbeiten. Aber die Wahrheit ist, dass wir das Gute nie ohne das Schwere bekommen. Den Sieg nie ohne Verlust. Fülle nie ohne Mangel. Liebe nie ohne Zeiten der Einsamkeit.

Das ist die Krux an der Prinzessinnen-Theologie. Wir wollen das Gute in der Bibel für unser eigenes Leben beanspruchen und vergessen, dass wir nicht nur in Licht, sondern auch in Lumpen gekleidet sind. Wir sind die blinden Bettler am Wegrand, die Pharisäer, die am Notleidenden vorübergehen, grausame Könige und Gebrochene. Und wir sind gleichzeitig Geliebte und Geborgene und Geheilte. In dieser Spannung zwischen zwei Polen finden wir die Gnade, von der die Bibel spricht, und ich wünschte mir, dass wir mehr über Gnade statt über Berufung und Prinzessinnen und Heldentum nachdächten.

Ich erlebe, dass die Bibel häufig genutzt wird, um das eigene Selbst aufzupolieren, anstatt Gott in den Alltag zu holen. Einzelne Verse werden ohne Zusammenhang und ohne Interesse an kulturellem Hintergrund gelesen, und dann glauben wir allen Ernstes, dass diese Worte dort nur für uns stehen und für die Visionen, die wir uns daraus zusammenbasteln. Jesaja schrieb seine Worte nicht unbedingt zu dem Zwecke auf, dass ich mir heute im 21. Jahrhundert sicher sein kann, dass Gott „einen großen Plan" für mein Leben hat. Wie soll aber die Welt funktionieren, wenn Gott für *uns alle* große Pläne hat und niemand mehr die Drecksarbeit machen will? Wie können wir so etwas für uns in Anspruch nehmen, wenn auf der anderen Seite der Welt Frauen über solch eine Anmaßung nur lachen können, weil dieser Zuspruch niemals für sie gelten wird? Sondern nur für die weiße, privilegierte Frau im Westen, die bereits den nächsten Prinzessinnen-Gottes-Kurs gebucht und bezahlt hat, weil der alte nicht so ganz funktioniert hat. Was soll denn, bitteschön, der Plan für die vielen namenlosen Frauen sein, die unsere hübschen Kleider am anderen Ende der Welt unter unwürdigen Bedingungen nähen?

Meine Glaubensheldinnen sind Frauen, die nicht lang und breit über Berufung nachdachten und keine Gabentests machten und auch ganz sicher keine Ermutigungs-Prinzessinnen-Kaffeebecher brauchten: Edith Stein, Florence Nightingale, St. Thérèse von Lisieux, Teresa von Avila, Ruth Pfau, Corrie ten Boom und Katharina von Bora. Und ich habe Glaubensheldinnen, die in keinen Geschichtsbüchern vorkommen. Frauen, die den Mund aufmachen. Frauen, die still ihr Leben bewältigen. Frauen, die ihr Leben lang hart gearbeitet und sich dennoch ihren Humor und ihre Dankbarkeit bewahrt haben. Frauen, die sich ohne Selbstinszenierung ganz einer Sache hingeben. Frauen, die treu jahraus, jahrein ihren leisen Weg gehen. Frauen, die ehrlich schreiben. Frauen, die aus ihrer Zerbrochenheit keinen Hehl machen.

Ich bin ziemlich sicher: Dein Leben verwirrt dich manchmal. Kennst du noch den Zauberwürfel? In den 80er Jahren besaß ich ein Exemplar. Jeder hatte einen, so wie wir alle Mon-Chichis und Kettcars besaßen. Die ersten fünf Minuten seines jungfräulichen Zauberwürfel-Lebens waren alle Felder noch an ihrem Platz. (Jeder der sechs Seiten war jeweils eine Farbe zugeordnet.) Und danach nie wieder. Zumindest bei mir. Sosehr ich mich auch bemühte, ich schaffte es nicht, die Farbflächen wieder in den Originalzustand zu drehen! In meiner Frustration fand ich eine „kreative" Lösung: Ich knibbelte die Aufkleber ab und klebte sie an die „richtigen Stellen", sodass es aussah, als hätte ich in meiner unfassbaren Genialität den Zauberwürfel gelöst.

Diese „Abkürzung" erinnert mich an den *großen Plan*, den wir für unser Leben ersehnen. Wir wollen nicht den langen, schweren, verwirrenden Weg mit seinen vielen Irrgängen und Sackgassen gehen. Wir wollen klare Lösungen und dass alles im Leben Sinn ergibt. Wir scheuen uns vor der harten Arbeit, die es bedeutet, Beziehungen wiederherzustellen, Kinder zu erziehen, Abschied zu nehmen, zu verzeihen, Gerechtigkeit einzufordern, laut zu werden, Demut zu üben, sich selbst kritisch zu hinterfragen, seinen Glauben neu auszurichten, alte Gewissheiten über Bord zu werfen, Zweifeln ins Gesicht zu sehen. Deshalb wollen wir Wunder und keine Wüstenwanderungen, Krankheiten oder Scheitern. **Manchmal – ja sogar ganz oft ohne unser großes Zutun – schenkt Gott uns Wunder. Sie sind Leuchtfeuer in der Nacht. Manchmal ganz kleine, aber sie weisen uns den Weg. Doch die tägliche harte Arbeit, die müssen wir trotzdem tun. Das ist kein Leben für Prinzessinnen, sondern für Frauen, die lernen, sich ihrer Liebe sicher zu sein und die Ärmel hochzukrempeln.**

Wir müssen echt damit aufhören, unser Leben manipulieren zu wollen (wie ich meinen Zauberwürfel) und anderen vorzugaukeln, wir hätten alle Farben an die richtige Stelle sortiert. Es ist nicht einfach, sich so zu zeigen, wie man wirklich ist. Es ist sogar ziemlich riskant und kann dich etwas kosten. Es kostet dich auf jeden Fall die Vorstellung von einer Prinzessinnen-Existenz. Es kostet dich vielleicht sogar Freunde, weil sie nicht klarkommen mit so viel Ehrlichkeit. Es kostet dich Sicherheit.

Aber du gewinnst Frieden für deine Seele, die endlich von der Jagd nach Glaubensoptimierung ruhen darf. Du wirst mit neuer Gelassenheit Menschen in deiner Umgebung befreien, zu sich selbst zu stehen. Sie dürfen erleichtert zugeben, dass sie keinen Plan haben, wie sie das Rätsel ihres Lebens lösen sollen. Aber das müssen sie vielleicht gar nicht. Vielleicht müssen sie sich ja einfach nur lieben lassen und andere lieben. Und das ist schon der ganze Plan für ihr Leben.

Jasagen und Neinsagen

„Kannst du für unseren Basar am Samstag noch einen Kuchen backen?" *Neeeeiiiiiin!!*

„Ja klar, kein Problem." „Möchten Sie die Wahl zur Elternbeiratsvorsitzenden annehmen?" *Niiiemals!* „Von Herzen gern." „Wollen wir uns Freitagabend treffen?" *Bloß nicht!* „Ja, wann denn?"

Alles schon so erlebt. Du sicher auch, nur vielleicht in anderer Form. Wir bringen uns selbst in die allerschönsten Bredouillen und müssen spätabends noch schnell einen Marmorkuchen aus dem Handgelenk schütteln, obwohl wir doch einfach im Laden schnell einen kaufen und beim Basar abliefern könnten. Wir sind festgenagelt auf JAHRE, weil wir voreilig zu einem Amt Ja gesagt haben, das wir eigentlich nicht ausfüllen möchten. Ich verbringe den Freitagabend mit einer Person, die mir gar nicht am Herzen liegt. Wir bauen uns selbst ein Gefängnis aus unseren „Jas", die eigentlich schon als „Nein" auf unserer Zunge lagen. Diese „Jas" rauben uns wertvolle Zeit, Beziehungen und Energie. Und sie machen uns bitter, denn innerlich staut sich Groll an, der sich in passiv-aggressivem Verhalten äußert. Unsere wahren Gefühle können wir lange unter Kontrolle halten, aber irgendwann quellen sie an den unpassendsten Stellen raus.

Als Mädchen haben viele von uns gelernt, nett zu sein, die Gefühle anderer nicht zu verletzen, die eigenen Gefühle hinten anzustellen, Rücksicht zu nehmen und hilfsbereit zu sein. Und daran ist grundsätzlich erst mal gar nichts verkehrt! Aber wenn ein Mädchen nicht ermutigt wird, die eigenen Gefühle ernst zu nehmen, „Nein" zu sagen, auf sich selbst zu achten, direkt zu sein, dann wird sie es schwer haben, zwischen den Bedürfnissen anderer, den eigenen Bedürfnissen und deren unterschiedlicher Gewichtung zu unterscheiden. Noch komplizierter wird es, wenn wir christlich geprägt aufgewachsen sind. Denn ein wichtiger Grundpfeiler des Christentums ist der selbstlose Dienst, der nach wie vor meist weiblich besetzt ist. Ich kann dir problemlos an beiden Händen Frauen aus dieser Szene aufzählen, die sich mit ihren unzähligen „Jas" und ihrem selbstlosen Dienst über ihre Kräfte hinaus ausgepumpt haben. Burnout in christlichen Kreisen ist immer noch ein Stigma. Weibliche Selbstverleugnung rührt meist daher, dass wir unsere Grenzen nicht kennen oder Angst haben, diese zu verteidigen. Der Jesus, dem ich folge und den ich kenne, will unser Arzt sein, nicht unser Sklaventreiber. Er will Leben schenken, nicht unser Leben aussaugen. Er ist aber auch niemand, der uns auf Rosen bettet, sondern uns aus unserer Bequemlichkeit rüttelt (Vorsicht: Es könnte sein, dass du deine eigenen Grenzen mit dem folgenden Vers aus dem Markusevangelium bisher immer plattgewalzt hast!)

„Wenn jemand mir nachfolgen will", sagte er, „muss er sich selbst verleugnen, sein Kreuz auf sich nehmen und mir nachfolgen. Denn wer versucht, sein Leben zu bewahren, wird es verlieren. Wer aber sein Leben um meinetwillen und um der guten Botschaft willen verliert, wird es retten." (Markus 8, 34–35)

Jesus spricht hier sehr deutlich davon, was es in mancher Kultur und mancher Zeit bedeutet, ihm nachzufolgen. Das kann durchaus Tod und Verfolgung bedeuten. Das hat für uns im demokratischen Westen heute wenig Bedeutung, auch wenn manche unserer Geschwister den Opferkomplex neuerdings hysterisch wiederbeleben. Jesus spricht hier davon, dass es uns etwas kostet, ihm nachzufolgen. Indem er nämlich unser weltliches Wertesystem auf den Kopf stellt, nehmen bei ihm die Schwachen, die gesellschaftlich und religiös Benachteiligten, die erste Stelle ein. Also ist es vielleicht besser, wenn wir uns gleich mal ganz nach hinten in die Reihe stellen. Vor uns sind dann erst mal die Mütter in Moria und die Gefangenen in Nordkorea dran. Jesus nachzufolgen kann und wird uns Beliebtheit, Sicherheit und ein bequemes Leben kosten. Wir werden aus einer schläfrigen Existenz wachgerüttelt und die Nöte der Welt schmerzen uns wie Steinchen in den Schuhen. Das ist nicht leicht auszuhalten! Aber wenn wir nur nach unserem eigenen Wohlergehen schauen, können wir auch gleich eine Bankrotterklärung für unsere Gesellschaft unterschreiben. **Wenn wir unserem Nächsten nur dann helfen, wenn es sich für uns selbst gut anfühlt, dann kostet uns unser Glaube nichts. Dann ist er nur eine billige Krücke, die uns mit wohlgefälligen, handgeletterten Bibelversen über unsere persönlichen Tiefs hinweghilft und uns zur Selbsterfüllung trägt. Im Zentrum unseres Jesus-Glaubens steht nämlich nicht unser Ich, sondern Er.** Auch wenn sich das für unsere postmodernen Ohren fürchterlich anstrengend und eckig anhört. Wenn ich den Jesusweg gehe, werden auch meine noch so märtyrerhaften Anstrengungen und mein übermenschliches Engagement nicht ausschlaggebend sein, sondern die Herzenshaltung, mit der ich etwas tue. Die Einstellung meines Herzens, mit der ich „Ja" oder „Nein" sage.

Aufopferung bedeutet nicht immer, „Ja" zu sagen. Sich selbst zu verleugnen bedeutet nicht immer, „Ja" zu sagen. Sondern dass ich durch mein Leben gehe und weiß, wofür und warum ich lebe. Denn dann sag ich zu den richtigen Dingen „Ja". Und ich platziere meine „Neins" gewählt, um für meine „Jas" genug Zeit und Kraft zu haben. Denn ich habe nur 24 Stunden am Tag, von denen bereits viele belegt sind von den ganz normalen Sachzwängen des Lebens.

Ich bin keine Krankenschwester auf einer Leprastation in Delhi. So wunderbar das auch wäre. Ich bin eine durchschnittliche Autorin, Hausfrau und Mutter, die Essen auf den Tisch bringt, Vokabeln abfragt, Deadlines einhält und Nachtschichten einlegt. Um ohne schlechtes Gewissen „Nein" sagen zu können, muss ich meine „Jas" kennen. Und meine Berufung!

Ach, Berufung ist so ein schrecklich abgenutztes Wort. Eigentlich mag ich es nicht besonders, weil so hohe fromme Erwartungen mitschwingen. Wir müssen Berufung unbedingt entmystifizieren und „entfrommen". Berufung bedeutet nichts anderes als:

- Das, was ich heute machen muss.
- Das, was mein Herz zum Singen bringt.
- Den zu lieben, der nach weltlichem Standard keine Liebe verdient hat.

Gott legt uns Träume und Leidenschaften ins Herz. Und nein, sie müssen nicht zwingend frommer Natur sein. Vielleicht geht dir dein Herz auf, wenn du tanzt oder liest. Wenn du Basare organisierst oder backst. Wenn du einen Verein leitest oder einen Gemeinschaftsgarten anlegst. Wenn du eine Zeitschrift aufbaust oder einen Blog schreibst. Wenn du Not linderst oder Kinderknie mit Pflastern beklebst. Wenn du eine Gemeinde leitest oder gegen soziale Ungerechtigkeit kämpfst. Wenn du therapierst oder malst.

Und Gott legt uns ganz alltägliche Aufgaben und Menschen vor die Füße, über die wir so gerne einen riesigen Schritt machen würden, weil sich unsere Leidenschaften bedeutender anfühlen als ein zu waschender Wäscheberg oder der Besuch bei der einsamen

Nachbarin. Aber Gott legt uns nie *alle* Träume und *alle* Aufgaben vor die Füße, damit wir wie haltlos Getriebene durch unser eigenes Leben rudern und meinen, wir müssten überall gleichzeitig sein – mit dem Ergebnis, am Ende mit Betablockern ruhiggestellt werden zu müssen.

Mein Mann und ich sind seit über zehn Jahren in ein und demselben Hauskreis. Die Besetzung hat sich mit der Zeit geändert; tatsächlich ist niemand mehr aus den Anfangszeiten übrig. Manche sind weggezogen, andere interessieren sich nicht mehr für den Glauben, manche sind krank geworden oder stießen sich an unserer Glaubensentwicklung. Vor ein paar Jahren wurden wir gefragt, ob wir die Leitung des Hauskreises übernehmen wollten. *Neeeiiiiin!* Hm, ok, bevor es kein anderer macht ... Ja! Und seitdem klebt dieses Amt an uns. Wir werden es nicht mehr los. Ich wollte nicht aus Angst vor einer Leitungsaufgabe „Nein" sagen. Ganz im Gegenteil: Ich habe in meinem Leben so viel geleitet, dass es – gefühlt – bis in alle Ewigkeit reicht. Ist irgendwo ein Posten mit Verantwortung zu vergeben, werde ich angefragt. Und vielleicht war es genau das. Ich hatte so sehr das Bedürfnis, mich zurückziehen zu können, nicht schon wieder Verantwortung übernehmen zu müssen. Ich wollte eben auch mal einen wöchentlichen Ort, an dem ich mich fallen lassen konnte, anstatt die Gebetsrunde und den Lobpreis und den gemeinsamen Austausch leiten zu müssen. Es ist einfacher, die anzufragen, die bereits Erfahrung haben, anstatt dem „Nachwuchs" etwas zuzutrauen und ihn zu fördern. Und ja, ich bin unsagbar schlecht darin, das Ruder loszulassen. Frag meinen Mann. Du begreifst mein inneres Dilemma?

Nun leidet also unser Hauskreis seit Jahren an einer müden, schlaffen, zweifelnden Leiterin, die nur das Nötigste macht, aber auch nicht mehr. Du findest mich jeden Donnerstag um 19.55 Uhr wie eine tote Flunder auf der Couch, Arme und Beine weit von mir gestreckt. Punkt 20 Uhr schnapp ich mir die Gitarre, verbreite gute Laune und verteile kleine Häppchen.

Werfen wir mit unseren „Jas" um uns, fransen wir in alle Richtungen aus, hetzen von einem zum nächsten Punkt, ohne dass unser Herz je bei einer Sache verweilen kann. Es ist doch aber sinnvoller, nur wenige Pfeile im Köcher zu haben und mit ihnen in Ruhe das Ziel anzuvisieren, als hektisch in alle Richtungen zu schießen. Zu ärgerlich nur, dass andere uns immer wieder Pfeile in den Köcher schmuggeln! Wer nicht gelernt hat, Grenzen zu ziehen, wird vereinnahmt.

Wir alle kennen mindestens einen ominösen Menschen, der so in sich ruht, dass es einen schon fast auf die Palme treiben kann. Das Geheimnis dieser Menschen ist entweder das richtige Medikament oder klare Grenzen. Jemand, der in sich ruht, hat immer nur sehr wenige Pfeile im Köcher.

Ich habe Freundinnen, die sich gegen eine Berufstätigkeit außer Haus entschieden haben, um ganz für ihre Familie da sein zu können. Sie müssen sich nicht zerreißen. Ich habe andere Freundinnen, die ihren Beruf mit ganzer Kraft und Leidenschaft ausüben und ihre Freizeit nur mit wenigen Dingen füllen, um ihre Energie zu behalten. Ich habe Freundinnen, die genau *eine* berufliche Selbständigkeit, *ein* Hobby, *ein* Ehrenamt betreiben und das mit vollem Gusto. Nur die wenigsten von uns sind mit dem erforderlichen Maß an Energie auf die Welt gekommen, um tausend Bälle gleichzeitig in der Luft zu halten.

Gebt also bitte gut auf euch acht! **Ein von Herzen kommendes „Ja" zu einer Sache erfordert viele „Neins" zu anderen. Frauen,**

271

die zu den richtigen Dingen „Ja" sagen und mündig ihre Grenzen ziehen, setzen ihre Kraft sehr gezielt ein. Gesunde Grenzen erhöhen unsere Fähigkeit, uns um unsere Aufgaben und um die Menschen in unserem Leben zu kümmern.

Aber wie kannst du ergründen, welche Pfeile in deinem Köcher die richtigen sind und welche du getrost aussortieren kannst? Das ist ein Prozess, in dessen Verlauf du dich selbst besser kennenlernen und deine Lebensmuster aufdecken musst. Du hast so wunderbare Gaben und Träume und Leidenschaften von deinem Schöpfer bekommen. Es hat nichts mit Egoismus zu tun, wenn du dich auf eine Selbsterforschungsreise begibst, denn dein Umfeld braucht dich mit dem, was du zu bieten hast. Folgende Fragen können dir helfen:

- Was bringt mein Herz zum Singen?
- Was bewirkt in mir heftige Gegenwehr, die sich sogar in körperlichen Symptomen ausdrücken kann (es schnürt dir den Hals zu, es drückt etwas auf deine Brust, es schlägt dir etwas auf den Magen usw.)?
- Wenn du in den nächsten 24 Stunden nur das tun könntest, was du möchtest, was wäre das? (Die Antwort ist ein guter Hinweis auf deine Träume und Leidenschaften.)
- Wo bin ich tatsächlich unabkömmlich? Welche Dinge *müssen* getan werden, weil sie das Leben jetzt gerade erfordert?

Es kommt alle paar Monate vor, dass mir mein Leben ein bisschen über den Kopf wächst, weil ich in meiner Begeisterungsfähigkeit mal wieder zu oft „Ja" gesagt habe. Dann stecken plötzlich eine Menge Pfeile in meinem Köcher. Ich muss dringend aussortieren und dabei hilft mir meine Top-3-Methode.

Diese Methode ist denkbar einfach und du kannst sie jederzeit und sofort anwenden. Erstelle eine Liste mit zehn Dingen, die wichtig und dringend sind. Die dringenden Dinge sind deine Sachzwänge, z. B. Hausbau, Homeschooling, Haushalt, Babypflege, Arbeit usw. Die wichtigen Dinge entspringen deinem Herzen, wie z. B. Schreiben, Freundschaften pflegen, Gärtnern, Sport usw. Natürlich überschneiden sich die wichtigen und dringenden Punkte häufig.

Jetzt hast du also deine Liste. Nimm dir einen Stift und reduziere sie bis auf drei Punkte, was aber nicht bedeutet, dass die restlichen sieben Punkte keinen Platz in deinem Leben haben dürfen. Aber sie müssen eine Zeit lang – bis sich dein Leben wieder geordneter und ruhiger anfühlt – eine Nebenrolle spielen. Diese drei übrigen Punkte sind deine Top 3. Und alles, was ihnen nicht dienlich ist, lehnst du zunächst mal ab. So kannst du ganz neu Integrität, Klarheit und Ruhe gewinnen.

Zum letzten Mal musste ich diese Methode während des ersten Corona-Lockdowns anwenden. Ich musste mich neu fokussieren, um mit meinen Kräften hauszuhalten. Ich setzte mich hin und schrieb frei von der Leber weg meine zehn Dinge auf: „Brot backen. Gärtnern. Familie. Homeschooling. Lesen. Schreiben. Nähen. Stricken. Freunde. Sport. Haushalt." Du siehst, ich habe die Tendenz, mein Leben sehr vollzupacken, weil ich eben nur dieses eine habe und leider auch an Überambitionen leide. Ich strich bis auf drei alle anderen Posten raus. Und dann stand da vor mir auf dem Papier:

Homeschooling. Familie. Gärtnern.

Mein Leben wurde mit einem Schlag wieder ruhiger, langsamer, zielgerichteter. Kurz darauf fragte mich eine Redakteurin des

Bundesverlages an, ob ich mir die Mitarbeit bei einer neuen Zeitschrift vorstellen könne. Die Ausrichtung des Magazins entsprach genau meiner Leidenschaft, meinen Interessen und auf meiner Zunge brannte ein „Ja, unbedingt!". Und dieses „Ja" konnte ich aus vollem Herzen zusagen, weil ich mein Leben reduziert hatte und neue Freiräume entstanden waren.

Es ist ein langer Lernprozess für uns Frauen, klare Grenzen zu ziehen. Viele von uns haben es als kleine Mädchen nicht gelernt, weil Höflichkeit und Konventionen wichtiger waren als der Schutz des eigenen Lebens. Vielleicht kommst du aus einem christlichen Umfeld, in dem Neinsagen mit geistlichem Ungehorsam gleichgesetzt wird und es dir unmöglich macht, ein gesundes Gespür für dich selbst zu entwickeln. Schuldgefühle und Angst können einen so sehr lähmen, dass man es nicht wagt, die Hand schützend über seinen Köcher zu halten. Es könnte ja sein, dass man mal aus Versehen dem Willen Gottes zuwiderhandelt. (Glaubt mir, Gott hält das aus. Sonst wäre er nicht Gott.)

Jesus hat uns dazu etwas zu sagen: „Sagt einfach „Ja" oder „Nein". Jedes Wort darüber hinaus ist vom Bösen." (Matthäus 5, 37). Jesus war nicht bekannt für zweideutige Aussagen; so viel ist klar.

Wir haben die unbedingte, göttliche Erlaubnis, „Nein" zu sagen. Und wenn du das (noch) nicht kannst, dann übe es ein. Sag nicht sofort „Ja", wenn du eigentlich „Nein" sagen möchtest, sondern erbitte dir Bedenkzeit. „Da muss ich erst mal drüber nachdenken. Ich brauch ein bisschen Zeit, um zu einer Entscheidung zu kommen." Und wenn du dann „Nein" sagst, stirbst du innerlich ein bisschen, aber beim nächsten Mal wird es bereits ein bisschen leichter sein, dich abzugrenzen. Denn eigentlich fühlt es sich richtig gut an, der Boss deines eigenen Lebens zu sein, nicht wahr?

Damit unsere Töchter das Neinsagen nicht erst quälend langsam lernen müssen wie wir mit 20 oder 40 oder gar 60 Jahren, müssen wir ihnen beibringen, dass Höflichkeit nie Vorrang haben darf vor ihrer eigenen Sicherheit und ihren Grenzen. Sie sollen unsere Erlaubnis bekommen, Folgendes zu antworten:

Nein.

Das möchte ich nicht.

Hör damit auf.

Das ist falsch.

Ich bin damit nicht einverstanden.

Das werde ich nicht tun.

Ich würde lieber ...

In dem Klassiker *Nein sagen ohne Schuldgefühle* von Dr. Henry Cloud und Dr. John Townsend, welchen ich dir absolut ans Herz lege, räumen die Autoren mit acht Mythen auf, die es uns – gerade als Christen – schwer machen, „Nein" zu sagen:

1. Wenn ich Grenzen setze, bin ich egoistisch.
2. Grenzen sind ein Zeichen des Ungehorsams.
3. Wenn ich Grenzen markiere, werden mich andere verletzen.
4. Wenn ich Grenzen setze, werde ich andere verletzen.
5. Grenzen bedeuten, dass ich zornig bin.
6. Wenn andere Grenzen setzen, verletzt es mich.
7. Grenzen verursachen Schuldgefühle.
8. Grenzen sind unverrückbar. Ich habe Angst davor, hinter mir die Brücken abzubrechen.

Vielleicht ist Neinsagen sogar eine geistliche Disziplin. Ein Rettungsring auf dem offenen Meer. Eine Notwendigkeit, um benennen zu können: Hier fange ich an und hier höre ich auf. Und dort, wo ich aufhöre, strickt Gott die Geschichte trotzdem weiter. Auch ohne meine „unverzichtbare Hilfe".

Veilchen oder Rose?

I am hope, I am defeat
I am broken, I am complete
I am the grace, I am the fall
Never one thing no, not one thing at all
(May Erlewine – *Never one thing*, aus ihrem Album *Mother Lion*)

Ein Buch in der Corona-Zeit zu schreiben, ist ein bisschen wie mit flinken 100-Meter-Sprints zu versuchen, einen Marathon zu laufen. Ich stehe um 5:30 Uhr auf, mache mir einen starken Kaffee, setze mich an den Schreibtisch und schreibe ca. eine Stunde mit höchster Konzentration. Der magische Flow setzt ein, und genau dann muss ich meistens abbrechen, denn die Kinder wachen auf und müssen von mir beschult werden. Für den Rest des Tages bin ich keine Autorin mehr, sondern Lehrerin, Mutter, Gärtnerin, Hausfrau und Spezialistin für alle Lebenslagen. Einige Dinge wandern auf meiner Prioritätenliste ganz nach hinten: Gepflegte Kleidung. Neue Unterwäsche. Meine Frisur.

Ich bleibe zu lange auf. Trage tagaus, tagein Jogginghosen. Schaue zu viel Netflix. Schlafe zu wenig. Wälze mich mit den Sorgen um die Wette. Pflanze Gemüse. Die Welt zerfällt mal wieder, zum tausendsten Mal.

Inzwischen ist es Herbst geworden. Ein ungewöhnlicher, denn

es herrscht hochsommerliche Hitze, obwohl die Kastanien von den Bäumen fallen. Meine Kinder gehen wieder normal zur Schule, lernen ohne mein Zutun Vokabeln und Formeln und ich spüre Freiheit. Seit Wochen will ich endlich mal wieder laufen. Laufen, bis mir die Füße wehtun und die Lunge prickelt. Laufen ist meine Therapie für eigentlich so ziemlich alles. Aber ich schiebe es auf meiner Liste immer nach hinten, weil etwas so Eigennützigem auch immer ein Hauch schlechten Gewissens anhaftet.

Meine lieben Frauen: Alle, die ihr an eurer Frontlinie steht und euch kümmert – egal, ob um Kinder, Partner, Job, Eltern, Freunde, Gemeinde, Ehrenamt – ihr kennt dieses Gefühl, nicht wahr? Ihr stellt eure Bedürfnisse ganz hinten an, dort wo sie nur noch die dürftigen, übrig gebliebenen Krümel eurer Aufmerksamkeit bekommen. Und selbst diese Krümel verursachen euch manchmal ein schlechtes Gewissen. Ihr könnt alle und alles andere besser bemuttern als euch selbst. Wir Mädchen wurden dazu erzogen, bescheiden und auf das Wohl des anderen bedacht zu sein. Ob das heute noch so ist?

Was es heute nicht mehr gibt, sind Poesie-Alben. Die Verse, die man sich früher gegenseitig in solche Alben schrieb, sind ein Abbild ihrer Zeit, der Spiegel einer Gesellschaft mit klaren Rollenzuteilungen. Mir schrieb eine Freundin in mein Album: „Blüh wie das Veilchen im Moose, sittsam, bescheiden und rein. Und nicht wie die stolze Rose, die immer bewundert will sein."

Ich nahm mir das ehrlich zu Herzen. Bloß nie die Rose sein mit ihren komplizierten Ansprüchen! Eine Rose braucht Raum und Dünger und sorgsame Pflege. Regelmäßig muss Verblühtes abgeschnitten werden, damit neue Knospen treiben können. Ist es zu trocken, muss sie gegossen werden, und leidet sie unter

Krankheitsbefall, müssen betroffene Pflanzenteile sorgsam entfernt werden. Eine Rose macht Arbeit. Ich möchte niemand sein, der Arbeit macht und Ansprüche stellt. Ich entferne meine Dornen, damit andere sich nicht an mir kratzen. Im Englischen hat man eine herabwürdigende Bezeichnung für Frauen, die Ansprüche stellen: *high maintenance* (aufmerksamkeitsheischend).

Wer keine Zuwendung braucht, ist das Veilchen. Es blüht von ganz allein. Ich kann das bestätigen. Ich habe Rosen und Veilchen im Garten. Das Veilchen ist die genügsamste und zuverlässigste Blume von allen. Nie schreit sie nach Aufmerksamkeit. Wenn sie nicht genug Wasser bekommt, dann stirbt sie still und unbemerkt, weil es ja tausend andere ihrer Art gibt. Gott hat einen blühenden, wilden Garten geschaffen, in dem die unterschiedlichsten Blumen sprießen und blühen. Nicht nur ausschließlich Rosen. Nicht nur ausschließlich Veilchen.

Ich glaube an die enorme Dringlichkeit, uns selbst aufblühen zu lassen. Ein wichtiger Akt der Selbstfürsorge ist zu erkennen, wo ich mich verbiege, um anderen bloß nicht zur Last zu fallen oder nicht anzuecken. Du musst dich nicht zusammenreißen, nur damit andere ihre Bequemlichkeit nicht einbüßen müssen. Oder gar in ihrer Weltanschauung erschüttert werden. Du musst dich nicht in eine Ecke drängen aus Angst, zu viel Raum einzunehmen.

Vielleicht bedeutet das für dich ein schmerzhaftes Grenzenziehen. Oder einer Sache Raum zu geben, die schon lange in dir rumort. Vielleicht bedeutet das für dich, mit einem Leiden endlich zum Arzt zu gehen und Raum zur Heilung einzufordern. (Ich war so sehr Veilchen, dass ich sogar beim Zahnarzt einmal die Narkose vor einer Behandlung verweigerte, weil ich Angst hatte, dass ihn das zu viel Zeit kosten würde!)

Vor einigen Jahren wechselten wir in eine neue Gemeinde. Unsere Kinder waren noch klein. Unser Glaube war brüchig geworden, voller Fragen und Abneigung gegen fromme Standardantworten. Aber wir wollten es versuchen, weil wir glauben, dass Treue eine gewisse Kraft hat. Wir setzten uns in die letzte Reihe. Abwartend. Ein bisschen voller Hoffnung und Horror gleichzeitig. Nach einigen Sonntagen entspannte ich mich. Ich sang die Lieder mit. Begrüßte manche Leute mit Namen. Versuchte, aus den Predigten Gewinn zu ziehen. Bis man der Meinung war, unsere Anwärmphase hätte nun lange genug gedauert. Wir wurden bombardiert mit Anfragen. „Du kannst Gitarre spielen? Cool. Wir treffen uns am Mittwochabend zur Worship-Probe. Komm doch dazu!" „Wir bräuchten außerdem noch jemanden für diese Aktion und jenes Programm und für unsere Homepage. Mach mit!" Ich verstehe, dass Gemeinden von Mitarbeit leben. Und ich glänze in Mitarbeit, wenn ich will. Ich kann eine brillante Mitarbeiterin sein, die dir im Lobpreisteam die Gitarre spielt und für das Theaterteam Stücke schreibt oder eine Veranstaltung moderiert und dir dazu noch einen unglaublich guten Kaffee kocht. Aber ich war müde geworden. Ich war es leid, dass wir in unseren Gemeinden erst dann wirklich dazugehören und Teil der Gemeinschaft sind, wenn wir etwas leisten und manche unserer Grenzen ignorieren. Ich war müde von meiner eigenen Unfähigkeit, mich abzugrenzen. Und genau das tat ich nun. Ich sagte Nein. Nein, wir möchten nicht mitarbeiten. Unser Leben ist gerade bis zum Rand voll. Ja, wir wollen einfach nur zum Gottesdienst kommen. Die Welt brach nicht zusammen. Aber ab diesem Zeitpunkt standen wir sonntags allein nach dem Gottesdienst mit unserem lauwarmen Kaffee im Foyer.

Früher wollte ich die ganze Welt retten. Und heute weiß ich, wo ich anfange und wo ich aufhöre. Ich weiß, dass ich nur ein kleines

Rädchen im Getriebe der Welt bin und nur einen kleinen Bruchteil leisten kann. Aber den leiste ich gerne. Da, wo ich gerade bin. Ich kann nur eine Blume sein. Kein ganzer Garten. Ich kann nur dann voller Kraft blühen und mich in dieser Kraft um andere kümmern und Bücher schreiben, wenn ich meine Ruhephasen habe – so wie die Rose im Herbst ihre Blüten verliert und sich zurückzieht.

Viele von uns kennen die Marta-Maria-Erzählung aus dem Lukas-Evangelium (siehe unten). Jede von uns findet sich entweder in Maria oder in Marta wieder. Aber beide Identifikationen ziehen einen Rattenschwanz an Schuldgefühlen hinter sich her. Letztens erzählte mir eine Freundin, die in frommen russlanddeutschen Kreisen groß wurde, dass sie dem Typ Maria gleicht. Die, die sich zu den Füßen Jesu setzt und am liebsten lernt, hört und liest. Sie ist weniger Praxis- sondern Wortmensch und hasst Hausarbeit. In ihrem Umfeld war diese Haltung nicht gerne gesehen, andere Frauen begegneten ihr mit Unverständnis. Meine Freundin war in deren Augen „nicht richtig". Nur „mit Jesus abhängen" geht nun mal gar nicht in leistungsorientierten frommen Kreisen. Ich selbst tendiere eher zum Typ Marta. Gib mir eine To-Do-Liste, ein Projekt, eine Dinnerparty und ich rocke das alles, als wäre es ein Sommerspaziergang. Die Marias mustern tadelnd die Martas. Und die Martas mustern tadelnd die Marias. Wir Frauen stehen uns manchmal gegenseitig böse im Weg. Eine Rose soll ihre Dornen einfahren. Ein Veilchen soll aus dem Quark kommen. Die einen werten den Dienst höher, die anderen die Kontemplation.

„Auf ihrem Weg nach Jerusalem kamen Jesus und die Jünger auch in ein Dorf, in dem eine Frau mit Namen Marta sie in ihr Haus einlud. Ihre Schwester Maria saß Jesus zu Füßen und hörte ihm aufmerksam zu. Marta dagegen mühte sich mit der Bewirtung der

Gäste. Sie kam zu Jesus und sagte: „Herr, ist es nicht ungerecht, dass meine Schwester hier sitzt, während ich die ganze Arbeit tue? Sag ihr, sie soll kommen und mir helfen." Doch der Herr sagte zu ihr: „Meine liebe Marta, du sorgst dich um so viele Kleinigkeiten! Im Grunde ist doch nur eines wirklich wichtig. Maria hat erkannt, was das ist, und ich werde es ihr nicht nehmen." (Lukas 10, 38–42)

Am nächsten Tag: Über dem Haus von Maria und Marta geht die Sonne auf. Es verspricht wieder ein heißer Tag zu werden. Die Ziegen im angrenzenden Stall werden unruhig. Sie warten auf ihr Futter. Vergeblich, wie es scheint. Im Haus rührt sich nichts. Normalerweise würde um diese Uhrzeit Betriebsamkeit herrschen. Maria würde Korn zu Mehl mahlen, Marta würde die Ziegen mit Heu und Wasser versorgen. Im Hof, der sonst ordentlich gekehrt ist, lagern schlafende Männer auf ihren Matten. Es ist gestern spät geworden. Auch Maria und Marta schlafen noch im Haus. Im Wohnbereich stapeln sich verkrustete Schüsseln und halbleere Weinbecher, über denen Fruchtfliegen kreisen. Die Kissen, die normalerweise ordentlich an der Wand lehnen, liegen verstreut über den ganzen Boden. Niemand wollte gestern früh zu Bett. Das Essen, Trinken und Reden zog sich hin bis in die Nacht. Martas Wutausbruch war wie ein reinigendes Gewitter, das sich den Nachmittag über angestaut hatte. Der Groll entlud sich auf Jesus, obwohl er an Maria gerichtet war. Jesus sprach ein paar klare Worte. Heilsame Worte. Bereits beim Betreten des Hauses hatte er Marta im Blick gehabt und sah durch ihre Rolle der Gastgeberin auf den Grund ihres Herzens, wo die Angst rumorte. Marta rührte für den Rest des Abends keinen Finger mehr und hörte Jesus zu. Es fiel ihr nicht leicht, die wachsenden Berge von schmutzigem Geschirr stehen zu lassen. Es kostete sie Überwindung, einen hungrigen Gast zu ignorieren und darauf zu warten, dass er selbst aufstand und sich den Teller füllte.

Bis spät in die Nacht zogen sich die Diskussionen, die Geschichten, das Lachen. Marta blieb eisern. Wenn ich mich schon nicht um *Kleinigkeiten* sorgen soll, dachte sie sich, dann wollen wir mal sehen, wo das endet.

Nun schläft sie so gut, wie seit Wochen nicht mehr. Die Ziegen werden unruhig und Jesus wird wach. Lächelnd betrachtet er seine schnarchenden Freunde und streckt und reckt sich in der warmen Morgensonne. Er hat Durst. Und geht zum Haus, um sich aus einer Amphore Wasser zu holen. Es ist kein sauberer Becher mehr vorhanden. Jesus holt eine Wanne und Wasser, zieht sein Obergewand aus, sammelt das dreckige Geschirr ein und beginnt mit dem Abwasch ...

Ich konnte es mir nicht verkneifen, dieser bekannten Geschichte einen Abspann zu verpassen. Einen, der die Erzählung mit einem glatten Ausgang abrundet. Aber in der Bibel bleibt die Erzählung offen, mit Knoten versehen, die wir nicht ganz lösen können, egal an welchem Ende wir ziehen. **Die Bibel ist kein Buch, aus dem wir immer alle Antworten auf unser Leben herauslesen können. Und vielleicht will sie uns auch dies lehren: selbständig denken. Die Graubereiche betrachten. Mut aufbringen, eine Geschichte in unseren Händen hin- und herzuwenden und sie am Ende ohne glattes Ergebnis stehen lassen zu können.**

Nachdem ich diese Erzählung eine Weile lang „marinieren" ließ, filterte ich folgende Essenz heraus: Das alte Prinzip des Dualismus, in dem sich – sehr vereinfacht gesagt – zwei Kräfte oder Grundelemente gegenüberstehen und sich häufig ergänzen: Sommer und Winter. Emotion und Ratio. Aufopferung und Selbstfürsorge. Bescheidenheit und Selbstbewusstsein. Glaube und Tat. Kontemplation und Aktion. Veilchen und Rose.

Beides darf wertneutral nebeneinanderstehen. Ja, die entgegengesetzten Pole sind aufeinander angewiesen.

Jesus spielt hier nicht die eine Frau gegen die andere aus, wertet das eine nicht höher als das andere, sondern sieht eine tiefer liegende Not bei Marta und spricht sie an. Marta, die sich als die großzügige, rechtschaffene Gastgeberin inszenierte, bevor die Angst überhandnahm, sie könne zu kurz kommen, und die Bitterkeit aus ihr herausbrach.

Im griechischen Urtext steht ein kleines „auch" in Lukas 10, 39: „Und diese hatte eine Schwester, die *auch* zu den Füßen des Herrn sitzend seinem Wort zuhörte." In späteren Übersetzungen fällt das „auch" weg.[30]

Aber es ist ein ganz entscheidendes Wort! Marta saß also *auch* zu den Füßen Jesu bzw. hielt sich im selben Raum auf und hörte Jesus zu. Nur steckte sie in einem inneren Konflikt, der hier so bezeichnet wird: Marta aber war ganz beschäftigt mit großem Dienst. „Beschäftigt" im griechischen Urtext bedeutet „abgelenkt sein" oder „hin- und hergerissen sein". Und dann wendet sich Marta an Jesus, nicht an Maria. Sie fühlt sich von *ihm* alleingelassen, nicht von Maria. Wir lesen in die Antwort von Jesus einen Tadel hinein, aber sie ist – ganz im Gegenteil – eine Wertschätzung Martas und verdeutlicht sein freundliches Sorgen: *„Vieles geht dir im Kopf herum und beunruhigt dich."* Nach heutigem Stand: Lehrbuchmäßige

Kommunikation! Jesus kritisiert nicht Martas Dienst, sondern benennt ihr inneres Abgelenktsein und ihre Angst, zu kurz zu kommen, das Um-Sich-Selbst-Kreisen.

Jesus würdigt sowohl den Dienst als auch die Kontemplation. Beides muss und darf sich ergänzen. Auch wenn er hier das geistige Eintauchen und Lernen scheinbar höher einstuft als den Dienst. Interessanterweise handelt der Abschnitt vor der Maria-Marta-Erzählung vom berühmten Barmherzigen-Samariter-Gleichnis. Jesus erzählt von kontemplationswilligen Frommen auf dem Weg zum Tempel, die an einem Verletzten vorübereilen. Und von einem Ausländer, der sich erbarmt und aktiv wird und Wunden versorgt und den Verletzten in gute Hände übergibt. Jesus mutet uns zu, selbst herauszufinden, wann das geistige Eintauchen wichtiger ist und wann der aktive Dienst. Aber beides hat seinen Platz und seine Richtigkeit. Er stellt nicht die Kontemplation über den Dienst. Und auch nicht den Dienst über die Kontemplation. Sondern er zwingt uns zum Hinsehen.

Er lässt uns Marta sein, Hausherrin und Macherin und Aktive. Er hat ein unfassbar großes Herz für uns Martas und sieht unsere Nöte, in die wir uns so manches Mal hineinmanövrieren. Marta hat mit ihrer Gastgeberrolle eben nicht alles falsch gemacht, wie wir immer meinen. Es war ihre Furcht, von Jesu Aufmerksamkeit abgeschnitten zu sein, die in dieser Erzählung der springende Punkt ist. Und Jesus hat ein großes Herz für die Marias. Die Verträumten und Stillen und die, die manchmal nicht ganz von dieser Welt sind. Er konfrontiert sie mit Nöten, vor denen sie sich nicht verschließen dürfen.

Das „auch" ist mir ein wertvolles Wörtchen geworden. Es ist ein Mantel aus Gnade, den mir Jesus reicht. Ich bin niemals nur eines, sondern immer auch ein „auch".

Ich bin Marta, aber *auch* Maria.

Ich bin eine Heilige, aber *auch* eine Gefallene.

Ich bin Mutter und *auch* Kind.

Ich bin die Aktive und *auch* die Stille.

Ich bin die Zerbrochene und *auch* die Geheilte.

Ich bin die Verletzende und *auch* die Vergebene.

Ich bin Gottes Kind und *auch* Frau in der Welt.

Ich bin Hoffnung und *auch* Scheitern.

Ich bin eine dornige Rose, aber *auch* ein genügsames Veilchen.

Wir Frauen sind vieldimensionale Persönlichkeiten und keine frommen Pappaufsteller, herausgestanzt aus Normpapier. So hat uns Gott nicht gedacht.

Er wird nicht müde, uns zu erlösen aus Gesetzlichkeiten, die sich Menschen ausgedacht haben. Er hört nicht auf, uns ernst zu nehmen, uns wach zu kitzeln, uns gesund zu lieben, uns zu ärgern und uns zuzuhören. Er wird nicht müde, sich an den Veilchen und Rosen zu erfreuen.

EPILOG

Übrigens stammt die Rose ursprünglich aus dem Land zwischen Euphrat und Tigris. Genau dort, wo einst der Garten Eden lag.

Aus Eden stammen wir auch. Unverbogen, unschuldig, unbedeckt, unverletzt.

Einst waren wir Menschen, die sich nicht für ihren Körper, ihren Geist, ihre Seele, ihre Bedürfnisse und ihre Liebe geschämt haben. Wir waren frei. Bis wir den Lügen glaubten und uns aus Scham bedeckten. Mit Mänteln, die Gott gemacht hatte. Mit Mänteln, die wir uns selbst zusammengeschneidert haben. Mit Mänteln, die uns ungefragt übergezogen wurden.

Und dann kommt Jesus. Er reißt uns niemals gegen unseren Willen den Mantel weg, sondern fragt uns: Was willst du? Was soll ich für dich tun?

Diese Frage stellte er Bartimäus, dem blinden Bettler in Jericho. Es ist eine der ersten Bibelgeschichten, die ich als Kind kannte. Wir hatten die damals sehr beliebte Bücherreihe von Kees de Kort, in der der niederländische Künstler mit eindrücklichen Bildern und knappen Beschreibungen berühmte Geschichten aus der Bibel zum Leben erweckte. Unvergessen ist seine grandiose Darstellung der Geschichte von Bartimäus:

Jesus kommt nach Jericho. Eine zerlumpte Gestalt in einem Mantel sitzt am Boden mit einer Binde um die Augen. Es ist der blinde Bartimäus. Er beginnt zu rufen: *Du Sohn Davids, erweise mir deine Barmherzigkeit!* Und damit er auch wirklich gehört wird, ruft er dasselbe noch lauter. *Du Sohn Davids, erweise mir deine Barmherzigkeit!* Er fasst sich an den Kopf, der inzwischen vor lauter Schreien ganz rot geworden ist.

Jesus sagt: *Ruft ihn her zu mir.*

Und wir sehen Bartimäus, wie er seinen alten hässlichen Mantel abwirft und in einem kurzen blauen Gewand auf Jesus zugeht.

Und Jesus fragt ihn: *Was willst du? Was soll ich für dich tun?*

Mein Meister, ich möchte so gerne wieder sehen können.

Jesus nimmt ihm behutsam die Augenbinde ab.

Bartimäus reißt die Augen auf. Schock. Ungläubigkeit. Staunen. Freude. Alles hat Kees de Kort in diesen unvergleichlichen Blick gemalt.

Die Geschichte Gottes mit uns Menschen schlägt hier den Bogen zum Anfang in Eden. Alles läuft rückwärts. Anstatt sich aus Scham vor Gott den Mantel über das Gesicht zu ziehen, dürfen wir ihn ablegen, mit unsicheren Schritten auf Jesus zugehen, um unser Leben schreien und bitten: Ich möchte wieder sehen können!

Und dann reißen wir die Augen auf. Meine Güte, was haben wir in unserer Scham und unserer Blindheit so lange verpasst! Welche Schönheit, welche Möglichkeiten, welch freundliches Licht!

Das Licht der künstlichen Scheinwerfer auf der Bühne des Lebens soll mich nicht mehr blenden. **Ich möchte den Mantel aus falschen Erwartungen, Körperfeindlichkeit, Scham und erdrückendem Patriarchat wegwerfen und auf Jesus zugehen. Er wartet *hinter* der Bühne unseres Lebens. Nicht *auf* ihr. Und**

288

dann treten wir gemeinsam hinaus ans Licht. Noch unsicher, weil das neue Sehen uns überwältigt und wir unseren eigenen Augen manchmal noch nicht trauen können. Zitternd, weil uns der schützende Mantel fehlt. Aber wenn wir immer mehr werden, dann werden wir uns gegenseitig wärmen und uns neue Kleider machen. Wir zünden ein Feuer an, in das wir die Mäntel werfen und erzählen uns gegenseitig: Ich auch, Schwester, ich auch.

DANKE

Ich kann es kaum glauben, dass ich in wenigen Minuten den endgültigen Schlusspunkt unter dieses Buch setzen werde. Soviel Arbeit und Herzblut sind hineingeflossen und ich frage mich, was ich nun an freien Vormittagen tun soll. Aber wie ich mich kenne, wird sich der frei gewordene Raum schneller füllen, als ich „Problemzone Frau" sagen kann.

Was zunächst nur ein flüchtiger Gedanke unter der Dusche war, hat sich zu einem Projekt ausgewachsen, das mir schwere Fragen gestellt und große Heilungsschritte geschenkt hat.

Aber ohne Hilfe hätte ich dieses Buch nie schreiben können – ihr wisst ja, es braucht immer ein ganzes Dorf! – deshalb gilt mein Dank euch:

- Meiner Lektorin Sigrid Offermann. Du hast diesem Projekt von Anfang an Vertrauen geschenkt und hast mich angefeuert. Wie du es geschafft hast, immer binnen kürzester Zeit meine Fragen zu beantworten und an meinem Fußnotensalat nicht zu verzweifeln, wird mir auf ewig ein Rätsel bleiben.
- Dem Gerth Medien Verlag. Danke, dass ihr euch auf dieses Projekt eingelassen habt.

- Veronika Schmidt: Du hast mein Manuskript unter deine Fittiche genommen und mir wertvolle Hilfestellung gegeben. Danke für dein großartiges Vorwort! Du bist eine Vorreiterin.
- Lilly Gebhard fürs kritische Gegenlesen und alle deine hilfreichen Anmerkungen. Vor allem zur russlanddeutschen Kultur. Ich bleibe Lernende.
- Daniela Albert, Christina Brudereck, Christiane Kallenberg, Sarah Keshtkaran und Priska Lachmann fürs Vorablesen, für eure wertschätzenden Worte und euer Cheerleading.
- Christina Schöffler – meine Verbündete und Freundin – für die Laufrunden durch Wälder während derer wir tiefgründige Gespräche spannen. Der Austausch mit dir bleibt wichtiger Katalysator für mein Schreiben. Außerdem besitzt du die beste private Bibliothek des Landes, an der ich mich bedienen darf.
- Mein Mann! Armin, du bist ein Vorbild an Geduld und Loyalität und gnadenloser Ehrlichkeit. Außerdem machst du einen verdammt guten Kaffee.
- Mein Book Club (Michelle, Sally, Jolene, Christiane). Ihr seid meine Stütze. Wir sollten echt mal wieder gemeinsam ein Buch lesen. Sonst sind wir kein Book Club mehr, sondern nur noch ein Wine 'n Dine Club.
- Meine Eltern. Ihr glaubt an mich – schon immer. Bei euch finde ich stets ein „Schreibrefugium", inklusive des besten Apfelkuchens der Welt.
- Danke an alle meine Freunde. Ihr seid die Besten!
- Und letztendlich Danke euch, ihr lieben, wunderbaren Leserinnen und Leser. Ohne euch würde ich wieder in einem

Empfangszimmer eines Chefs arbeiten. Was auch nicht schlecht wäre. Aber ich sitze doch lieber als meine eigene Chefin an meinem eigenen Schreibtisch und lass meine eigenen Worte fließen.

ANMERKUNGEN

1 Wendell Berry: Hannah Coulter, S. 10 (Von der Autorin übersetzt)

2 Rachel Held Evans: A Year of Biblical Womanhood, S. 76 (Von der Autorin übersetzt)

3 Rachel Held Evans: A Year of Biblical Womanhood, S. 85 (Von der Autorin übersetzt)

4 Nadia Bolz-Weber: Unverschämt schamlos, S. 176

5 Christy Harrison: Anti-Diet. S. 95 (Von der Autorin übersetzt)

6 Kristin Neff: Selbstmitgefühl – Wie wir uns mit unseren Schwächen versöhnen und uns selbst der beste Freund werden, S. 169

7 Tara M. Owens: Embracing the Body S. 184 (Von der Autorin übersetzt)

8 Naomi Wolf: The Beauty Myth, S. 66 (Von der Autorin übersetzt)

9 Naomi Wolf: The Beauty Myth, S. 67–68 (Von der Autorin übersetzt)

10 https://de.wikipedia.org/wiki/MeToo

11 https://www.floridamuseum.ufl.edu/shark-attacks/reduce-risk/menstruation/

12 https://de.wikipedia.org/wiki/Kulturgeschichte_der_Menstru
   ation

13 https://de.wikipedia.org/wiki/Kulturgeschichte_der_Menstru
   ation

14 Louise Foxcroft: Hot Flushes, Cold Science

15 „The Double Standard of Aging", by Susan Sontag, The Satur-
   day Review, September 23, 1972 (Von der Autorin übersetzt)

16 Cheryl Bridges Johns: Seven Transforming Gifts of Menopause, S. 146 (Von der Autorin übersetzt)

17 https://www.welt.de/wirtschaft/article182034416/Frauen-
   als-Fuehrungskraft-Forscher-bescheinigen-ihnen-bessere-Er
   gebnisse.html

18 Jen Hatmaker: Fierce, Free and Full of Fire, S. 160/161 (Von
   der Autorin übersetzt)

19 http://www.womenpriests.org (Von der Autorin übersetzt)

20 Rachel Held Evans: A Year of Biblical Womanhood, S. 204
   (Von der Autorin übersetzt)

21 https://www.aerzteblatt.de/nachrichten/49489/Verzehr-
   von-rotem-Fleisch-erhoeht-Sterberisiko

22 Ruth Pfau: Leben heißt anfangen, S. 112

23 Christian Feldmann: Henri Nouwen – Glauben heißt Sehnsucht, S. 84

24 Christian Feldmann: Henri Nouwen – Glauben heißt Sehnsucht, S. 84

25 Christian Feldmann: Henri Nouwen – Glauben heißt Sehnsucht, S. 85

26 Soraya Chemaly: Speak Out! Die Kraft weiblicher Wut,
   S. 13

27 https://www.aerztezeitung.at/archiv/oeaez-2013/oeaez-7–1

0042013/autoaggression-aggression-selbstverletzung-nssv.
html

28 Cheryl Bridges Johns: Seven Transforming Gifts of Menopause, S. 146 (Von der Autorin übersetzt)

29 Richard Rohr: Falling Upward

30 Susanne Ruschmann: Marta und Maria – Gegensätze, Vorbilder, Jüngerinnen, S. 8

Worte der Wertschätzung

*„Die Tipps und
Lösungsvorschläge sind
praktisch und die Beispiele
authentisch und lebensnah.
Ich habe das Gefühl, mit
meinen Sorgen und
Herausforderungen nicht
allein zu sein und das tut
so gut!“*

Leserstimme

*„Ich bin nicht gut genug. Ich schaff das nie. Meiner Freundin
geht es viel besser als mir."* Viele junge Mütter haben diese
und andere Lügen im Kopf. Priska Lachmann kennt diese
Gedanken ebenfalls nur zu gut und weiß, welche destruktive
Macht sie haben können. Deshalb ist es wichtig, ihnen etwas
entgegenzusetzen: Worte der Wertschätzung und Ermutigung.

Priska Lachmann – selbst dreifache Mama – holt ihre
Leserinnen bei den vertrauten Lügen ab, um ihnen dann zu
einem positiven Blick auf sich selbst zu verhelfen. Ein Buch
wie eine gute Freundin, ehrlich, mitfühlend und ermutigend.

Priska Lachmann • Mama. Frau. Königstochter.
Klappenbroschur • 192 Seiten • ISBN 978-3-95734-676-6

Abnehmen durch Umdenken

„Die Autorin führt den Leser langsam, aber sicher zum Kern des Problems und nach und nach stärkt sie den Leser, baut ihn auf, vermittelt Zuversicht, dann erklärt sie, wie einfach der Weg sein kann, langsam, aber sicher Gewicht zu verlieren."

Leserstimme

Irina Kostic beschließt, an ihrer Ernährung grundsätzlich etwas zu ändern. Denn sie wünscht sich mehr Freiheit. Keinen Zwang mehr, ständig an Essen zu denken. Und endlich Kleidung kaufen zu können, die ihr auch gefällt.

Kennen Sie das auch und geraten doch immer wieder in einen Abnehm-Frust? Dann wird Sie dieser charmant-motivierende Ratgeber zu mehr Freiheit und zu Ihrem Wohlfühlgewicht führen. Denn: Abnehmen ist leichter als gedacht!

Irina Kostic • Leichter als gedacht
Klappenbroschur • 192 Seiten • ISBN 978-3-95734-633-9

Erneuere deine Gedanken!

„Jennie Allen erklärt in diesem Buch, wie Sie mit Gottes Hilfe und praxiserprobten Tipps wieder neue Hoffnung und frischen Wind in Ihrem Glaubensalltag spüren können."

Leserstimme

Der größte geistliche Kampf unserer Generation wird zwischen unseren Ohren ausgetragen. Dieser „New York Times"–Bestseller gibt dir das nötige Handwerkszeug an die Hand, mit dem du aus der Abwärtsspirale entkommen und deine Gefühle, deine Sicht auf das Leben und deine Lebensumstände verändern kannst.

Jennie Allen • Entmachte die Lügen in deinem Kopf
Klappenbroschur • 272 Seiten • ISBN 978-3-95734-740-4

Der Verlag weist ausdrücklich darauf hin, dass im Text enthaltene externe Links vom Verlag nur bis zum Zeitpunkt der Buchveröffentlichung eingesehen werden konnten. Auf spätere Veränderungen hat der Verlag keinerlei Einfluss. Eine Haftung des Verlags für externe Links ist stets ausgeschlossen.

© 2021 Gerth Medien
in der SCM Verlagsgruppe GmbH
Dillerberg 1, 35 614 Aßlar

Die Bibelzitate wurden folgender Übersetzung entnommen:
Neues Leben. Die Bibel © 2002 und 2006 SCM
R.Brockhaus im SCM-Verlag GmbH & Co. KG, Witten. (NL)

1. Auflage 2021
Bestell-Nr. 817792
ISBN 978-3-95734-792-3

Umschlaggestaltung: Kathrin Steigerwald / www.kathrinsteigerwald.de
Umschlagmotiv: Наталья Дьячкова / Adobe Stock
Satz: Greiner & Reichel, Köln
Druck und Verarbeitung: GGP Media GmbH, Pößneck
Printed in Germany

www.gerth.de